*Introduction to Terrorism*

# 恐怖主义概论

杨隽 梅建明 著

法律出版社 LAW PRESS·CHINA
——北京——

# 目　录

# 第一章
# 恐怖主义的概念

美国“9·11”事件之后,“恐怖主义”成为使用频率很高的一个词汇。政治家、学者和普通民众等都在不同的场合使用它。但是,正如大家众所周知的那样,全世界对恐怖主义的理解存在很大的差别。在西方社会,有一句经常被人们引用的说法,就是“一个人的恐怖分子是另一个人的自由斗士”。这种说法典型地表明了在判断恐怖主义及恐怖分子标准上存在的分歧。那么,恐怖主义到底是什么呢?这正是本章所要讨论的问题,即恐怖主义概念的问题。为此,本章将要介绍并分析恐怖主义的定义,概括恐怖主义的要素,划分恐怖主义的类型。

## 第一节　恐怖主义的定义

### 一、国外学者的定义

许多学者都曾经对恐怖主义下过定义,但没有一个定义是被大家普遍接受的。在众多的定义中,有两个学者的定义是应当提及的。一个是美国兰德公司的著名反恐专家布兰恩·詹金斯(Brian Jenkins)给出的定义。另一个是美国乔治城大学教授瓦尔特·拉夸尔(Walter Laqueur)的定义。詹金斯认为,恐怖主义就是运用或威胁运用暴力(violence)以促成政治变革的行为。拉夸尔认为,恐怖主义就是为了政治目的针对无辜者非法使用暴力的行为。[1]

上述两个定义经常被人们引用,但它们是过分简单的。因为按照詹金斯的定义,只要运用暴力或威胁运用暴力以实现政治变革的行为都可以贴上恐怖主义的标签的话,那么,革命、战争等都可以被称为恐怖主义。而在拉夸尔的定义中,所谓无辜者往往是指普通民众。如果恐怖主义只限于对无辜民众使用暴力,那么,恐怖分子对兵营进行极端的汽车炸弹攻击就难以归结为恐怖主义行为。但实际上,人们一般把这种自杀性的攻击行为视为恐怖主义。当然,詹金斯和拉夸尔都承认自己过分简单的定义中的不足。詹金斯说:"恐怖主义只是表达了那些使用这个词组的人们希望表达的由任何反对者实施的几乎所有的暴力行为。"[2]拉夸尔也意识到恐怖主义对不同的人来说含义也不一样。

由于西欧一些国家曾经是恐怖主义的高发地区,英国、德国、西班牙等国家的学者对恐怖主义较早就开展了深入的研究。例如,英国著名的反恐怖主义专家保罗·威金森认为"恐怖主义可以简洁地定义为强制性恐吓的行为,或者更全面地定义为系统地使用暗杀、伤害和破坏,或者通过威胁使用上述手段,以制造恐怖气氛,宣传某种事业,以及强迫更多的人服从于其目标的行为"。[3]

## 二、欧美官方的定义

### (一)欧盟及其成员国的定义

在欧盟成员国内部,如何定义恐怖主义有两种基本的做法:一种是把恐怖主义作为普通犯罪来对待。恐怖主义的成立取决于恐怖分子的动机,当恐怖分子的动机是为了通过恐吓人们改变国家的基本原则和制度的时候,这种行为就是恐怖主义。一种做法是就恐怖主义和恐怖分子制定专门的法律,对什么是恐怖主义做出特别的法律规定。这种做法是法国、德国、意大利、葡萄牙、西班牙和英国所采取的。例如,法国《刑法典》第 421 - 1 条规定恐怖主义为"旨在通过威吓或恐怖的手段,严重扰乱公共秩序的个人或集体的行为";西班牙刑法第 571 条

---

[1] Walter Laqueur, *Terrorism*, Boston: Little, Brown and Company, 1977, p. 79.

[2] Brian Jenkins, *International terrorism: a new mode of conflict*, Los Angeles: Crescent Publications, 1975, pp. 1 - 2.

[3] [英]戴维·米勒、韦农·波格丹诺主编:《布莱克维尔政治学百科全书》,中国问题研究所等译,中国政法大学出版社 1992 年版,第 757 页。

规定以破坏宪法秩序或者严重扰乱社会和平为目的的行为构成恐怖主义。[1]英国的《2000年反恐怖法》则把恐怖主义定义基于政治、宗教或意识形态的原因,为了对政府施加影响或者恐吓公众或一部分人而采取或威胁要采取某些行为,这些行为包括针对个人的严重暴力行为、造成财产严重损失的行为或者对公众或一部分人的健康或安全构成严重威胁的行为等。

早在1977年1月27日欧洲议会在斯特拉斯堡制定的《欧洲反恐公约》中就列举了一系列恐怖主义行为作为打击的对象,并明确地规定:恐怖主义不是政治犯罪,也不是与政治犯罪相关的犯罪,甚至不是由政治动机引起的犯罪。该公约的这项规定为欧洲议会成员国之间引渡恐怖分子打下了基础。欧盟成立之后,《欧洲联盟条约》第29条特别提出恐怖主义是一种需要采取措施预防和打击的严重犯罪形式。欧盟委员会在2001年提出的《打击恐怖主义框架决定建议书》中把恐怖主义定义为:由个人或组织故意实施的反对一个或多个国家、其制度或人民,以达到恐吓人们或极大地改变或摧毁一个国家政治、经济或社会结构的行为。需要指出的是,该项文件还把通过侵入信息系统实施的攻击列为恐怖主义行为。[2]

(二)美国官方的定义

美国官方对恐怖主义也没有一个统一的定义。美国国务院、联邦调查局、国防部对恐怖主义的定义各不相同。美国国务院认为,恐怖主义就是为了影响观众由次国家集团(sub-national group)或秘密代理人针对非战斗人员基于政治动机而有预谋地使用暴力的行为。[3] 联邦调查局把恐怖主义定义为为了政治或社会目标而针对人身或财产非法使用武力或暴力以恐吓政府、平民或对他们进行强制。美国国防部认为恐怖主义就是通常为了达到政治、宗教或意识形态上的目标而使用或威胁使用武力或暴力以恐吓政府或社会或对他们进行强制的行为。美国刑事司法标准与目标咨询委员会(National Advisory Committee on Criminal Justice Standards and Goals)认为可以把恐怖主义看成是基于政治目的

---

〔1〕 中国现代国际关系研究所编:《各国及联合国反恐怖主义法规选编》,时事出版社2002年版,第13、403页。

〔2〕 Commission of the European Communities: Proposals for Council Framwork Decision on Combating Terrorism, Brussels, 2001, p. 17.

〔3〕 US State Department: 1999 Patterns of Terrorism.

为了在整个社会或社会的大部分人中产生恐惧的暴力性犯罪行为。[1]

美国官方机构对恐怖主义的定义虽然各不相同,但都试图通过对恐怖主义的定义回答如下的问题,即是谁?为什么目的?采取什么手段?直接或间接针对谁实施了被称为恐怖主义的行为?

### 三、联合国的定义

联合国早在1963年就针对危害飞行安全的恐怖主义行为制定了《东京公约》,此后,针对非法劫持航空器、劫持人质、危害航海安全、制造爆炸事件等恐怖主义行为制定了一系列国际公约。但是,联合国并没有提出一个被成员国完全接受的关于恐怖主义的一般性定义。著名的恐怖主义问题研究专家施密德(Alex P. Schmid)于1992年在联合国犯罪委员会上曾经建议以国际社会对战争罪的共识为基础,提出了一个简短的定义,即恐怖主义就是和平时期的战争罪。同时,他还提出了一个被学者们广泛接受的定义,即"由秘密的个人、组织或国家基于特别的、刑事的或政治的原因而实施的能够产生焦虑的重复性暴力行为,与暗杀行为不同,该暴力行为侵害的对象并不是主要目标。"但是,这个定义也存在一些问题,例如,在其列举的原因中,并没有将民族、宗教等作为能够引发恐怖主义的诱导因素。因此,这个定义没有被成员国普遍接受。目前,联合国的第六委员会正在审核下述定义的适用性,即恐怖主义就是为了实现某种政治目的由个人或集团独立实施或由政府按照自身的规范或信条实施的侵犯或伤害平民人身,或未经某个政府特别许可的侵犯或损害平民或政府财产的行为。

### 四、恐怖主义定义的关键问题

对恐怖主义的定义之所以困难,不仅在于被称为"恐怖主义"的行为本身具有一些不同寻常的特性,而且在于这种特性随不同环境的变化而变化。对恐怖主义定义的认识,学术界存在两种不同的观点。一种观点认为,恐怖主义之所以是恐怖主义,就是因为恐怖主义行为本身具有某种特质,正是这种特质把恐怖主义与其他行为(正常的和越轨的行为)区别开来。另一种观点认为,恐怖主义是什么主要取决于恐怖行为者之外的环境(国家、社会、民众)怎样看待他们。这

---

[1] National Advisory Committee on Criminal Justice Standards and Goals, Law Enforcement Assistance Agency, Disorder and Terrorism, Washington DC: US Government Printing Office, 1976, p. 3.

两种观点都是存在偏差的。前者否定了外在因素对一种行为的影响作用,是一种绝对主义的观点;而后者则是一种相对主义的观点,它否定了恐怖主义之所以是恐怖主义肯定是因为其本身具有其他行为不具备的特质。

因此,对恐怖主义的定义,应当结合恐怖主义行为本身和这种行为存在的外界环境来考察。从恐怖主义行为本身来看,就应当把恐怖主义与普通犯罪、战争(包括游击战和常规战争)行为进行区别,因为这些行为本身都涉及运用暴力或武力;从恐怖主义行为存在的外在环境来看,就应当考察不同的政治制度、文化理念、宗教信仰是如何影响人们以及国家对被称为恐怖主义行为的看法的。

### (一)恐怖主义与普通犯罪、战争之间的区别

#### 1. 恐怖主义与普通犯罪的区别

恐怖主义是一种犯罪,但是恐怖主义与普通刑事犯罪是有区别的。这种区别最主要的表现组织结构、思想信念、动机等方面。在组织结构上,恐怖主义分子虽然往往单独行动,而且这种单独行动的方式越来越成为恐怖分子作战的趋势,但这些单独行动的恐怖分子之间的确存在组织关系。这种组织结构关系可能是“金字塔”状的,也可能是蜂窝状的。在思想信念上,恐怖主义有明确的政治纲领或主张。而恐怖主义的直接动机则是为了实践某种理想或捍卫某种信念。普通刑事犯罪虽然也存在集团犯罪和个体犯罪等形式,但无论是集团犯罪还是个体犯罪,在犯罪信念和犯罪动机上,普通刑事犯罪一般都没有明确的纲领或主张,而且直接动机往往是为了获得物质利益或其他方面的好处。

#### 2. 恐怖主义与普通犯罪区别的意义

把恐怖主义与普通犯罪进行区别的意义在于这种区分所带来的司法意义。由于恐怖主义在许多方面与普通刑事犯罪不同,因此,对恐怖主义的预防、侦查和诉讼等司法过程也应当与普通刑事犯罪不一样。虽然到达犯罪现场的警察往往很难对发生的犯罪场景定性,但毫无疑问,一旦意识到所发生的犯罪不是普通刑事犯罪而是恐怖主义犯罪的时候,警察可能就会有意识地注意到在侦查普通刑事犯罪时可能不会注意的一些方面的问题,从而避免侦查工作走弯路。在普通刑事犯罪中,除了少数由惯犯实施的犯罪之外,有相当数量的犯罪是情景犯罪。这种犯罪一般是由没有经过专门犯罪技术训练的罪犯没有事先预谋的实施的。由于没有经过专门的犯罪技术的训练而且在犯罪行为实施之前没有预谋,所以这种普通刑事犯罪往往留下比较多的可资侦破的线索。警察往往可以通过对犯罪现场的勘查、对社区可疑人员和行为的调查、对本地重点场所的搜查,可

以获得重要的破案线索。此外,警察可以通过加强巡逻、加强对犯罪目标的保卫、减少犯罪机会等方式来预防普通刑事犯罪。这些警务工作对打击普通刑事犯罪往往具有比较好的效果,但对于预防和打击恐怖主义犯罪,常规的警务方式就需要相应地做出调整。在打击恐怖主义的斗争中,警察需要与军队、安全部门密切配合搜集并分享情报,对可疑个人和组织的思想、经济、人员交往等情况进行监控。

3. 恐怖主义与战争的区别

恐怖主义与战争以及前面讲的犯罪一样,都是人类社会的冲突形式,都涉及人与人之间暴力行为。在冷战时代,国际恐怖主义被许多专家看作是一种低强度作战形式,因为恐怖主义被认为是实现外交政策的一种工具。尽管如此,从理论上讲,国际恐怖主义与战争是存在区别的。两者之间最主要的区别在于:第一,行为的可预测性不同。战争行为尽管强调突发性,但正规战争往往是可以预测的,而且作战国家之间往往需要在战争开始之前提前宣战。恐怖主义行为则是难以预测的。不可预测性是恐怖主义最基本的特征之一。正是由于恐怖主义行为具有不可预测性,它才可能在社会上产生恐怖分子希望产生的那种心理效果。第二,直接攻击对象不同。战争以敌人的武装人员和军事及相关设施为直接打击对象。因此,战争的打击对象是受到限制的,不受限制地伤及无辜的行为必然受到国际道义的谴责甚至国际法的制裁。恐怖主义的攻击对象在很多情况下是随机性的,虽然恐怖分子在有些情况下会选择军政首脑、警察、商界人士作为攻击对象,但恐怖主义的受害者并不具有被害的必然性。他们的被害往往只是因为他们在错误的时间站在了错误的地点。第三,行为主体不同。战争的行为主体为国家、国家集团或政治权力体,而恐怖主义的行为主体则以个体以及由个体组成的集团为主。尽管国家也可以在恐怖主义中扮演这样或那样的角色,但在缺乏足够的国际制裁力和公断力的情况下,国家发起的恐怖主义、国家支持的恐怖主义等国家恐怖主义形式很难成为问题的焦点。

把恐怖主义与战争进行区分的实践意义在于:第一,明确恐怖分子不应当享有《日内瓦公约》等国际法规定的战争犯的待遇。尽管如此,审判和制裁恐怖分子仍然应当在法治的框架内给予基本的人权保障。第二,剥夺恐怖分子披着的战争英雄的外衣,揭示出反人类的本质,从而削弱恐怖主义进行社会动员的基础。当把恐怖主义当作战争来看待的时候,恐怖分子相应地就被一些人看作战争英雄。而英雄的神话就成为恐怖主义进行社会动员最有力的工具。只有把恐怖主义与战争区别开来,才能剥去恐怖分子战争英雄的伪装,露出其反人类的本来面目,从而削弱其社会动员的基础。

4. 人类社会冲突的连续体

普通刑事犯罪、恐怖主义、战争这些人类社会的冲突形式表明了人类社会生存的一种紧张状态。虽然犯罪、战争这些冲突是随着私有制、法与国家的出现之后才有的,但人类社会生存的紧张状态却是自有人类以来就开始存在的。这种紧张状态最先表现的是人与自然之间的紧张关系,有在私有制、法与国家之后,这种紧张关系又扩展到人与人之间并以阶级矛盾的形式表现出来。所以,人类社会内部的某一时刻的和平状态只是相对的状态,而内部的紧张与冲突却是绝对的。

因此,尽管普通刑事犯罪、恐怖主义与战争存在着上面分析的差别,但它们又是有联系的,它们实际上都可以看作是人类社会冲突连续体中的某一特定的形式。图 1.1 刻画了人类社会冲突的连续体。从中可以看出,人类社会最低级的紧张形式就是规范与道德。规范与道德是人类社会给个人施加的最弱的强制类型。在此之上是各种禁忌。比禁忌施加的强制更加强烈的是确定违法行为的法规。在所有的紧张形式中,最强烈的是用核武器、生化武器进行的无限制的大毁灭战争。

对人类社会冲突连续体的描绘可以帮助我们理解恐怖主义、普通刑事犯罪、战争在人类生存状态中的位置。当然,要更好地理解恐怖主义的概念,就需要进一步认识影响恐怖主义定义的各种因素(见图 1.1)。

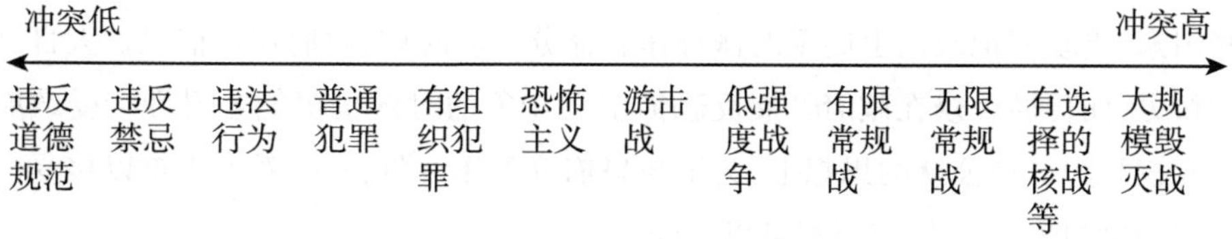


**图 1.1 人类社会冲突的连续体**

(二)影响恐怖主义的因素

下列因素会对恐怖主义产生影响:

1. 历史时间。在不同的历史时间中,恐怖主义的含义也不同。离开具体的历史条件来谈论恐怖主义的含义几乎是不可能的。也就是说,恐怖主义的含义必须结合特定的历史条件来考察。

学者们一般把现代恐怖主义的起源归结到 1789 年到 1795 年的法国革命。在那个时候,恐怖主义并没有现在的这种贬义,它是指由罗伯斯庇尔领导的公安委员会统治下的法国政府在该时期的一些强制性的行为。据估计,从 1793 年 9 月到 1794 年 7 月,法国大约有 2 万人被处决。[1] 但到 1848 年的时候,这个词的指代对象发生了变化,它指那些采取暴力手段推翻政府的革命派。到 18 世纪末 19 世纪初,恐怖主义又被用来指劳工组织、无政府主义者、民族主义者反抗外国的暴力行为。在第二次世界大战之后,当一大批民族主义者为摆脱欧洲殖民主义的统治和压迫而斗争的时候,恐怖主义多被用来指代这一时期民族主义者的斗争。从 20 世纪 60 年代中期到 80 年代初期,这正是美苏冷战的坚冰时期,这时恐怖主义多被用来指代左翼组织和民族主义者的暴力行为。到了 20 世纪 80 年代中期,恐怖主义的含义又发生了改变。在美国因为仇恨而导致的暴力犯罪常常被称为恐怖主义。而在国际上,准国家组织(如中东的一些组织)或一些被美国等国家视为敌人的国家所从事的暴力行为则被称为恐怖主义。到 21 世纪后,那些独立于国家之外具有宗教狂热或为了特定的目的实施暴力恐吓行为的组织构成了恐怖主义新的指代对象。[2]

由此可见,恐怖主义内涵的变化是随着不同的历史背景的变化而发生的。超越特定的历史背景来考察恐怖主义概念可能会误入歧途。在上面的简单描述中,霸权主义对恐怖主义概念的影响已经隐隐约约地呈现出来。

2. 政治权力。政治权力对恐怖主义的定义会产生很大的影响。中国有句名言:“成者为王,败者为寇。”这句话生动地揭示了权力与身份之间的联系。在一些国家,当政府把政治上的反对派称作恐怖分子的时候,政府往往借机扩大自己的权力,而普通民众在政府开展反恐怖主义斗争的时候也更能容忍和接受政府的专权行为。在公众的思想上,为了与恐怖分子作斗争,一些看上去难以接受的做法(如酷刑)有时候变得都可以接受。

政治上的当权者除了通过强权把反对派称为恐怖分子之外,在有些国家当权者也通过政治高压使公民变得顺从、服帖。例如,纳粹德国就通过盖世太保等

---

〔1〕 Cindy C. Combs: *Terrorism in the Twenty-first century*, Second Edition, Prentice Hall, 2000, p. 21.

〔2〕 J. R. White: *Terrorism: an Introduction*, Third Edition, Californian: Wadsworth Thomson Learning, 2002, p. 5.

强制工具打击反对派并整肃民众。拉丁美洲也有一些国家在美国的纵容下通过政治高压维持政府统治。虽然有些学者把这种高压统治看作是国家恐怖主义，但这种观点是存在很大争议的。尽管如此，政治权力对恐怖主义定义的影响却是不可忽视的。

3. 大众媒体。普通民众对恐怖主义的感知和认识很大程度上通过电视、报纸、电影等大众媒体实现的。日常生活中，新闻记者一般把各种各样的暴力犯罪行为都一概称作恐怖主义。这些暴力行为既包括连环杀手的血腥行为，也有为获得赎金而实施的绑架，为泄愤而实施的爆炸等行为，诸如此类。因为在许多国家，新闻的最主要动机就是抓住普通读者的注意力，因此，新闻记者往往并不会深究恐怖主义概念本身的内在限制。只要恐怖主义这个标签能够抓住读者的注意力，只要可能，这个标签就会贴到这样或那样的行为上。尽管这种标签有时贴对了，而更多情况下是贴错了，但由于大众媒体对人们的生活影响是如此之大，所以，忽视大众媒体的作用是不可取的。实际上，大众媒体在恐怖主义的构成中发挥了关键的作用。对此，本书后面将有专门一章分析大众媒体与恐怖主义的关系。

4. 宗教。近年来，宗教与恐怖主义之间的关系加深。这种关系是如此之深以至于一些人认为信仰宗教的人多少都有恐怖主义的倾向或者恐怖分子似乎都信教。这种看法当然是一种偏见。宗教与暴力以及与恐怖主义的联系并不是必然的。但是，当左翼或右翼意识形态在恐怖主义的作用中减弱的时候，民族主义和宗教的影响却不可否认地增强了。宗教在恐怖主义中可以以不同的形态发挥作用：第一，宗教作为末世论的形态而出现。一些宗教组织认为人类的大毁灭即将来临，他们作为上帝的使者可以为创造一个新的干净世界而斗争。第二，宗教作为正义的符号而存在。一些组织认为上帝是正义的化身，站在上帝一边也就是站在了正义一边。作为正义的使者，上帝的信徒们有必要采取各种手段维护正义，并且与邪恶作斗争。第三，宗教作为一种意识形态的伪装而存在。如果说前面两种情况中，信教者是真心信服某种宗教教义而走火入魔的话，那么在这种情况中，行为者只是因为自己走火入魔而需要找到某种宗教性的意识形态的解释。在此，宗教成为一种思想伪装。这种宗教实质上是一种伪宗教。它至多只是具有宗教的外壳。例如，在西方国家里，一些主张动物权利的人到畜牧场进行破坏，或反对堕胎的团体炸毁堕胎诊所的行为都可以看作是一种特定形式的恐怖主义。在其背后都有某种类似于宗教的思想提供对其暴力行为的解释。

5. 心理感受。在影响恐怖主义构成的各种因素中还有一个关键因素就是心理感受。因为恐怖主义的直接效果是在一定范围内引起恐怖的心理效果。因此，某种事件让人们在心理是否感到恐怖以及感到多么强烈的恐怖就成为恐怖主义是否能够成立的一个关键因素。不同的个体由于生活经历和心理承受力不同，对同一事件的心理感受也会不同。一些在某些人看来很恐怖的事情在另外一些人看来可能并不恐怖。但是，对于某种特定的文化来说，生活于其中的大多数人一般对同样的事件产生的心理感受应当是基本相同的。这也就是说，同一事件在人们心理上产生的效果不仅与个人的经历、心理素质有关，还更大程度上与社会文化有关。

心理感受在恐怖主义构成上的影响是如此之大一直于普通民众往往倾向于把让人在心理上产生恐怖或恐慌的事件都称为恐怖主义，一件事情似乎只要在人们的心理上产生恐怖的效果，就可以把它称为恐怖主义。这种舍弃恐怖主义的其他构成条件的宽泛看法忽视了心理恐怖（terror）效果与恐怖主义（terrorism）之间还是有很大的区别的。战争时期敌人飞机空袭可能会在民众心理上引起恐怖或恐慌的效果，但这不能称为恐怖主义；同样，一个社会治安混乱的城市，为了蝇头小利就随便置人死地的“斧头帮”之类的犯罪组织的行为尽管可能会在社会上引起恐慌，但不能把他们的行为称为恐怖主义。恐怖主义的构成需要一些不可缺少的要素。

### 五、本书对恐怖主义的定义

综合分析各种定义，本书认为恐怖主义是为实现政治目的，通过对人身或财产非法使用暴力以恐吓、强迫政府和民众的行为。

该定义强调了恐怖主义的政治性，暴力手段的非法性。此外，在恐怖主义暴力手段的侵害对象上，该定义认为恐怖主义不仅会侵害人身，而且会侵害财产。在人身侵害方面，对军警武装人员的非法暴力侵害，也可以构成恐怖主义行为。该定义与有些定义的另外不同之处是，它并不强调恐怖主义行为的危害后果，也就是说，恐怖主义行为的实际危害后果不仅是物质上有形的，而且也会是心理上无形的。但是，无论是有形危害后果，还是无形危害后果，对恐怖主义行为性质并不构成实质性的影响。当然，在现实世界，恐怖主义造成的后果通常都危害巨大。

## 第二节　恐怖主义的要素

要更好地理解恐怖主义的定义,有必要对恐怖主义的内在要素进行剖析。所谓恐怖主义的要素,就是指构成恐怖主义的应当有的元素。正是通过这些元素的有机组合,才构成了恐怖主义。

### 一、施密德对恐怖主义要素的经典研究

1983年荷兰国立莱顿大学社会冲突研究所(The Centre for the Study of Social Conflicts)的著名恐怖主义研究专家施密德(Alex P. Schmid)与江曼(Albert J. Jongman)在他们的经典著作《政治恐怖主义》中分析了收集到的109个对恐怖主义的定义,然后,从这些定义中归纳出了22个共同的要素并计算了在这109个定义中这些要素出现的频率(见表1.1)。之后,他们基于对这些要素的分析提出了他们自己对恐怖主义的定义。施密德希望通过对恐怖主义要素的分析提炼出恐怖主义最基本的成分。在对这些要素分析的基础上,施密德归纳出一个他认为是客观的、科学的恐怖主义定义。他认为:

恐怖主义是由秘密的个人、群体或国家基于个性的、刑事的或政治的原因而重复实施的能够激发起人们不安的暴力行为,在这种暴力行为中,与暗杀不同,其直接目标并不是其主要的行为目标。其暴力行为的直接受害者一般是目标人群中任意碰上的那些人或者从中选出的那些具有象征性、代表性的人,他们都具有信息传递的作用。在恐怖分子、受害者与主要目标之间的以暴力行为为基础的沟通,在实施了恐吓、强制、宣传手段的情况下,是为了操纵主要目标(即观众),使他们陷入恐惧状态、满足恐怖分子的要求或者对他们给予关注。[1]

按照施密德的定义,恐怖主义是一种把直接受害者当作符号性目标的战斗方法。行为者通过在正常行为之外使用暴力来产生一种持久的恐惧状态,从而在直接受害者之外的第三方(即观众)在态度和行为上发生改变。施密德的研究受到了学者的普遍关注,有人认为他解决了恐怖主义定义这个难题,但也有认

---

〔1〕 Alex P. Schmid and Albert J. Jongman: Political Terrorism: *A New Guide to Actors, Authors, Concepts, Data Bases, Theories and Literature*, Amsterdam: North-Holland Publishing Company, 1988, p. 28.

为他只不过重新定义了一下一个不可定义的概念。由于恐怖主义概念难以定义,所以一些学者干脆回避这个问题,当他们谈论恐怖主义的时候他们就假定每个人都知道恐怖主义到底指的是什么。但为了对恐怖主义概念有进一步的理解,有必要对其中涉及的几个关键要素做深入的分析。

**表 1.1　施密德归纳的恐怖主义要素及其出现的频率**〔1〕

| 要　素 | 频率(%) |
| --- | --- |
| 1.暴力或武力 | 83.5 |
| 2.政治性 | 65 |
| 3.害怕或恐惧 | 51 |
| 4.威胁 | 47 |
| 5.心理效果和反应 | 41.5 |
| 6.对受害者和目标群体进行区分 | 37.5 |
| 7.故意的、有计划的、系统的、有组织的行为 | 32 |
| 8.战斗、战略和战术方法 | 30.5 |
| 9.违背公认的规则、毫无人性的限制、极端异常性 | 30 |
| 10.通过强迫与勒索诱使顺从 | 28 |
| 11.公开曝光 | 21.5 |
| 12.武断、随机性 | 21 |
| 13.受害者为平民、非战斗人员、中立者或局外人 | 17.5 |
| 14.恐吓 | 17 |
| 15.强调被害人的无辜 | 15.5 |
| 16.实施者的有组织性或群体性 | 14 |
| 17.展示给其他人看的象征性 | 13.5 |
| 18.暴力发生的不可预料性、突然性和难以估计性 | 9 |
| 19.秘密的 | 9 |
| 20.暴力发生的重复性 | 7 |
| 21.刑事的 | 6 |
| 22.对第三方提出要求 | 4 |

〔1〕 Alex P. Schmid and Albert J. Jongman: Political Terrorism: *A New Guide to Actors, Authors, Concepts, Data Bases, Theories and Literature*, Amsterdam: North-Holland Publishing Company, 1983, p. 76.

## 二、恐怖主义构成的五大要素

从犯罪学的意义上,恐怖主义具有五大基本要素:暴力行为、间接受害者(即观众)、直接受害者、恐惧情绪和行为目的。

(一)暴力行为

恐怖主义的产生离不开暴力行为。但什么是暴力行为呢？暴力行为似乎是一个不言自明的东西,但其实不然。美国密西根大学社会研究所在20世纪60年代做过一项研究,该研究是调查1374名用抽样方法得到的美国男性对有关行为的看法,问他们列举的一系列行为是否是暴力行为。结果显示57%的人认为向一个抢劫者开枪不属于暴力行为,大约三分之一的人认为老师打学生也不是暴力行为。与此相比较,58%的人认为在那个美国全国上下到处都举行反对美国卷入越战的游行时烧毁标语牌是一种暴力行为。与此相似,在传统中国文化里,丈夫打老婆、父母体罚孩子都是天经地义的事,但在现代许多西方国家,这些都是家庭暴力的一种表现。

这些例子为进一步说明了暴力行为提供一个引子。(1)暴力是一个带有贬义色彩的词汇。暴力涉及的是非法运用赤裸的强制力以施加身体的伤害为制裁手段迫使他人就范的状态。与暴力相对应的中性词是“武力”。(2)一种行为中使用的强制力被人们称为暴力还是武力取决于人们对这种强制力所具有的合法性的判断。当使用这种强制力是合法的时候(如警察执法),人们会称之为使用了武力,否则,就称为使用了暴力。(3)那么,如何判断一个行为是否具有合法性呢？这涉及两个层面的判断。一个层面是非正式文化中,普通大众往往根据目的与手段之间的关系来判断。也就是说,当一种行为作为一种手段而存在的时候,这种手段合法与否就取决于这种手段要实现的目的合理与否。在上面的例子中,开枪打抢劫者、老师体罚学生、家长打孩子这些手段是否合理是从目的上来解释的。为了捍卫私有财产、为了学生和孩子的成长等目的,这些行为的暴力性质都被自然地遮蔽掉了。非正式文化从目的与手段这个角度解释行为的合法性是隐含着内在的危险。因此,在第二个层面上,正式文化(法律文化与政治文化等)往往会以明确的法律规范的形式规定某些行为为非法行为,从而直接剥夺行为者以行为目的为理由对暴力行为产生抗辩的可能性。这种将特定行为犯罪化的一个直接好处就是它直接把行为者置于非法的地位,根本不需要额外的判断或抗辩。在这方面,南非1976年的《恐怖主义法案》给恐怖主义下了一个宽泛的定义，它规定"任何可能危害发法律与秩序的行为都是恐怖主义"，接着该法案列出了恐怖主义表现的12种情况，其中包括"导致普遍的混乱、动荡或无序"；导致"白人与国家其他民族人民之间的敌对"；"妨碍陆地、海上、空中交通工具的自由移动"；甚至还包括"对国家事务管理的骚扰"等。

（二）间接受害者和直接受害者

在恐怖主义行为中，有两种受害者：一是间接受害者；二是直接受害者。间接受害者是指那些没有在恐怖行为发生现场、没有受到恐怖分子直接攻击但却受到恐怖行为影响的人。直接受害者则指受到恐怖分子直接攻击的人。

人们一般容易把所有的绑架、人质或爆炸案都看作是恐怖主义。这种看法是不正确的。以爆炸案来说，如果某个犯罪分子与张三之间有怨仇，因而一直怀恨在心。于是用工业炸药把张三全家都炸死了。这样的案件就是典型的爆炸案。与此相似，如果犯罪分子与张三并没有特别的关系，张三被炸死只是因为碰巧在犯罪现场。而犯罪分子炸死张三也只是借此向张三之外的其他人或组织传递某种信息。在这样的情况下，张三就是直接受害者，而犯罪分子意图施加影响的其他人或组织就是间接受害者。

直接受害者与间接受害者这两种要素是恐怖主义必须要有的。这两种元素也是恐怖主义区别于普通刑事犯罪的关键点之一。普通刑事犯罪以侵害或消灭直接受害人的人身或财产而总结，而恐怖主义则是通过侵害或消灭直接受害人的人身或财产向间接受害人延伸。普通犯罪的凶犯杀人只是希望这个人死，而恐怖分子杀人并不特别在意被杀的人的死活，他在意的是让别人知道他杀人。所以，普通刑事犯罪杀人或实施爆炸后之后，往往会藏匿起来；而恐怖分子杀人或实施爆炸之后却可能找机会告诉公众是他们干的。在此，直接受害人是在恐怖分子与间接受害人之间产生关系的一种媒介。恐怖分子关心的并不是直接受害者本身，而是给间接受害者施加的影响。詹金斯说过一句名言，他说"恐怖主义是一个剧场"，恐怖分子"想要很多的人看，而不是很多死"。[1]

（三）恐惧情绪

恐怖主义构成的还有一个重要因素就是恐惧情绪。这一点前面已经简单论述过。在此需要指出的是，恐惧情绪虽然与暴力行为有关，但与暴力行为引起的

---

〔1〕 Brian M. Jenkins: International Terrorism: An New Kind of Warfare, California: Rand, 1974, p. 4.

危害的大小并没有简单的线性关系。也就是说,并不是伤亡人数越多,恐惧情绪越严重。实际上,世界上许多国家每年死于车祸的人数远远多于死于恐怖主义的人数,但行走在道路上的车辆并没有在人们心理上引起恐惧情绪。

当然,恐惧情绪的产生离不开人员的伤亡或财产的损害,但产生恐惧情绪的关键取决于暴力行为指向的不确定性。当恐怖主义发生的时候,人们并不会知道下一个受害者将是谁。这种不确定性可以使相当多的人陷入恐怖之中。

(四)行为目的

恐怖主义行为的目的,严格地讲,一般只限于政治目的。所以,很多研究者都把政治目的看作恐怖主义的基本要素之一。从严格的学术研究的角度上讲,把恐怖主义的行为目的限定于政治性的,这样做是合理的。但是,从执法的角度上讲,应当考虑到为了经济的或社会的目的而实施的某些行为。当这些行为在其他方面与严格的恐怖主义范畴相吻合的时候,就应当把它们作为恐怖主义来对待。从下一节关于恐怖主义类型的分类中可以发现有些专家把恐怖主义的范围扩大到了暴力刑事案件、战争等。

当然,即使以政治性的目的作为恐怖主义的行为要素,有两个问题仍然需要进一步的澄清。(1)恐怖主义尽管以政治性的目的为构成要素,但这并不意味着恐怖主义是一种政治犯罪。政治犯罪必然要求具备行为的政治目的,但具备政治目的的行为并不必然为政治犯罪。换言之,行为的政治目的是构成政治犯罪的必要条件,而不是充分条件。以暗杀为例,一位学者认为作为政治性的暗杀活动"应当只是威胁国家,而不影响无辜者的私人权利"。[1] 从英美法律上讲,一个活动是否具有政治性必须满足两个条件:第一,它是在一场政治革命或起义中发生的。第二,该行为伴随着这场革命或起义的发生而发生并且成为其中的一部分。所以,一个行为,如果仅仅只有政治的目的或要求,并不能有充足的理由说它就是政治性的。(2)恐怖主义尽管基于政治目的而使用暴力行为,但这并不能为它使用暴力提供充足的理由。现代社会,国际法是允许在一定的限制内使用暴力或武力的。例如,在战争中国际法允许交战双方遵循国际法的有关限制(如对平民或战俘进行保护等)使用暴力手段。但在恐怖主义问题上,即使基于政治原因,国际法也禁止使用暴力。

---

〔1〕 Nicholas N. Kittrie:"Patriots and Terrorists",Case Western Reserve Journal of International Law,Spring 1981,No. 2,p. 300.

## 第三节　恐怖主义的类型

就像对恐怖主义定义一样，学者们对于恐怖主义的类型的划分也各不相同。以下介绍几种比较有代表性的对恐怖主义类型的划分。

### 一、威金森的分类

英国著名的反恐专家威金森把恐怖主义分为四类：第一类为刑事恐怖主义（criminal terrorism），即为了经济或物质利益而有计划地使用恐怖手段的行为。第二类为精神恐怖主义（psychic terrorism），即由狂热的宗教信仰诱发的、与怪异的理想、神化和迷信相关的暴力行为。第三类就是战争恐怖主义（war terrorism），即通过各种可能的手段消灭敌人的行为。第四类为政治恐怖主义（political terrorism），指为了政治目的系统地使用暴力与恐惧的行为。对于政治恐怖主义，威金森列出了它的七个特点：[1]

(1)为了实现像革命或压迫之类的政治目的而系统地使用谋杀、伤害或恐吓；

(2)存在一种令人恐惧或使人感到被强迫的气氛；

(3)内在的无差别性，即无差别地攻击非战斗人员（软目标），因此，行为目标并不锁定某个特定的人，但没有人是安全的；

(4)不可预测性，即个人不能避免伤害或死亡；

(5)不遵循任何规则或战争公约；

(6)使用残忍的手段，如汽车炸弹、大规模谋杀等；

(7)恐怖组织的政治哲学为恐怖行为提供道德合理化的理由。

在列出了政治恐怖主义的七个特点之后，威金森把政治恐怖主义又细分为三类：

第一类为革命性的。革命性的恐怖主义为了实现政治革命系统地运用暴力的策略。它有四个特点：[2]

(1)它永远是集体行为而不是个人的暴力行为；

(2)革命的意识形态总是从道德上为使用恐怖手段提供理由；

(3)在为恐怖主义招聘人员上，恐怖分子的领导层发挥了重要作用；

---

[1] Paul Wilkinson: *Terrorism and the Liberal State*, London: Macmillan, 1977, pp. 47 – 64.

[2] Paul Wilkinson: *Terrorism and the Liberal State*, London: Macmillan, 1977, p. 56.

(4)革命运动必须形成自己的决策层、结构和行为规范。

第二类为半革命性的。半革命性的恐怖主义是指为了政治目的而不是为了革命或进行政府压迫而使用恐怖手段。具体来说,它指如下类型的行为,如强迫政府改变有争议事务上的政策、警告政府官员、对国家采取的但恐怖分子认为应该受到谴责的行为实施的报复。这种类型的恐怖主义典型的表现是美国国内反对政府堕胎政策的保守势力炸毁堕胎诊所的行为。

第三类为镇压性的。镇压性的恐怖主义是指系统地运用暴力性的行为镇压、扑灭、限制特定个人和群体或者镇压者不希望发生的行为类型。镇压性的恐怖主义严重依赖于警察这种国家专政工具。纳粹德国时期希特勒运用冲锋队与盖世太保镇压犹太人这种行为就被认为是典型的镇压性的恐怖主义。

## 二、海克的分类

海克(Frederick J. Hacker)按照行为动机把恐怖主义分为三类:第一种类型是疯狂型的恐怖主义(crazies)。这种恐怖主义的行动者其行为都是由外人不可理解的独特的个人原因导致的情绪失衡所引起的。第二种类型是刑事型的恐怖主义(criminals)。这种恐怖主义行为的动机就是通过非法犯罪行为获得个人利益。第三种类型是斗士型的恐怖主义(crusaders)。它是指那种不为个人利益而为了共同的利益,为了集体的政治目标而获得权利力与声望的理想主义行为。

在划分了这三类之后,海克认为每一类都可以再划分为从上至下的恐怖主义和从下至上的恐怖主义。具体地说,疯狂型的恐怖主义可以分为从上至下的疯狂恐怖主义和从下至上的疯狂恐怖主义。前者指政府恐怖,后者指精神病型的恐怖(如疯狂杀手)。同样,刑事恐怖主义也可以分为从上至下的和从下至上的。前者指通过犯罪活动巩固并保持政府权力,而后者指黑社会的犯罪行为。当然,对海克来说,真正的恐怖分子是斗士型的恐怖分子。这种恐怖主义也可以分为从上至下的和从下至上的。海克认为对西方民主政府危害最大的是从下至上的斗士型恐怖主义,因为这种恐怖主义的目的就是为了引起政府的过分反应并成为一个专制性的政府,因此,这种恐怖主义对全球安全与个人自由构成最大的威胁。[1]

---

〔1〕 Frederick J. Hacker: *Crusaders, Criminals, Crazies: Terror and Terrorism in Our Time*, New York: Bantam, 1978, pp. 3－38.

## 三、施密德的分类

施密德在他的名著《作为沟通的暴力》(Violence as Communication)中把恐怖主义也进行了分类。他认为存在三种基本形式的恐怖主义:第一类为暴乱型恐怖主义,它是指向国家的。第二类为国家恐怖主义,它是指向社会上那些没有权力的人们的。第三类为义务警察型的恐怖主义,它是既不针对国家也不代表国家实施的行为。在这三类中,施密德把暴乱性恐怖主义进一步地分为三类:第一类为社会革命型的恐怖主义,它的目标是为了引发世界革命。第二类为民族分裂型的恐怖主义,它主要指分裂分子、民族分子或种族分子从事的为了引起社会一部分的巨大变化而不是整个政治结构的全面变化的行为。第三类为单一事务型恐怖主义,它主要关心给某类群体给予权利,例如,反对堕胎政治而从事的暴力行为,或者生态环境主义者从事的某些激进行为。[1]

施密德的上述分类主要考虑的是国内恐怖主义,而没有考虑国际恐怖主义(international terrorism)。但对于国际恐怖主义,施密德认为也可以根据行为主体的性质进行区别。他认为在我们谈到的国际恐怖主义中实际上存在两种不同的形式:国家间的恐怖主义(interstate terrorism)或跨国恐怖主义(transnational terrorism)。对于国家间的恐怖主义或跨国恐怖主义,施密德认为如果说恐怖行为的主体为国家,而这种行为针对的也只是国家,那么这种恐怖主义就为国家间的恐怖主义。换句话说,当恐怖主义的游戏双方都为国家而不牵涉其他非国家组织的时候,那么这种恐怖主义就是国家间的恐怖主义。反之,游戏双方中任何一方为非国家组织的时候,这种恐怖主义就应当称为跨国恐怖主义。

## 四、詹姆士·坡兰的分类

美国加州州立大学刑事司法学院的詹姆士·坡兰(James M. Poland)教授提出了他对于恐怖主义和暴力的分类。他认为:可以把恐怖主义与暴力分为五类:第一类为政治恐怖主义,其中包括国家恐怖主义、义务警察型的恐怖主义、种族屠杀、分裂主义、民族主义、单一事务骚乱(single issue insurgent)。第二类为刑事恐怖主义,包括有组织犯罪、团伙等。第三类为精神病态的恐怖主义,如连

---

〔1〕 Alex P. Schmid and Janny de Graaf: *Violence as Communication: Insurgent Terrorism and the Western News Media*, Beverly Hills: Sage, 1982, pp. 59 - 60.

环杀手、派性暴力。第四类为劳工暴力，如罢工引发的动乱。第五类为战争，它包括低强度冲突、常规战争、民族解放运动。[1]

### 五、怀特的分类

曾经当过警察的犯罪学家乔纳森·怀特(Jonathan R. White)在多年的实践中按照三个标准对恐怖主义进行了分类。这三个标准为行动的暴力水平、行为的性质、对行为的反应类型。根据这三个标准，怀特作出了以下分类(见表1.2)。[2]

**表 1.2　怀特的分类**

<table>
<tr><td>行为的暴力水平</td><td colspan="5">低高</td></tr>
<tr><td rowspan="4">行为的性质</td><td>刑事的</td><td colspan="4">政治的</td></tr>
<tr><td>1. 个人的<br>刑事犯罪行为<br>心理的<br>经济的</td><td>1. 没有外国支持的小集团</td><td>2. 有外国支持的小集团</td><td>3. 没有外国支持的大集团</td><td>4. 有外国支持的大集团</td></tr>
<tr><td colspan="5">2. 团伙与有组织犯罪</td></tr>
<tr><td colspan="5">3. 毒品犯罪</td></tr>
<tr><td>对行为的反应</td><td colspan="5">警察军队</td></tr>
</table>

从上表可以看出，怀特把恐怖主义分为两大类：刑事的与政治的。刑事恐怖主义包括三种类型：个人的、团伙与有组织犯罪、毒品犯罪。其中团伙与有组织犯罪、毒品犯罪这两类在有些情况下还不是纯粹的刑事的，它们可能还具有政治性。在第二大类中，怀特按照集团的大小和是否有无外国支持这两个变量把恐怖主义分成了四种：没有外国支持的小集团、有外国支持的小集团、没有外国支持的大集团和有外国支持的大集团。在这些类型中，随着行为暴力水平的上升，对这些行为做出反应的机构逐渐地从警察部门转变为军队。

### 六、美国"刑事司法标准与目标咨询委员会"的分类

1976 年美国"刑事司法标准与目标咨询委员会"(National Advisory Com-

---

[1] James M. Poland: *Understanding Terrorism: Groups, Strategies, and Responses*, New Jersey: Prentice Hall, 1988, p. 16.

[2] Jonathan R. White: *Terrorism: An Introduction*, Third Edition, California: Wadsworth Thomson Learning, 2002, p. 15.

mittee on Criminal Justice and Goals)在一份题为《民间骚乱与恐怖主义》的报告中把恐怖主义分为三类：一是纯恐怖主义(pure terrorism)或政治恐怖主义；二是无政治的恐怖主义(nonpolitical terrorism)；三是准恐怖主义(quasi-terrorism)。所谓纯恐怖主义或政治恐怖主义，指的是出于政治目的而在社会或一部分人中造成恐慌的暴力犯罪行为。不包含在其中的是那些纯粹个人性的行为或恐吓，以及那些心理病态的但没有产生严重社会政治后果的行为。无政治的恐怖主义指为在对第三者实施强制的过程中获得并保持一定程度的恐慌而有计划实施的行为，其目的是为了获得个人或集体的利益而不是为了实现一个政治目标。准恐怖主义指那些偶然发生的在形式和手法上与纯恐怖主义相似但没有政治动机这个根本要素的暴力犯罪行为。[1]

### 七、对上述分类的简评

上述不同学者的分类从不同角度给我们展现了恐怖主义类型的多样性，揭示出恐怖主义现象的复杂性。但是，有些分类过于简单，有些分类中不同概念之间的逻辑关系并不严格，而有些分类从学术上本身就存在很大的争议。比如，海克的分类就被很多学者认为太简单化。在上述多个分类中虽然都把刑事恐怖主义作为恐怖主义的一种，但必须认识到某些普通暴力犯罪(如绑架、爆炸等)、有组织犯罪与我们经常谈到的恐怖主义之间的区别。

对恐怖主义的概念应当从广义和狭义两个角度来理解。广义的恐怖主义应当包括暴力刑事犯罪在内的各种类型。而狭义的恐怖主义应当只是指具有政治目的的恐怖主义。

### 思考题

1. 试评析国外学者或机构关于恐怖主义定义的异同。
2. 简述恐怖主义与普通犯罪、战争的区别。
3. 恐怖主义具有的要素是什么？
4. 举例并对恐怖主义进行分类。

---

〔1〕 National Advisory Committee on Criminal Justice and Goals: *Report on Civil Disorders and Terrorism*, Washington DC: Government Printing Office, 1976, pp. 3 - 6.

# 第二章
# 恐怖主义的起源与发展

在包括古代罗马、中国、印度等古代文明中,都可以找到类似于当今世界恐怖主义的许多思想和行为。但学者们一般都认为恐怖主义作为一种手段被人们有系统、有计划地实施以达到特定的政治、宗教、社会等目的的现象却是现代社会的产物。本章将参照当今世界恐怖主义的热点,追踪恐怖主义的起源与发展。

## 第一节 恐怖主义的起源

现代恐怖主义起源于欧洲并传播到全世界。[1] 如果把古代社会那些类似于当今世界恐怖主义的思想和做法比作恐怖主义的种子的话,那么,法国革命就可以看作这个种子成长之后开出的第一支花朵。为什么在欧洲而不是在其他地方开出了这样一支花朵呢?这就需要研究花朵开放的条件,即恐怖主义产生的社会条件。启蒙运动和工业革命催化了恐怖主义的产生。

---

〔1〕 Jonathan R. White, *Terrorism: An Introduction*, Third Edition, Belmont, California: Wadsworth Thomson Learning, 2002, p. 65.

## 一、启蒙运动

### （一）启蒙运动的产生

“普天之下莫非王土，率土之滨莫非王臣。”在18世纪之前的欧洲社会中，人们认为国家是属于国王的个人财产，依附于土地的普通人们在人身上为贵族所主宰。这种看法统治人们的思想已经有很久的历史。长期以来，人们把服从国王和贵族的统治看作是天经地义的事，因为国王是上帝派到人间来统治人们的。但是，当牛顿发现了万有引力从而引发了自然科学革命之后，人们的思想受到了震撼：原来世间万物的运行并不是在上帝预设的程序中展开的。万物只是自然地存在着，而这种自然状态有其自身的规律，这种规律还是可以被人们所认识和利用的。

自然科学的革命动摇了千百年来人们信以为真的思想。既然地球不是宇宙的中心、国王也不是奉上帝之命来实行统治，那么，国家和政治权力到底是怎么回事？人民与统治者之间的关系的本质是什么？既然自然界的规律像万有引力一样可以被认识，人类社会是不是也有规律？也可以被认识和利用？当人们思考着这些问题并提出各种答案回答这些问题的时候，人们被尘封已久的心智终于被唤醒。也正是在这样的意义上，这场思想革命被称为启蒙运动。

### （二）启蒙运动的思想：对恐怖主义的影响

在启蒙运动中，许多思想家对自由、权利、国家等提出了各种各样的看法和见解。在这些看法和见解中，有些思想后来对恐怖主义的产生发挥了很大的作用。

1. 对自由的看法。启蒙思想家（如卢梭、洛克）认为人生来是自由的，自由是人最重要的一种属性。卢梭在《论人类不平等的起源和基础》中说“一个人抛弃了自由，便贬低了自己的存在，抛弃了生命，便完全消灭了自己的存在。因为任何物质财富都不能抵偿这两种东西，所以无论以任何代价抛弃生命和自由都是既违反自然同时也违反理性的。”尽管启蒙思想家的这种思想对于打破封建社会对人性的奴役具有难以估价的进步意义，但是，从后面的恐怖主义发展历史可以看出，强调人性的绝对自由也会造成非常可怕的消极后果。无政府主义的虚妄就是绝对自由主义的表现。这就印证了柏拉图在《国家》中所阐述的道理：“大凡任何东西一走向极端，它便产生相反的作用力。这个道理不仅适用于四时更替和动植物的生长，而且适用于所有各种类型的政治生活。任何国家或个人，极端的自由必然会导致极端的奴役。”

2. 对国家的看法。既然国王不是上帝派来统治臣民的，那么，为什么会有国家？国家的目的是什么？契约论者认为国家是因为人们经过合议让渡了自己天生的部分权利而产生的。人们之所以愿意让渡本来属于自己的权利是为了实现自己个人独自所不能实现的目的，如得到安全保障。洛克在《论宽容的信》中讲“在我看来，国家是由人们组成的一个社会，人们组成这个社会仅仅是为了谋求、维护和增进公民们自己的利益。”卢梭在《论社会契约》中也表达了类似的看法：“人民举出首领是为了保障自己的自由，而不是为了奴役自己，这是无可争辩的，也是一切政治权利的基本准则。”这种契约论的思想彻底撕毁了神权政治的神秘面纱。它改变了国家政治权力的合法性基础。正如同马克斯·韦伯所指出的那样，现代社会政治权力是否具有合法性不再依赖于统治者被神化了的出生或个人魅力，而基于被统治者理性的认可。所以，在古代社会，当统治者被神化了的时候，民众即使生活在极端的水深火热之中，但很少有人想反抗暴政，因为反抗代表上天来人间统治的国王或皇帝无疑就是忤逆上帝的旨意。卢梭曾经讲“强者也绝不会强到可以永远当主子，除非他使自己的暴力转化为权利，使屈服转化为义务”。在封建神权时代，服从的确被认为是一种义务，而国王或皇帝的统治也被认为是一种权利，经过上天授予的权利。所以，即使像梁山好汉那样的揭竿而起的民众，也只是反贪官不反皇帝的。即使有个别揭竿而起的要反皇帝，也需要打上“替天行道”的旗号。但是，当统治者的神圣光环被剥去之后，人们不用再像原来那样担心忤逆上天的旨意而遭受全能上帝的惩罚。特别是当人们相信政府的权力只是自己为了实现公共利益让渡了权利而产生的结果的时候，人们反抗政府所受到的制约少了，而与此同时，反抗政府需要的理由可以很容易就找到，只需要说政府没有实现正当的目的就足以为自己的行动提供合理的解释。因此，在现代社会，恐怖主义最常用的一种理由就是反抗黑暗统治或者反抗不公平的社会。这个时候，恐怖分子也不需要找什么“替天行道”之类的神圣理由。因此，从这个意义上讲，契约论思想实际上消解了传统社会运用暴力反抗政权的制约，降低了恐怖主义产生的门槛。

3. 启蒙运动对民族主义的影响。民族主义既是一种意识形态，也是一种社会运动。作为一种意识形态，《大英百科全书》认为“民族主义是一种思想状态，是每个人对民族国家怀有至高无上的世俗的忠诚”；作为一种社会运动，民族主义则是把民族的利益置于绝对重要的地位,以获得本民族的自治、独立作为目标的实践活动。但是,民族主义的兴起只是启蒙运动之后的事情。从历史上看,对民族的自觉意识,在欧洲中世纪以前是非常模糊的。为什么这样呢?美国历史学家斯塔夫里阿诺斯《全球通史》中对欧洲民族国家的发展所进行的研究给我们提供了一个答案。在中世纪前期的欧洲,在政治经济领域里是采邑制为基础的封建制。当时的欧洲的政治地图,被几千个公国、候国、伯国、骑士领地、自由城市国家和主教领地国割据而成,国家并不是一个统一而完整的政治单位,国王的权力只限于自己的领地,远远不如我们中国皇帝那般强大,臣民们不直接与国王打交道,广大民众只效忠于其直接依附的封建领主、庄园主、行会或城市等,呈现出明显的地方性。以德国作例子:迟至 19 世纪初,德意志仍存在 1700 多个独立的政治主权单位。虽然当时的德意志已经有了自己的语言——德语,但是使用法文却是整个德意志社会的时尚。德意志不存在一种统一的精神文化,人们习惯于把自己看成是巴伐利亚人、萨克森人或普鲁士人等等,不以为自己是德意志人。所以,斯塔夫里阿诺斯说:“在那些世纪里,民众应忠于国家这一点是无人知晓的”,“大多数人认为自己首先是基督徒,其次是某一地区如勃艮第或康沃尔的居民,只是最后——如果实在要说的话——才是法兰西人或英吉利人。”启蒙运动要求解除人们的思想枷锁,追求自由与独立,不同民族人们在相互交往(特别是战争)中认识到了彼此之间在历史背景、语言、风俗习惯、宗教、艺术及有组织的生活方式等方面的差异,并同时产生了对同类特质认同的需求,于是民族性就凸显出来。在民族性凸显的过程中,战争发挥了很大的作用。对于这一点,英国著名的社会学家安东尼·吉登斯在《民族国家与暴力》、《现代性与自我认同》等著作中都给予了说明。吉登斯认为瓦解传统社会、凸显民族性与现代性的不是工业主义,而是军事和战争。他认为“现代国家的形成过程实际上是与军事力量及其所卷入的战争密切相关的。”在战争中,人们必须要思考我类与他类的问题。“我们越反思性地‘使我们自己’像人,那么,‘人’或‘人类’是什么这些的概念本身便更易于涌现出来。”[1]

19 世纪和 20 世纪上半叶,民族主义成为一股巨大的思想洪流和社会运动。在民族主义发展的过程中,启蒙运动对民族性的提升具有强大的催化作用。如果没有启蒙运动的强力催化,民族性仍然是一个朦胧混沌的概念的话,那么,民

---

〔1〕[英]安东尼·吉登斯:《现代性与自我认同》,三联书店 1998 年版,第 255 页。

族主义难以有今天的浩浩滔天之势。从消极的角度看,形形色色的原教旨主义也很难有市场。但是,启蒙运动改变了这一切。

4. 对理性的看法。什么是启蒙运动?康德认为:“启蒙运动就是人类脱离自己所加之于自己的不成熟状态,不成熟状态就是不经别人的引导,就对运用自己的理智无能为力。当其原因不在于缺乏理智,而在于不经别人的引导就缺乏勇气与决心去加以运用时,那么这种不成熟状态就是自己所加之于自己的了。”启蒙运动要求人们“要有勇气运用你自己的理智!这就是启蒙运动的口号。”万有引力等自然科学的发展使人们对理性充满了无限的期望,人们认为理性不仅可以发现自然界的规律,同时理性也可以帮助人们认识社会。在理性的指导下,人们改造可以社会并最终成为万物的主宰。这种乐观主义的情绪在法国革命中表现得非常明显。

## 二、法国革命

### (一)法国革命的背景

法国革命发生于1789年到1795年。在革命发生之前,法国是一个典型的君主专制国家。当时法国所处的国际和国内环境表现出如下特点:

1. 政治统治腐败,社会矛盾尖锐。作为君主专制的国家,法国统治阶级由国王、贵族和僧侣阶层构成。统治阶级过着奢华的生活。在被统治阶级中,新型的资产阶级虽然日渐壮大,但并不能享有相应的社会政治地位。而最悲惨的是处于社会底层的农民,他们在人身上依附于土地,他们不仅必须支付名目繁多的税收,以满足统治阶级扩军备战和寄生生活的需要,而且还必须面对人口过剩和天灾人祸所带来的饥荒等灾害。生产力与生产关系之间的矛盾突出。

2. 社会思想活跃,启蒙思想家提出的思想在上层建筑领域动摇了专制制度。启蒙运动的一些重要人物,如伏尔泰、狄德罗、孟德斯鸠、卢梭、孔多塞等人都是法国人。他们的思想使人们对君主专制的合法性产生了怀疑。例如,伏尔泰就攻击教会和专制主义。孟德斯鸠则对英国的君主立宪体制情有独钟。卢梭则倡导人民主权的思想。

3. 在国际上,1775年至1783年美国革命的成功使一个新的国家在北美以新的面孔建立起来。美国革命对欧洲产生了很重要的影响。其重要性在于:第一,美国革命以暴力手段结束了宣布独立的13个州与英国的殖民地与宗主国的关系。它开创了一个用暴力手段摆脱殖民统治的先河。第二,美国革命创立了一个完全建立在个人权利基础之上的全新的民族国家,用事实证明了启蒙运动的思想的确可行。《独立宣言》庄严宣布:"有一个真理是不言而喻的:人人生而平等。"美国革命是向欧洲反动保守的封建主义阵营发射的一颗重磅炸弹。它极大地震撼了欧洲专制独裁的君主制度。爱尔兰民族主义领袖亨利·格拉顿告诫自己的同胞说:"在你们确定当奴隶的可行性之前,请始终朝美国看。"

4.法国革命的直接导火线是国家财政的混乱局面。法国在美国革命中的介入加重了法国的财政困难。为了转移财政危机的困境,法国财政部部长希望召开特别的会议迫使希望有产阶级承担财政负担。这个举措不但招致新生资产阶级的强烈反对,也使部分低级僧侣和贵族对国王充满怨言。财政危机直接引发了法国革命。

(二)法国革命的过程

1789年7月14日,法国革命爆发人民攻占了巴士底狱,农民烧毁了地租契约,革命者随即控制了政府。在8月4日召开的国民议会上,僧侣和贵族宣布放弃他们的特权。随后,议会实施了一系列措施瓦解旧的政权结构。例如,制定宪法,宣布教会的土地收归国有。这样,封建社会结构迅速土崩瓦解。法国国王路易十六想利用国外武装对革命进行干预,企图扼杀革命,恢复自己的权力。但是,外国侵略者被击退。在失望中,路易十六想逃到国外,但没有成功。路易十六后来接受了革命法庭的审判,于1793年1月21日被处死。

在国王被处死后不久,控制政府的革命派领导人罗伯斯庇尔(Maximilien Roberspierre)成立了公安委员会。为了解决国内的混乱和国外列强的入侵,罗伯斯庇尔采取了一系列严厉的措施打击反动派。从1793年到1794年7月公安委员会存在期间,至少有1.7万人被处死,30万至50万人被逮捕,大约20万人在狱中因饥饿或酷刑而死亡。由于打击面太宽,罗伯斯庇尔被赶下台并被处死。[1] 随后,法国陷入了混乱之中,在革命中遭到镇压的反对派开始反扑。1799年,拿破仑·波拿巴(Napoleon Bonaparte)控制了法国,从而结束了法国革命及其引起的混乱局面。

法国革命是世界上影响最大的一次资产阶级革命。它的意义在于在君主制度下处于社会底层的农奴和城市市民与新兴的资产阶级一起走到了政治舞台的

---

〔1〕 Pamala L. Griset and Sue Mahan, *Terrorism in Perspective*, Sage, 2003, pp. 4-5.

上层；它沉重地打击了封建主义制度；法国革命使法国人民更加团结，并深刻意识到法兰西民族是一个共同体，巩固了法国作为一个新兴民族国家的权力，加速了法兰西民族主义的产生。

（三）恐怖统治：恐怖主义的原初含义

法国革命以暴风骤雨的气势扫荡了封建政权。一些人在革命中欢呼，一些人在革命中惊恐万丈。对于法国革命的评价，当时的人们和后人一直都存在很大的争议。英国保守主义哲学家爱德蒙·伯克（Edmund Burke）当时就把 1793 年到 1794 年 7 月罗伯斯庇尔统治时期称为恐怖统治，并且使用"恐怖主义"这个词来指新政府的行为，即法国革命期间，罗伯斯庇尔领导的公安委员会对法国贵族及其支持者所采取的专政行为。[1] 这是恐怖主义初创时候的原始含义。恐怖主义的原始含义意味着国家是恐怖主义行为的主体，而恐怖行为的对象则是国家的公民。这种意义上的恐怖主义虽然即使到今天仍然后学者在使用，例如有人把纳粹德国统治行为称为恐怖主义，但这种用法并不多见。在恐怖主义产生之后，恐怖主义在不同时期被人们用来指称不同的现象。在后面的分析中，我们将要解释恐怖主义的其他含义。因此，恐怖主义这个概念从产生到发展的过程，实际上揭示了恐怖主义是具有历史性的，它随具体的历史环境存在而存在，随着环境的改变而改变。脱离具体的社会历史条件，抽象地谈论恐怖主义可能会使人误入歧途。

## 第二节　无政府主义与恐怖主义

在恐怖主义发展的初始过程中，无政府主义扮演了很重要的角色。那么什么是无政府主义？无政府主义的基本思想是什么？无政府主义与恐怖主义的关系表现在哪些方面？本节我们就要研究这些问题。

### 一、无政府主义的定义

按照《大英百科全书》的解释，无政府主义是指一种信仰在没有政府的社会中生活和行为的理论或原则，在这种没有政府的社会中，既不存在对法律的遵

---

〔1〕 Jonathan R. White, *Terrorism: An Introduction*, Third Edition, Belmont, California: Wadsworth Thomson Learning, 2002, p. 67.

守,也不存在对权力的服从,这种和谐的社会是由各种地域或功能性的群体为了满足生产和消费的需要,为了实现人们各种需求和愿望而自觉自愿地协议形成的。

### 二、无政府主义的发展初期

无政府主义思想在西方最早至少可以追溯到古希腊的斯多葛学派,在中国则可以追溯到道家思想。例如,斯多葛学派的创始人芝诺就批判了柏拉图的乌托邦式的国家学说。他提出了一个没有政府的社会来代替柏拉图的全能的国家,在他所描述的社会中,没有警察、没有法庭,也没有庙宇,甚至连货币都是多余的东西。

芝诺的思想到了 18 世纪得到了英国政治哲学家威廉·高德温(William Godwin)的系统回应。在 1793 年发表的《政治正义探索》中对于法律、国家、社会等核心概念进行了系统的分析,从而初步建立无政府主义的理论体系。他认为法律并不是祖先智慧的结晶,而只是他们热情、胆怯、嫉妒和野心的产物。他认为法律是一个比它要对付的恶更大的恶。因此,他认为如果法律被废除,而且只有当法律被废除之后,真正的正义才能形成。国家也应当被废除。一个没有政府的社会,可以完美地存在。每个社会应当是小而且自治的。

在法国革命风起云涌的时代,有一位重要的无政府主义者,皮埃尔—约瑟福·普鲁东。普鲁东曾经说:"被统治就是接受那些既没有权利,也没有知识,更没有德行的人实施的监视、检查、指导、训诫、调节、灌输、规劝、评定、衡量、审查和安排。"普鲁东在 1840 年使用"无政府"(anarchy)这个指没有政府的社会状态,并倡导这样一种状态。普鲁东反对建立任何思想体系,当他的追随者向他祝贺他的思想体系的时候,他愤怒地回答:"我的体系?我没有体系!"他对理论结构的不信任就像他对政府结构的不信任一样。他认为所有的政党都是形形色色的专制主义,所以尽管他被他的追随者认为是无政府主义运动的大师,但是,他否认他建立了一个政治党派。

### 三、欧美其他国家的无政府主义

无政府主义在欧洲其他地方也有很广泛的影响。虽然像法国普鲁东那样的无政府主义者基本上限于在思想上宣传无政府主义,但在德国、英国、意大利以及俄国,却有一些无政府主义者并不满足于利用演讲和宣传册子推动无政府主义的发展,他们要用行动宣传和实践他们的理想。这些人被称为无政府主义的恐怖分子。他们包括德国的卡尔·海因兹(Karl Heinzen)、约翰·莫斯特(John Most)、意大利的卡罗·皮萨坎(Carlo Pisacane),以及俄国的巴枯宁和克鲁泡特金。[1]

卡尔·海因兹1849年发表了重要的著作《谋杀》来阐述他的无政府主义思想。在这个著作中,他声称:"谋杀是历史进步的主要动力",并说:"如果你为了摧毁魔鬼的盛宴而不得不实施大规模炸毁并使人们陷入血海之中的话,那就不要有丝毫的犹豫和同情。"海因兹力图从意识形态层面对恐怖主义进行文饰作用。

另一位重要的无政府主义者约翰·莫斯特1846年生于德国。他很小的时候,母亲就去世了,他与父亲和继母生活在一起,继母并不喜欢他。更不幸的是莫斯特小时候得的一场病使他毁容。他的小伙伴们经常以此取笑他。这些痛苦的经历对于他成为一个激进的无政府主义者产生了很大的影响。年轻时候,他因发表一篇文章被监禁16个月,在这篇文章中,他希望有人把俄国沙皇亚历山大二世干掉。他在1884年发表的另一篇文章中建议无政府主义者要不择手段获取行动经费,他谴责那些不愿意采取极端手段获取经费的人。他认为没有行为支持的口头恐吓是没有意义的。[2] 莫斯特后来去了美国,继续号召人们用暴力手段推翻政府。

皮萨坎在无政府主义者中的影响来源于他提出了"用(恐怖)行为宣传"的主张。他认为人们经过一天的劳动之后,都非常疲惫,根本不可能去读无政府主义者散发的小册子,也没有精力去听他们的演讲,他认为只有用暴力行为才能抓住人们的注意力。

欧美的无政府主义者使用炸弹和匕首等武器实施了各种暗杀活动,其中包括在1894年杀死法国总统卡诺特(Sardi Carnot)。1897年无政府主义者又成功暗杀西班牙首相德尔·卡斯迪洛(Del Castillo)。次年,奥匈帝国王后伊丽莎白也被无政府主义者杀死。1900年,意大利国王恩博托一世(Umberto Ⅰ)被无政府主义者杀死。1901年美国总统威廉·麦金利(William Mckinley)被无政府主

---

[1] Jonathan R. White, *Terrorism: An Introduction*, Third Edition, Belmont, California: Wadsworth Thomson Learning, 2002, p. 69.

[2] Pamala L. Griset and Sue Mahan, *Terrorism in Perspective*, Sage, 2003, p. 6.

义者利昂·佐尔哥兹(Leon Czolgosz)暗杀。

## 四、俄国的无政府主义及其对中国的影响

无政府主义运动并不限于西欧,它在19世纪以及20世纪上半叶成为非常有影响的世界性的社会运动。这种影响力甚至经过俄国无政府主义者的传承远达中国。俄国无政府主义者巴枯宁和克鲁泡特金的学说在俄国并且在19世纪末至20世纪初的中国都产生了的影响。

### (一)俄国的无政府主义

巴枯宁1814出生在俄国。1843年到西欧学习哲学,受到普鲁东等无政府主义者的影响。此后,他参加了巴黎、布拉格等地的起义。在参加达累斯顿起义中,他被抓获并被送交给俄国沙皇政府。随后他被流放到西伯利亚,但他经日本、美国出逃到欧洲。1868年,他混进了第一国际成为马克思的反对者。1872年他被第一国际除名。1876年,他死于波恩。

克鲁泡特金1842年出生于俄国一个贵族家庭。曾经在沙皇政府和军队中做官,后来对无政府主义产生了兴趣。因为在俄国秘密宣传无政府主义思想被逮捕。出狱后,克鲁泡特金写了不少文章宣传无政府主义。

1878年,俄国无政府主义者成立了自己的组织"民意党"。这个组织大约有500名成员。在民意党存在的三年中,俄国无政府主义者采取了暴力手段来实践无政府主义的理想。在民意党存在的短暂三年中,俄国无政府主义者成功暗杀了包括警察首脑、政府官员、皇室成员在内的俄国上层阶级的许多重要人物。1881年,沙皇亚历山大二世被俄国无政府主义者炸死。

### (二)中国的无政府主义

无政府主义思想在19世纪末20世纪初也对中国产生了较大的影响,特别在一些年轻人中间,克鲁泡特金的作品被奉为经典,吴稚晖、刘师复等人都在那个年代信仰和宣传过无政府主义。

吴稚晖是明末清初的反清革命者、教育家,江苏武进人。1905年他在法国巴黎与孙中山相识,随后加入中国同盟会。1907年,吴稚晖在巴黎创办《新世纪》周刊。当时,克鲁泡特金的无政府主义思想在欧洲有一定市场。吴稚晖接受了无政府主义,开始宣传无政府主义,鼓吹实现一个理想的大同世界:没有强权、军队、法律,消灭阶级、去国界、毁政府,众生一切平等,人我无界。

刘师复是中国无政府主义者的代表人物，江苏仪征人，1901 年考中秀才。后来在上海结识章太炎，并参加以章太炎为精神领袖的光复会。1907 年，刘师复赴日本接受并宣传无政府主义。刘师复写有《无政府主义之平等观》、《苦鲁巴特金学术述略》、《无政府革命与农民革命》等文章，积极宣传无政府主义思想。刘师复还将无政府主义主义与中国传统思想融合会通，论说老子是无政府主义的创始人，又用儒家与道家思想解释无政府主义："儒道两家之学说主于放任，故中国之政治主放任而不主干涉"、"名曰有政府，实与无政府无异。"在他看来无政府主义"在欧美各国为理想之谈，然中国数千年来即行无政府之实"，"由是以观则实行无政府主义，以中国为最易，故世界各国无政府，当以中国为先。"

(三)无政府主义批判

无政府主义是一种非常有害的思想，无论是在历史上还是在今天，无论是在国外还是在中国，无政府主义都以貌似合理的空洞说教毒化和腐蚀着人们，虽然无政府主义者并不都提倡暴力，但极端无政府主义者却鼓吹用恐怖主义实践他们的理想。

无政府主义在新的世纪中并没有销声匿迹，用网络时代的技术手段推行各种社会管理的方案以消解国家的边界和国家的本质，这些不过是改头换面的无政府主义。因此，无政府主义的危害，无论是在过去，还是在现在，都不能低估，应该认真地揭露和批判。

列宁曾经讲过："无政府主义是改头换面的资产阶级个人主义。个人主义是无政府主义整个世界观的基础。""维护小私有制和小农经济。""无政府主义是绝望的产物。它是失常的知识分子或游民的心理状态。"

针对 20 世纪初中国许多青年盲目信仰无政府主义，周恩来以伍豪笔名曾经于 1922 年在旅欧《少年》杂志上发表文章，揭露无政府主义的虚无主义本质。他说："无政府主义在中国已有了十年以上的历史，他利用中国人的惰性和容忍，竟与些思想堕落者结成了不解之缘。他们都自命为提倡科学的人，其实他们只会高谈那空想的艺术，高谈几个'真''善''美'的名词，论到实在的开发实业的方法，恐怕除掉毁坏大规模生产，反对集中制度外竟无什么具体主张。""无政府主义既这样空洞，所以具有无政府思想的蔡元培，自认为无政府党人的李石曾、吴稚晖辈一遇到当前的政治经济问题，才会手忙脚乱，弄出与无政府主义相反的主张出来。"

对于本土文化中的无政府主义思想,陈独秀在“五四”运动之后,也进行过批判。他说“近来青年中颇流行的无政府主义,并不完全是西洋的安那其,我始终认定是固有的老、庄主义复活,是中国式的无政府主义,所以他们还不满于无政府主义,更进而虚无主义,而出家,而发狂,而自杀;意志薄弱不能自杀的,恐怕还要一转而顺世堕落,所以我深恶痛绝老、庄底虚无思想放任主义,以为是青年底大毒。”陈独秀认为这种无政府主义是腐败和堕落的表现。

近些年来,西方一些国家积极向中国推销“自由”“人权”的思想,这些思想在中国一些人中很有市场。自由、人权、民主等价值体现了人类生活的目标,应当研究、讨论和追求。但关键的问题是我们必须要认识到自由、人权、民主从来都不是超越历史、阶级的抽象概念。用抽象的“自由”“人权”等抽象概念来裁剪现实,最终就会导致无政府主义。在实践上,就会表现出各种攻击政府的行为,如利用邪教蛊惑人心围攻政府机构。西方一些国家和组织也利用这些行为攻击中国,但是,这些别有用心的攻击者往往回避一个明确的事实,即没有任何政府能够容忍以“自由”“民主”等旗号为借口的反政府暴力的行为或煽动性的反政府行为。例如,1885 年一位俄国出生的妇女爱玛·戈德曼(Emma Goldman)来到美国。她在纽约罗彻斯特的一个工厂做裁缝师,但是,她喜欢在芝加哥、克利夫兰发表赞扬无政府主义的演说。1893 年,当她发表演说鼓动失业工人用暴力手段去获得面包的时候后,被警察逮捕,并因此而被判处一年的监禁。1917 年,戈德曼第二次被抓进监狱,因为她鼓吹控制人口以及反对征兵抵制第一次世界大战。戈德曼后来被剥夺公民资格,并被驱逐出境。再例如,美国 20 世纪 60 年代末期以反对美国白人政府对黑人的歧视与种族主义为宗旨的“黑豹党”(Black Panther Party)就被美国视为洪水猛兽。“黑豹党”成员在演讲时候就常常遭到警察的骚扰,其两位创始人之一的胡伊·牛顿(Huey P. Newton)曾经被控诉故意杀死一名警察,但服刑 22 个月后,其罪名被推翻。1989 年,47 岁的牛顿倒毙街头。

所以,在新的历史条件下,应当对形形色色的无政府主义保持警惕,坚决反对利用无政府主义思潮制造社会动乱、从事恐怖活动。

## 第三节　中东地区的恐怖主义

西方媒体今天一谈起恐怖主义,往往就提起中东地区,关于中东地区的恐怖主义的报道很多。那么,中东地区的恐怖主义是如何起源的?

中东恐怖主义的起源与两个问题密切相关:阿以冲突、中东国家内部的斗争。在这两个表面问题的背后,则隐藏着更深层次的问题:阿以冲突背后的关键问题是犹太复国主义;中东国家斗争的背后则交织着在国家内部发展不平衡的前提下如何抗御外来的霸权,并维持内部的平衡。泛阿拉伯主义,即把阿拉伯世界团结成为一个统一的世界,作为一种整合阿拉伯世界内部力量的旗帜并不能消弭彼此之间的矛盾和斗争。更为关键的是在上述两个问题中,殖民主义或霸权主义加剧了斗争的严重性和持久性。

## 一、阿以冲突

以色列人与阿拉伯人在巴勒斯坦的冲突为什么会产生?阿以冲突的突出表现是什么?对这两个问题的探讨可以帮助我们理解中东恐怖主义的一个重要的渊源。阿以冲突的直接原因是犹太复国主义和殖民主义,而其突出表现则是历次中东战争。

### (一)殖民主义与犹太复国主义

阿以冲突与殖民主义有很深的历史渊源。早在第一次世界大战的时候,殖民主义就开始利用阿拉伯人。当时土耳其与德国结盟反对英法等协约国家,英国则与阿拉伯人签订协定,希望利用阿拉伯人对付土耳其。作为回报,英国将承认阿拉伯国家的独立。当时代表英国政府谈判的是亨利·麦克马洪。[1] 英国人对阿拉伯人的承诺是模糊不清的,实际上,英国人根本没有真心打算让阿拉伯人实现自治,在英国人与阿拉伯人签订协定的同时,英国已经谋划如何与其他殖民主义国家瓜分中东。1915 年,英国与法国、俄国签订了瓜分中东的《君士坦丁堡协定》。根据这项协定,如果获胜,俄国可以并吞君士坦丁堡、土耳其海峡及其两岸的大片内地。作为交换,英法规定,它们以后将明确各自对波斯、阿拉伯半岛以及奥斯曼帝国的要求。1916 年英国、法国和俄国又签订了《赛克斯—皮科协定》(Sykes-Picot Agreement)进一步明确了列强在中东的势力范围。

---

〔1〕 也正是这个殖民主义者于 1914 年 3 月 24 日在中国与印度的边境上画出了一条新的分界线。按照这条分界线,中国失去了西藏地区南部资源最丰富的 9 万多平方公里的土地。这条分界线也称麦克马洪线。此后印度依据麦克马洪线,大肆侵占中国领土,最终引发了 1962 年中印边境冲突。

当英国政府向阿拉伯人做出虚假承诺的同时,他们也利用犹太复国主义运动为其渔利。犹太复国主义与中东问题的纠葛由来已久。中东问题的焦点是巴勒斯坦的归属。巴勒斯坦包括现在的以色列、加沙、约旦河西岸和约旦。作为扼守亚欧非三洲交通要道的巴勒斯坦具有重要的战略和经济地位,历来是大国角逐的地区。据记载,巴勒斯坦地区最早的居民是迦南人。公元前 1020 年,犹太人进入这一地区并建立了国家。此后,巴勒斯坦屡遭周围大国侵占,几经变迁。犹太王国灭亡后,公元 1 世纪前后,在罗马帝国统治时期,犹太人被赶出巴勒斯坦,流散到世界各地。公元 7 世纪后,巴勒斯坦成为阿拉伯帝国的一部分,巴勒斯坦的绝大部分居民为阿拉伯人。16 世纪后,巴勒斯坦又成为奥斯曼帝国的一部分,直到第一次世界大战时期。

犹太人出走巴勒斯坦之后,在世界许多地方受到排斥。特别是 19 世纪末发生在沙皇俄国的排犹运动,十分猖獗。1881 年 3 月,沙皇亚历山大二世被刺杀后,沙俄为掩盖阶级矛盾,转移视线,借机煽动排犹的狂潮,被屠杀的犹太人不计其数。这样,犹太人开始了第一次向巴勒斯坦移民的浪潮,并建立了一些犹太人的移民点,犹太复国主义运动初步兴起。1897 年世界犹太复国主义组织在瑞士召开了成立大会。该组织的目标是“在巴勒斯坦为犹太民族建立一个有公正法律所保障的犹太之家”。

第一次世界大战爆发后,由于土耳其成为德国的盟友、英法的敌人,英国和美国的犹太复国主义领导人乘机要求英美国家允许他们在奥斯曼帝国灭亡之后在巴勒斯坦建立一个犹太人的国家。犹太复国主义者的要求得到了英国政府主要领导人的赞同,因为英国政府希望通过借助犹太复国主义加强对中东的渗透,同时借此赢得俄国和美国许多有影响的犹太复国主义者的支持。此外,他们还担心德国和土耳其会乐于做出让步以取得国际犹太复国主义者的支持。1917 年 11 月 2 日,英国发表《贝尔福宣言》,宣称“赞成在巴勒斯坦建立一个犹太民族之家”。早在 1917 年 10 月,美国总统威尔逊向英国政府表示支持《贝尔福宣言》的草稿。1922 年美国国会正式通过一项支持《贝尔福宣言》的决议,支持犹太人在巴勒斯坦建立犹太国。1922 年 7 月,国际联盟通过了英国对巴勒斯坦的“委任统治训令”。此后,世界各地的犹太人开始不断地移居巴勒斯坦。

殖民主义对第一次世界大战后的中东、北非局势产生了很大的影响。阿拉伯人和犹太人对英国人都满怀愤怒:阿拉伯人终于发现自己被英国人欺骗了,英国人根本没有支持他们建立一个统一的阿拉伯王国;犹太人则希望更快地在巴勒斯坦建立犹太人的国家。第一次世界大战促使了阿拉伯世界民族主义的觉醒,中东阿拉伯人民反帝反殖民主义的斗争蓬勃开展起来。在这一过程中,伊拉克、约旦、伊朗、叙利亚、埃及、沙特阿拉伯、利比亚等国家都先后摆脱宗主国的统治获得独立。这些国家对建立统一的阿拉伯世界充满了憧憬,但哪一个国家都没有能力获得其他国家的服从。

(二)以色列的建立

1947 年 2 月,英国宣布放弃对巴勒斯坦的统治,将巴勒斯坦交给联合国处理。1947 年 4 月,联合国设立了巴勒斯坦问题特别委员会,特委会经过几个月的讨论,最终也未能达成统一意见。最后特委会向联合国大会提交了两个方案,请联合国大会投票表决。这两个方案分别是:巴勒斯坦分割案和巴勒斯坦联邦案。巴勒斯坦分割案将巴勒斯坦一分为二,各自建立一个犹太人国家和阿拉伯人国家;巴勒斯坦联邦案则是在巴勒斯坦建立一个犹太人与阿拉伯人共治的联邦国家。

美国态度坚决,支持巴勒斯坦分割案,支持建立一个独立的犹太人国家。苏联也支持巴勒斯坦分割案。美苏两大国一表态,联合国大会的基调就定了下来。1947 年 11 月,联合国大会投票表决,通过了巴勒斯坦分割案,这就是联大 181 号决议案。

分治决议通过后,遭到巴勒斯坦阿拉伯人和阿拉伯各国的强烈反对,他们认为这个决议是不公平的决议。在联大 181 号决议发布时,巴勒斯坦境内居住的阿拉伯人占总人口的 68%,阿拉伯人拥有的土地占巴勒斯坦总面积的 94%;而联大 181 号决议却将巴勒斯坦总面积的 57% 划给占三分之一人口的犹太人,占三分之二人口的阿拉伯人只得到 43% 的土地。

与此同时,犹太复国主义者也加紧了筹划建国的行动。在美国的积极支持下,1948 年 5 月 14 日,以色列国宣布成立。美国立即予以承认,接着苏联也表示承认。

(三)阿以冲突与中东恐怖主义的产生

阿以冲突在几个方面导致或影响了中东的恐怖主义。第一,阿以冲突中产生了大量巴勒斯坦难民,由于这些难民长期不能过上正常的生活,权利被无情地剥夺和忽视,所以他们容易以恐怖主义的方式反抗以色列和国外霸权对他们权利的践踏。在第一次中东战争期间,巴勒斯坦人为躲避战祸,逃到埃及、约旦、黎巴嫩、叙利亚等国的边境附近。但是,通过第一次中东战争,以色列不仅夺回了联合国分治决议划归它的领土,而且占领了大部分联合国划归巴勒斯坦人的领土,除加沙地带和约旦河西岸分别由埃及和约旦军队占领外,以色列占领了巴勒斯坦总面积的80%。难民要返回巴勒斯坦就需要得到以色列的接纳但以色列拒绝难民返回家园。尽管联合国于1948年12月通过决议,声明巴勒斯坦难民战后有返回自己故乡的权利,要求以色列政府尽快安排难民回乡,以色列却拒不执行联合国的决议。第二,战争增强了阿拉伯人的民族意识,同时也使犹太复国主义进一步扩张。这两种发展趋势使阿拉伯人和犹太人中的极端分子在条件成熟的时候举起泛阿拉伯主义或犹太复国主义的大旗从事恐怖主义。在这种情况下,任何想要通过和平谈判的方式解决阿以冲突的人,都可能遭遇到来自伊斯兰恐怖分子、犹太恐怖分子的暴行。例如,巴勒斯坦恐怖组织阿布·尼达尔(Abu Nidal)集团就坚决反对巴勒斯坦解放组织采取和平谈判和外交的方式解决中东问题,他们不仅对犹太人实施恐怖活动,而且也把暴力活动指向温和的巴勒斯坦解放运动的领导者和支持者。他们暗杀阿拉法特的计划屡次被挫败,但至少有90名巴勒斯坦解放组织的领导人或支持者被阿布·尼达尔杀害。[1] 犹太恐怖分子在1948年9月17日杀死了联合国安理会任命的阿以冲突调停者、瑞典红十字会总裁贝尔南多伯爵。1995年11月4日,当以色列总理拉宾努力用和谈的方式解决巴勒斯坦问题的时候,也倒在了犹太恐怖分子的枪口之下。虽然射杀拉宾的凶手是一位25岁的以色列激进分子,但事后,人们怀疑谋杀拉宾只是更大阴谋的一部分,以色列的情报部门甚至都在谋杀拉宾的案件中扮演了主谋的角色。[2]

### 二、中东国家内部的分化和斗争

阿拉伯世界并非铁板一块,由于每个国家的历史、自然环境、经济条件等情况各不相同,因此,在如何抗御外来的势力(以色列、殖民主义和霸权主义)并实现国家发展的问题上,阿拉伯世界内部存在不同的选择,有不同的利益集团。

在对以色列和欧美的外交政策取向上,中东国家内部存在着三个不同的阵

---

〔1〕 James M. Poland, *Understanding Terrorism*, Prentice Hall, 1988, p. 105.

〔2〕 Emanuel A. Winston, *Israeli Government Complicity in Rabin Assassination*, http://radiobergen.org/conspiracies/govil.html.

营:第一个阵营希望与以色列保持友好共存的局面,并且采取了亲西方的政策。这个阵营中以约旦、沙特阿拉伯等国家为代表。第二个阵营对以色列采取有条件和解的政策,他们希望与以色列的和解建立在收回被以色列占领的土地的基础之上。这个阵营比较突出的国家是埃及。第三个阵营则反对与以色列的任何妥协,在建立一个统一联盟的基础上,这个阵营倾向于采取激进的政策与西方进行对抗。这个阵营的代表是伊拉克。

由于中东国家内部分化为不同的阵营,因此,他们之间并不能彼此协调一致,共同抗御外来力量。无论是在第二次世界大战之前面对英法殖民主义,还是在第二次世界大战之后应对以色列的犹太复国主义和犹太恐怖主义,以及美苏的霸权主义,中东国家之间虽然有一定的合作,但在很多情况下却处于被对手分而治之的境地。在有些情况下,中东国家之间或者国家(组织)内部的斗争反而为恐怖主义的产生和蔓延埋下了种子。

### 三、殖民主义和霸权主义

中东恐怖主义还有一个非常重要的起源就是殖民主义和霸权主义。从时间上,第二次世界大战之前,英法国家在中东的殖民主义政策埋下了后来导致中东恐怖主义的种子。前面讲到的英、法、俄在20世纪初签订的《君士坦丁堡协定》、《赛克斯—皮科协定》就是出于殖民主义的目的划分在中东的势力范围。英国在第一次世界大战中一方面给阿拉伯国家做出虚假的承诺,另一方面又纵容犹太人损害阿拉伯国家的利益。所有这些做法都使中东国家对帝国主义和殖民主义的强权政治感到非常失望。第二次世界大战之后,英法虽然走向衰落,埋葬殖民主义的丧钟在世界范围内敲响,但是,中东并没有因此而获得和平。第二次世界大战之后,英法殖民主义退出中东所造成的权力真空被美苏霸权主义迅速填补。美国积极扶持以色列在中东的扩张,把以色列作为美国在中东利益的桥头堡,同时大力培养沙特阿拉伯等亲美势力。以色列在中东的地区霸权主义实际上就是美国全球霸权主义在中东的具体版本。美国一方面指责一些中东国家搞恐怖主义,但另一方面对以色列的犹太恐怖主义却视而不见。这种采取双重标准的做法从根本讲仍然是美国霸权主义。这种做法不仅给中东带来了动荡和战争,由此产生的恶果也使美国自己深受其害。实际上,无论是实施"9·11"恐怖袭击的本·拉登,还是被美国称为"无赖国家"的伊拉克的领导人萨达姆,都曾经接受过美国的支持和援助。

另一方面,苏联的霸权主义对于本来就已经很复杂的中东问题来说更是火上浇油。苏联对中东的觊觎从第一次世界大战期间与英法殖民主义勾结在一起划分中东的势力范围就显露出来。20世纪50年代,埃及在苏伊士运河问题上与英法两国交锋获胜,美苏立即把眼睛盯上了英法退出后的空缺。1954年5月10日,美国国务卿发言说:"众所周知,美国与英国和法国的关系,是基于北大西洋公约的同盟国关系,但这也并不意味着美国在任何情况下都支持这两国的帝国主义企图。而且美国也反对加深中东地区的殖民地化。"与此同时,苏联也没有放松对埃及的渗透。1955年4月起,苏联发表声明:"中东是苏联的近邻,苏联对该地区发生的事情不能置之不理。"9月,苏联向埃及大量供应武器。埃及在美苏霸权主义的夹缝中奉行中立和不结盟政策,但实际上为了实现打败以色列的目的,与苏联保持了密切的军事合作关系。

苏联1979年入侵阿富汗则是使用强力推行霸权主义的政策。苏联的行为影响深远。正是在抗击苏联入侵阿富汗的斗争中,本·拉登和他的组织崛起了。在他崛起的过程中,美国热情地提供了武器和经济资助。具有讽刺意味的是,在抵抗苏联霸权主义的斗争中成长起来的拉登最终把美国视为敌人,在刚进入21世纪不久就采取了极端的手段向美国实施了恐怖行为。而这个时候,另一个"巨无霸"苏联在霸权主义的扩张中早已消耗殆尽,昔日的帝国已经分崩离析。因此,当我们要追溯恐怖主义产生的种种背景的时候,霸权主义的影响是不能不考虑的。霸权主义不仅给弱小国家带来了暴力和不平等,毒害国际关系,同时,霸权主义埋下的祸患也会使推行霸权主义的国家最终自食其果。

## 第四节　欧洲地区的恐怖主义

在公元1世纪前后,恐怖主义活动已经被广泛应用到了政治和军事斗争中,在罗马帝国时期就诞生由犹太人成立的朱帝亚激进组织,这是西方史学家认定的欧洲最早的恐怖主义组织。[1] 随着时间的推移,恐怖主义在欧洲不断地演化与发展。现代"恐怖主义"则诞生于18世纪末期的法国大革命时期。"二战"后,欧洲大陆国家林立,殖民主义和民族主义泛滥,导致了在欧洲地区会孕育出了许多具有典型意义的恐怖组织,正是这股被称为"政治瘟疫"的恐怖主义狂

〔1〕 张娟主编:《恐怖主义在欧洲》,世界知识出版社2012年版。

潮,在20世纪的欧洲引发了许多轰动世界的恐怖事件。本节将主要探讨欧洲地区的恐怖组织与恐怖事件。

## 一、意大利的“红色旅”

在“二战”结束十年后的20世纪60年代,本该是享受战后和平与幸福的“希望年代”,但是在表面的和平与幸福背后,欧洲的发达国家面临着诸多困难与矛盾,大批移民涌入欧洲,与本土民族发生矛盾,而宏观环境中的经济停滞,政局动荡,工人失业,社会矛盾凸显极大地扩大了欧洲区域的不稳定性。然而在亚非拉美区域,社会主义革命正蓬勃发展,这对于欧洲的左翼组织,无疑是“革命刺激”,所以在这个历史环境下的欧洲,开出了众多“红色恐怖花朵”,意大利的“红色旅”就是代表之一。

### (一)组织简介

在这个年代左派思想是政治思潮的主流。“红色旅”正是在这极左派的思潮下诞生的意大利恐怖组织,红色旅(意大利语:Brigate Rosse,常缩写为“BR”,英文Red Brigades)于1969年成立,主要活动在米兰、都灵、热那亚这三座意大利的工业城市,以暗杀、绑架、制造事端等恐怖活动出名,旨在欧洲普遍开展游击战和对抗资产阶级,它的标志为一挺机关枪和一颗五角星,象征着武装夺取政权。

“红色旅”是都灵市特伦托大学社会学系学生雷纳托·库乔(Renato Curcio)和他的女友玛格丽塔·卡戈尔(Margherita Cagol)、阿尔贝托·弗朗切斯基尼(Alberto Franceschini)等联合激进的工人共同创造。早期成员大多是一些二十多岁的大学生,他们广泛在工人和学生中吸收积极分子,培养优秀人才,同时在意大利各社会阶层都形成了良好的舆论同情与吸引。“红色旅”的组织结构十分严密,整体由五个纵队组成,每个纵队分为若干个核心,每个核心又分为若干战斗小组,每个战斗小组由数位成员组成,各战斗小组相互独立,形成了一种“单线生殖”的形式。在“红色旅”活动初期,库乔等以打碎政府官员的膝盖骨,来象征着政府的残废,随着暴力程度的升级,暗杀与绑架成了惯用方式,这正是“红色旅”所推崇的“武装宣传”。

### (二)绑架意大利总理莫罗

“红色旅”在活动初期主要以实施“使权力机构残废”行动为主,就是以打碎政府官员的膝盖而不直接杀人,官员象征着政府,让其残废即象征意大利政府的残废。随着“红色旅”恐怖活动的血腥程度升级，意大利警方成立了专门的特别小组来进行对抗，在一次偶然的行动中居然幸运地抓住了头目库乔，并决定于1978年3月17日对库乔进行审判。库乔的接班人科拉多·阿卢尼与另一头目安娜相比库乔而言，更加热衷于恐怖活动，这时的“红色旅”正积极暗中策划营救库乔。

1978年3月16日，“红色旅”战士偷盗委内瑞拉大使馆的外交牌照车辆尾随意大利总理莫罗的菲亚特轿车，伺机与埋伏在街边身着民航制服的“红色旅”战士截住了莫罗的轿车，从撞车到枪声结束只用了几十秒时间，总理莫罗被“红色旅”绑架。红色旅的意图十分明显，想用莫罗交换被抓获的包括库乔在内的“红色旅”战士们。这次在恐怖分子绑架史上堪称完美的行动被称为“宝石行动”，由“红色旅”创始人之一的安娜策划。

在莫罗被关押在地下停车场的55天内，莫罗每天向内阁的同僚写信恳求释放库乔，但意大利政府发表声明：绝不向恐怖分子低头，不接受他们任何形式的讹诈。当莫罗的第80封信被意大利政府拒绝，莫罗彻底死心。“红色旅”发出最后声明，声称政府必须在48小时内释放“红色旅”同胞，否则即处决莫罗。可是意大利政府仍旧不妥协。5月9日13时，“红色旅”执法队对莫罗进行审判并执行死刑。

莫罗被枪杀之后，“红色旅”舆论影响与政治地位急剧下降，这次绑架案既让“红色旅”轰动世界，也使“红色旅”内部发生分歧，并致使“红色旅”元气大伤。

（三）绑架美国将军詹姆斯·多齐尔

1981年12月17日，在意大利南部小镇维罗纳，发生了一件举世瞩目的绑架案，北约南欧盟军地面部队副参谋长、美国陆军准将詹姆斯·多齐尔（James Dozier）被卷土重来的“红色旅”战士绑架，令意大利总统佩尔蒂尼和美国总统里根非常震惊。这个经历过越南战争的在南欧盟军地面部队司令部任职的将军掌握了大量军事机密，所以对于美国而言，多齐尔的意义十分重要。为此，意大利成立了由国务部长罗尼奥负责的紧急营救小组，试图全力营救多齐尔。

意大利警方全副戒备，悬赏170万美元奖励提供线索者。1982年1月25日，帕多瓦警方接到举报，获知多齐尔被关押在宾德蒙大街2号的超级市场内。经过意大利警察特种部队“金豹”中队的周密部署，28日发动突然袭击终于将关押了42天的将军解救出来。营救的整个过程仅用时90秒，但是对于意大利反恐行动却具有里程碑式的意义。

在这次绑架行动后，一些"红色旅"恐怖分子产生了信仰危机，感觉前途渺茫，"红色旅"组织成员逐渐分裂。1983 年 1 月，关押在监狱里的"红色旅"领导人库乔发表声明，认为意大利恐怖主义的社会根源已经不复存在，"红色旅"决定放弃武装斗争。

## 二、西德的"红军派"

在 20 世纪 60 年代，在欧洲大陆上，有一大批青年对资本主义与议会制提出质疑，并对当时美国的民权运动和越南战争不满，由此形成了大规模的反美学生运动。而在联邦德国中就形成了议会外的反对党，红军派就是反对党的前锋队伍，是德国的一支左翼恐怖主义组织。不同于意大利的"红色旅"，西德的"红军派"大多由中产阶级的知识分子和大学生组成。

### （一）组织简介

"红军派"（德语：Rote Armee Fraktion，简称 RAF）主要由安德里亚斯・巴德尔（Andreas Baader）、古德龙・恩斯琳（Gudrun Ensslin）、霍尔斯特・马勒（Horst Mahler）、乌尔利克・梅茵霍芙（Ulrike Marie Meinhof）等人建立，主要活跃在 20 世纪七八十年代。1977 年，由于其猖獗的恐怖活动，导致了联邦德国发生了大规模的社会危机，历史上称之为"德意志之秋"。"红军派"大多数成员均在巴勒斯坦极端组织中受到良好的恐怖行动训练，并与国际其他恐怖组织建立了频繁的联系，以获取武器装备等。

### （二）成立初期的恐怖活动

1968 年 4 月，巴德尔和恩斯琳纵火烧掉了法兰克福的百货大楼，以此来宣告"红军派"的成立。这次举动让德国资产阶损失不小，但是更重要的是这次行动吸引了左派杂志《实际》的撰稿人乌尔利克・梅茵霍芙加入了"红军派"。由此初期"红军派"的核心成员扩展到 32 人，其中女性占 12 人，在一个重视妇女权益的国家里，女性恐怖分子的威胁实则更大，她们便于藏匿炸药、伪装等。

1970 年 6 月，"红军派"的 12 名成员前往约旦河西岸及加沙等地，与巴勒斯坦人民解放阵线（PFLP）游击队一起接受军事训练。1971 年 4 月，借用 1969 年巴西革命家卡洛斯在其《城市游击战手册》一书中"城市游击"的定义，"红军派"开始以"城市游击队"自居。在组织成立初期，他们一边抢劫银行以获得活动经费,一边用炸弹攻击美国军事基地、德国警察局。

1972 年 6 月,一如“红色旅”的领袖库乔一样的不走运,“红军派”的领导巴德尔、恩斯琳、梅茵霍芙在一系列爆炸事件后被警方成功抓获。9 月 5 日,巴勒斯坦人民解放武装组织向“红军派”施以援手,他们联合“红军派”成员,潜入德国慕尼黑奥运村的以色列运动员休息区,杀掉 2 人,绑架 9 人,导致慕尼黑奥运会被叫停 34 小时,但是西德政府没有用“红军派”领袖交换人质的意愿。

这就引发了“红军派”恐怖分子更疯狂的进攻,在 1974 年,“红军派”成员对柏林上诉法院首席法官贡特尔 · 冯 · 魏伦克曼进行刺杀,随后又将西德基督教民主联盟主席彼得 · 洛伦兹绑架,要求交换狱中“红军派”领导。可是,西德政府依旧态度强硬,接下来恼羞成怒的“红军派”预谋策划一起轰动的绑架案来逼迫政府交换全部被关押成员。

(三)炸毁德国驻瑞典大使馆

1975 年 4 月 24 日,“红军派”派出了由 5 男 1 女组成的恐怖突击小队前往斯德哥尔摩,成功绑架了大使馆内的德国大使和 12 名工作人员,并发表声明提出交换被关押的 26 名“红军派”成员。西德施密特政府认为恐怖分子的行为是 26 年来对民主进行的以此最严重的挑战,由此谈判破裂,把处理事件的权力交给了瑞典政府。“红军派”恐怖分子当即决定炸毁大使馆,在午夜时分大使馆被炸成了一片火海。由于“红军派”组织缺乏经验,在爆炸过程中有 2 名恐怖分子丧生,2 人受伤。

在炸毁德国大使馆后,“红军派”又策划了一起劫持法航 139 航班的行动,希望能通过这次行动挽回局面,但是由于以色列特种部队毫不妥协,对恐怖分子实施武力强袭,解救了全部人质,失败后的“红军派”开始寻求国际恐怖分子的援助。

(四)欧佩克(OPEC)石油输出国组织维也纳总部绑架计划

1975 年 12 月 21 日,“红军派”派出了 2 名精英成员联合巴勒斯坦人民解放阵线,参与了由恐怖分子“胡狼”卡洛斯策划的欧佩克(OPEC)石油输出国组织维也纳总部绑架计划。此次行动挟持了超过 60 名各国部长作为人质,杀死了一名奥地利警察、一名伊拉克雇员和一名利比亚代表团成员。在绑架过程中,卡洛斯要求奥地利当局通过广播电视媒体每隔两小时朗读一封关于巴勒斯坦解放组织的公报,否则每隔 15 分钟杀死一名人质。当局同意了。12 月 22 日,在当局妥协下,他们带着42名人质飞去了阿尔及尔。随后到了巴格达,30名人质被释放,之后继续飞往的黎波里,在那里释放了更多人质,之后又飞回阿尔及尔,这时所有人质都被释放,卡洛斯等人也都获得政治庇护。这次行动使卡洛斯成了臭名昭著的国际恐怖分子。

（五）劫持德国汉莎航空客机

与国际恐怖分子的合作同样无法救出狱中的成员,"红军派"仍然决定干一票大买卖来救出巴德尔。1977年9月,在日本"赤军"恐怖分子的帮助下,"红军派"残余势力先后绑架了德国工业协会主席汉斯·施利叶和雇主委员会长汉斯·马汀·徐赖尔,随即发出声明要求交换巴德尔。但是德国西德政府对于恐怖分子的方针并没有改变。为了使西德政府妥协,"红军派"恐怖分子策划了劫持德国汉莎航空客机计划。整个波音737客机被成功劫持,一名驾驶员被杀,飞机飞往索马里的摩加迪沙,恐怖分子声明只要政府交出巴德尔在内的11名恐怖分子并付1155万美元的赎金,就交出人质。西德政府这次决定用武力打击恐怖分子并救出人质。通过各种外交途径,波恩政府取得了索马里政府的谅解,获得了可以向客机进攻的许可。

1977年10月17日深夜,由德国边防军第9反恐大队（GSG－9）61名队员组成的两个突击小组在夜幕的掩护下,悄然降落在摩加迪沙机场跑道外距恐怖分子约200米的一个沙丘后面。在一名英国反恐怖专家的协助下,突击队员用磁性炸弹炸开舱门,将闪光炸弹投向驾驶舱,迅速冲入飞机,恐怖分子失去战斗力,束手就擒。整个过程历时1分46秒,德国边防军第9反恐大队通过这次闪电般的营救行动赢得了世界各国的好评。

随后的"红军派"成员陷入绝望中,在狱中的"红军派"成员集体自杀,包括巴德尔。这使"红军派"实力大降,但是狱外的残余分子仍继续实施绑架和暗杀。在"红军派"的第二、三代领导人的策划下,包括西门子公司总裁贝库茨,德意志银行行长赫尔豪森,德国托管局局长罗韦德尔等政商要人相继被害。1998年4月22日,"红军派"在一篇公报中宣布,它即将解散和终止其"城市游击战"。同年8月20日,路透社波恩分社接到一封"红军派"的信件,宣布其结束恐怖计划,解散组织。

### 三、西班牙"埃塔"

西班牙同意大利、德国一样,也是饱受恐怖主义残害的国家,从1933年10

月何塞·安东尼奥·普利莫·德里维拉创立"长枪党"以来,暴力与暗杀就弥漫在这个国家,随着佛朗哥独裁的结束,这个组织也被取缔。西班牙的巴斯克自治区位于西班牙北部,面积约7200平方公里,人口210万,拥有与任何印欧语系语言都没有关联的巴斯克语,民族主义认同感极强。巴斯克地区经济发达,资源丰富,随着19世纪巴斯克地区完全并入西班牙王国,巴斯克分离主义运动也随之开始。如果说,"长枪党"还有一丝反抗强权的意味,那么"埃塔"就完全属于现代意义的恐怖主义。

(一)组织简介

"埃塔"源自于巴斯克语Euskadi ta Askatasuna,缩写为ETA,直译为巴斯克祖国和自由。该组织于1958年成立,前身为佛朗哥时代巴斯克地区的地下组织,在1975年佛朗哥独裁统治结束后,逐渐发展为危害整个西班牙社会的主张暴力的分裂主义恐怖组织。[1] 埃塔的政治目标是通过武装斗争建立起独立的社会主义巴斯克国,这个巴斯克国包括西班牙巴斯克人居住的四个省即比斯开、基普斯夸、阿拉瓦和纳瓦拉,法国的三个省即下纳瓦拉、拉普尔迪和苏尔。

"埃塔"组织约有1万人,20多人组成的执行委员会是其核心。[2] "埃塔"的组织结构十分严密和讲究等级,顶层有一位核心领导,辖下再分为三个子组织:后勤、军事和政治部分。

1961年,"埃塔"召开第一届全会,将组织定性为"地下革命组织",初期的革命纲领是以推翻佛朗哥独裁统治、争取巴斯克独立为主,同时涉及解决社会问题、维护工人阶级利益等,具有一定的进步意义。同年,"埃塔"组织了一次重大行动,制造了一起未遂的火车出轨事件,此事对佛朗哥政权的震动很大。

(二)20世纪七八十年代的爆炸刺杀案

1968年,"埃塔"处决了宪兵曼扎纳斯(Melitón Manzanas),一个曾经屠杀过许多巴斯克人的元凶,这是"埃塔"恐怖组织第一次恐怖行动。这次处决极大地提高了"埃塔"的士气,为接下来更为凶猛的爆炸刺杀做了铺垫。1973年12月20日,"埃塔"为报复西班牙政府处决巴斯克分离主义分子,在首都马德里用汽车炸弹刺杀了西班牙首相路易斯·卡雷罗·布兰科(Luis Carrero Blanco),这一

---

〔1〕 王逸舟等:《恐怖主义溯源》(第二版),社会科学文献出版社2010年版。

〔2〕 中国大百科全书出版社和美国不列颠百科全书公司合作编译:《简明不列颠百科全书》(第六卷),中国大百科全书出版社1999年版。

举动轰动了全世界。

1985 年，“埃塔”在西班牙首都马德里又制造了一起汽车爆炸案，在爆炸中 1 名美国人当场死亡，16 名护卫成员受伤。随后的三年间，“埃塔”制造了数起大规模汽车炸弹袭击。1987 年 6 月 19 日，“埃塔”在巴塞罗那一家超市制造的血案，致使 21 人死亡，45 人受伤。1987 年 12 月 11 日，“埃塔”在萨拉戈警察局附近引爆汽车炸弹，造成 11 人死亡。当时的“埃塔”在国际上被广为批评，但是在西班牙的巴斯克地区仍保有很高的群众威望。可是，到了 20 世纪 90 年代，西班牙群众开始憎恶这个恐怖组织，尤其是在 1997 年 7 月 12 日，“埃塔”绑架并杀害议员米格尔·安赫尔·布兰科后，西班牙爆发了史无前例的反“埃塔”群众游行。

（三）20 世纪末的“再度活跃”

“埃塔”在 1998 年宣布“不定期停火”，这是“埃塔”实施暴力 30 年来的第一次停火。在短暂停火后，“埃塔”将注意力放在地方选举，希望在地方选举重取得胜利，结果最后输给“巴斯克民族党”，使埃塔的希望彻底破灭。1999 年，“埃塔”试着与中央政府进行和谈，但是谈判无果。1999 年 12 月，“埃塔”单方面中止了停火协议，重新开始实施一系列暗杀，并打死一名西班牙士兵，“埃塔”又重拾其武力建国的路线。

在“埃塔”的袭击再度卷土重来后，仅 2000 年一年，“埃塔”就在首都马德里制造了 3 起导致严重后果的汽车爆炸案件，造成数十人伤亡。从 2000 年 1 月开始，“埃塔”疯狂地对社会进行报复。1 月 21 日，马德里遭到“埃塔”恐怖分子的汽车炸弹袭击。2 月 22 日，社会党领袖费尔南多·布塞（Fernando Buesa）和其保镖在维多利亚遭暗杀。11 月 21 日，前卫生大臣埃内斯特·鲁奇（Ernest Lluch）在巴塞罗那遭枪杀。2001 年 11 月 6 日，“埃塔”又实施汽车炸弹袭击，致使 95 人受伤。2002 年 5 月 1 日，在即将举行欧洲冠军杯复赛前，“埃塔”在马德里足球体育场附近进行汽车炸弹袭击。一直到 2011 年，“埃塔”不间断地实施恐怖炸弹袭击数十起，造成了至少 800 人死亡，上千人受伤。

据西班牙官方统计数据显示，从 20 世纪 70 年代中期到 2003 年，“埃塔”造成 339 名平民死亡，478 名政要死亡，共计 817 人，策划近 3000 起恐怖事件。“埃塔”组织曾经于 2006 年声称其永久性停火，但是仍于 2007 年继续其恐怖主义行径。最终，在 2011 年 10 月 20 日，“埃塔”以书面和录像方式做出“明确、坚定且永久性放弃武装对抗的承诺”。

## 四、英国的“爱尔兰共和军”

自1170年英格兰国王亨利二世发动战争占领爱尔兰那时起，爱尔兰人民就开始了长达数百年的反英斗争。17世纪英国资产阶级革命时期，克伦威尔曾对爱尔兰人大开杀戒。1801年，根据英爱同盟条约，英国把爱尔兰并入大英帝国成立“大不列颠及爱尔兰联合王国”。1921年，英、爱签订《英爱条约》，宣布爱尔兰南部26个郡成为独立的自由邦，享有自治权，北部阿尔斯特人的6个郡留在英国。尽管英国制定的这些条约试图创造一个大一统的和平王国，但是，在北爱尔兰地区的新教徒大搞多数派专政，而天主教徒政治上没有地位，被处处歧视与打压。随着英国经济危机的周期性阵痛，天主教徒开始反扑，正是在矛盾混杂的民族宗教问题中，爱尔兰共和军应运而生。

### （一）组织简介

爱尔兰共和军（Irish Republican Army，IRA）成立于1919年，是爱尔兰政党新芬党的军事机构，前身是1913年成立的爱尔兰义勇军。总部设在都柏林。1922年，爱尔兰共和军因反对把爱尔兰分割成南北两部分的《英爱条约》而遭到镇压。爱尔兰共和军宣布为实现南北统一而斗争，并实行暴力活动。1939年，爱尔兰共和军开始在英国制造爆炸事件，被爱尔兰政府和英国政府取缔。1954年10月，爱尔兰共和军宣布停止在爱尔兰的军事活动，集中火力对付北爱尔兰的英军，以图武力统一爱尔兰。[1] 60年代末，随着北爱尔兰民权运动的高涨和民族冲突的激化，爱尔兰共和军再度活跃。

### （二）北爱问题的开端——八月事件

20世纪60年代，北爱尔兰的天主教徒掀起了一场大规模的示威运动，受到了联合派中的激进分子的反对，于是保皇党在警卫队的默许下使用暴力破坏示威活动。1969年8月12日点燃了“北爱问题”的导火线。从12日开始，示威者与警方在德里市的博塞得街区发生冲突，大量建筑物被烧毁，天主教徒们筑起了堡垒，组织新教徒进入博塞得区，并成立了“自由德里”。为了镇压天主教徒的骚动，英国政府发兵增援，以强化新教徒的统治。这一举动极大激怒了天主教徒，他们开始疯狂地实施暴力活动。战火很快蔓延到了贝尔法斯特、斯特拉贝恩

---

〔1〕 张娟主编：《恐怖主义在欧洲》，世界知识出版社2012年版。

等城市。这次轰动世界的“八月事件”不仅点燃了“北爱问题”,也导致了爱尔兰共和军内部的分裂。

1969 年 12 月“爱尔兰共和军”分裂为正统派和临时派,同时成立了正式爱尔兰共和军和临时爱尔兰共和军。1970 年年初,两派之间出现了严重分裂,正统派于 1972 年 5 月宣布休战,基本上放弃了武装斗争的形式,支持以政治行动争取爱尔兰统一。临时派则成为主要的共和军,其思想极左,具有更浓厚的民族主义色彩,广泛进行爆炸、暗杀等暴力活动,攻击目标主要是安全部门和军界人物和机构。正是这群大约 500 人的临时派,制造了上千起谋杀与爆炸事件,这也是真正意义的“爱尔兰共和军”。

(三)“血腥星期日”事件与“血腥星期五”事件

在“八月事件”后,英国政府没有采取有效的措施化解矛盾,反而不断加强当局政策,这也使激进的爱尔兰共和军越来越趋向于残忍暴力的恐怖主义。1972 年 1 月 30 日下午,将近 1.5 万到 3 万人的示威者向示威广场进发,由于受到军队阻拦而改道自由德里纪念碑。但是由于英政府收到了出现爱尔兰共和军狙击手的消息,便开始向示威人群开火,造成示威人群 13 人死亡,15 人受伤,这就是“血腥星期日”事件。这次事件让英国官方的偏袒政策暴露无遗,如果说在此之前,“爱尔兰共和军”的民意支持率还比较弱,那么在“血腥星期日”事件后,年轻人争相加入“爱尔兰共和军”。

几个月后,“爱尔兰共和军”以复仇的名义,一天之内在贝尔法斯特制造了 26 起爆炸事件,炸死 11 人,炸伤 130 人,被称为“血腥星期五”事件。为了发泄对英政府的愤怒,“爱尔兰共和军”在 1972 年一年内就造成了 460 多名英国军警和平民死亡。[1] 由于“爱尔兰共和军”与保皇派军事组织地不断报复与对抗,英国社会与民众受到了重创。

(四)“爱尔兰共和军”的暴行与终结

经过上述事件之后,“爱尔兰共和军”的行动更加激进,暴力化倾向更明显。1976 年,“爱尔兰共和军”杀死了英国驻爱尔兰共和国大使。1978 年,“爱尔兰共和军”在英国海军元帅蒙巴顿勋爵的游艇上引爆了炸弹,炸死了包括蒙巴顿及其家人共 4 人。1979 年 3 月,“爱尔兰共和军”杀手追袭到海牙除掉了英国驻

---

〔1〕 Johnathan Tonge ,*Northern Ireland—Conflict and change* , Prentice Hall Europe,1998,p. 76.

荷兰大使理查德·赛克斯，紧接着又炸死了撒切尔夫人的顾问与保守党北爱尔兰事务发言人艾雷·尼夫。1982 年，又在伦敦皇家公园制造了两起炸弹袭击，造成 11 人死亡，50 人受伤。

1981 年 3 月，在梅茨监狱的“爱尔兰共和军”战士桑兹等绝食要求以政治犯待遇，但号称“铁女人”的撒切尔夫人丝毫不退让，于是造成了 1981 年 5 月 5 日桑兹等绝食而亡的重大事件，撒切尔夫人这一强硬态度造成了更多狱内战士为支持桑兹等而继续绝食到底。此时，群众不满意英国政府的僵硬态度，“爱尔兰共和军”的声望空前增加，成员急剧上升，并且爆炸活动愈演愈烈。从 1983 年开始，“爱尔兰共和军”开始针对英政府官员实施更严重的恐怖活动。1984 年，“爱尔兰共和军”在英国保守党年会时制造爆炸，撒切尔夫人与内阁成员险些身亡，但是仍造成了 5 人死亡，32 人受伤的损失。1989 年 9 月，皇家海军音乐学校爆炸，11 人死亡，22 人受伤。1991 年，英国首相梅杰的办公室被炮击，梅杰幸免于难。1992 年 4 月，伦敦交易大厅发生炸弹袭击，3 人死亡，92 人受伤。1993 年 4 月，位于伦敦金融区的大教堂被“爱尔兰共和军”汽车炸弹袭击，1 人死亡，44 人受伤。

据统计，从 1969 年至 1982 年，“爱尔兰共和军”发动了 3000 余起爆炸事件，2000 余人因此丧生。截至 2005 年，北爱暴力冲突共造成 3500 多人死亡，40000 多人受伤总共损失 11.15 亿英镑。[1] 时至 2010 年 6 月 15 日，英国首相戴维·卡梅伦向议会呈交了一份 5000 页的调查报告，终于为“血腥星期日”事件道歉，称当时军方并未受到严重威胁，士兵开枪前也并未发出警告。可是，这迟来的“道歉”对于“爱尔兰共和军”这 38 年的斗争与英国人民遭受的战祸而言，实在是太慢。2005 年 7 月 28 日，在国际社会多年的调解和斡旋下，爱尔兰共和军正式下令终止武装斗争，加入和平进程。它要求所有的爱尔兰共和军单位必须放弃使用武器，只通过和平的方式，协助发展纯政治和民主计划。2005 年 9 月 26 日，爱尔兰共和军政治组织新芬党的领袖格里·亚当斯在英国北爱尔兰贝尔法斯特宣布，爱尔兰共和军已完全解除武装，全部武器被列为“永久不可使用”或“永久无用”，所有用于准军事化活动的武器也都被收缴。

---

〔1〕 Mike Morrissey & Marie Smyth , *Snorthern Ireland after the Good Friday Agreement*, London, 2002, pp. 3 – 4.

### 五、法国的“直接行动”

20世纪60年代的法国,正处于战后重建的“光辉三十年”。此时的法国成为世界第四大出口国,经济年增长率保持在5%上下,被不断发展的工业化和城市化使城镇显得欣欣向荣。但是在经济光鲜的同时,在社会中却逐渐发生信仰危机现象。在五月革命后,法国的社会运动广泛开展,1968年5月,法国学潮蔓延到全国,学生占领巴黎大学,工人开始罢工。政府与学生运动之间形成了“反抗—镇压—反抗”式的恶性循环。在这个时代,极“左”思潮开始蔓延到社会。“直接行动”就是在这样的背景下孕育产生的。

#### (一)组织简介

1979年6月,法国激进青年让·马克·鲁伊朗和他的未婚妻娜塔·梅尼贡,决定成立一个用具体行动来对法国社会产生直接影响的组织,他们把这个组织命名为“直接运动”,取名“直接行动”源于“人民对于社会国家的黑暗,由人民直接行动,加以制裁,不诉诸法律,不利用特殊势力,不依赖代表”,所以“直接行动”打击的主要是资本主义社会。该组织成员试图用暴力来“铲除腐朽的社会制度”,并且希望通过制造恐怖气氛,来达到推翻资产阶级统治,重建所谓的“巴黎公社”式的无产阶级政权。

与其他恐怖组织相比,这是一个组织规模小但是却十分强悍的恐怖组织。“直接行动”的恐怖活动主要是通过暗杀政治领导人,制造爆炸,破坏计算机系统等活动来提高自己的影响力。“直接行动”打击范围比较广泛,不仅有本国政要、政府设施、警察机构、工业设施、国际贸易机构等国内目标,还包括美国、以色列的人员、建筑物、银行、学校等国际目标,“直接行动”最青睐的袭击目标是与计算机有关的公司。

“直接行动”恐怖组织由三十多名骨干分子及数百名外围协助者组成的,其中,外籍成员和女性成员占到了相当高的比重。它与“红军派”、“红色旅”和“埃塔”有千丝万缕的联系,也正是有了这些国际恐怖组织的支持,“直接行动”才能开展一些有影响的恐怖活动。

#### (二)“字母表”暗杀计划

1985年1月14日,“直接运动”联合“红军派”发表联合公告,宣布其正式结盟,并成立“西欧政治军事联合阵线”。在“直接运动”和“红军派”结盟后,决定实施大范围的暗杀行动。在制定暗杀目标时,恐怖分子把目标锁定国防部门人员、北大西洋公约组织成员、政府与工商界领袖。换言之,即打击“帝国主义”的机器。这张暗杀名单是以姓氏的第一个字母按字母表顺序排列的,并按照从A至Z的顺序,逐个处死法、德两国的资产阶级代表人物。

随后的1月25日,在巴黎富人集居的拉塞尔区,恐怖分子开始了第一起行动,即字母A刺杀行动,他们用乱枪把法国国防部国际司长奥特朗将军射死在汽车里。行刺成功后,“直接行动”向法新社和德新社宣称,“我们处死了奥特朗,因为他是国防部的首脑之一”。

接下来,恐怖分子把枪口转向了字母表上的第二个字母“B”。1986年7月,恐怖分子暗杀了联邦德国最大电子公司西门子公司总经理贝库尔兹。1986年10月,他们又按计划杀害了外交部第一司长布劳恩姆尔。法国军队高级将领布朗丹和法国雇主联合会主席布拉马尽管先后遭到“直接运动”的袭击,但是没有丧生。“直接运动”继续把枪口指向姓氏以B开头的名流们,这次他们选定了法国雷诺汽车公司总经理乔治·贝斯。

在贝斯遇害后,西德反恐机构获得情报,从而获悉了恐怖分子的字母暗杀计划,推测法总理希拉克的姓氏第一个字母是C,极有可能是继贝斯后的下一个暗杀目标。法国总理会同国防部长、内政部长等决定采取严密措施,加强对有关人员的保护。同时,联邦德国警方也采取了相应的防范措施,加强对有关人员的保护。在这种高风险的刺杀环境下,“直接行动”和“红军派”暂时中止了字母表暗杀计划。

从1979年到1987年,“直接行动”实际制造了约10起恐怖活动。最终在1987年2月,“直接行动”被法国警方重创打击,大部分组织头目被捕,自此以后,“直接行动”淡出了历史舞台。

## 第五节　拉美与非洲的恐怖主义

15世纪西班牙与葡萄牙通过开辟的新航路开始了殖民扩张,此举在影响全世界历史进程的同时,也推动了拉美与非洲的民族觉醒与社会发展。19世纪初,拉丁美洲与非洲独立运动高涨,虽然赶跑了西班牙和葡萄牙的殖民统治,但却被英国和法国继续控制。美国在1823年发表“门罗宣言”,就试图将欧洲列强赶出美洲,转而由自己进行控制。从1898年至1932年,美国对墨西哥、古巴、巴拿马、哥伦比亚、海地、萨尔瓦多、尼加拉瓜等国进行了34次武装干涉。正是由于战火交加,民族矛盾飞升,拉美与非洲成了滋生恐怖主义的温床,此外,政治腐败、有组织犯罪泛滥与左翼思潮的传播,都刺激着20世纪的拉美与非洲的恐怖主义发展。本节将主要探讨影响拉美与非洲的主要恐怖主义组织与发生在20世纪重大的恐怖主义事件。

## 一、秘鲁的"光辉道路"与"图帕克·阿马鲁"

"光辉道路"与"图帕克·阿马鲁"是秘鲁政府面临的两大恐怖主义威胁,据秘鲁官方统计,从1980年至1992年间,秘鲁有3万人死于恐怖主义暴力事件,平均每年达1800起,其中99%是"光辉道路"所为,不到1%是"图帕克·阿马鲁"所实施。

### (一)"光辉道路"简介

秘鲁的"光辉道路"(Sendero Luminoso)是秘鲁一个极左的反政府游击队组织,自称为秘鲁共产党(Partido Comunista del Perú),其目标是实行共产主义,以工农阶级取代中产阶级。"光辉道路"认为,通过实行无产阶级专政,引导文化革命,并最终引发世界革命,他们可以实现纯粹的共产主义。"光辉道路"由阿亚库乔大学哲学教授阿维马埃尔·古兹曼(Abimael Guzmán)创立,古兹曼深信自己肩负着民族和世界革命的重任。

古兹曼于1964年加入当时最大的左翼组织"红旗",随后凭着丰富的理论素养与政治手腕成了中央委员会主席,1970年,古兹曼以"光辉道路"取代了"红旗"。自此,古兹曼主张建立的"印第安式社会主义"模式迎合了当地贫困的印第安人和农民渴望摆脱歧视的心理。这后来成为"光辉道路"的基本纲领,即经济上恢复古印加的自然农业生产模式,政治上建立一种类似原始共产主义的社会。

### (二)利马大爆炸

在20世纪90年代,"光辉道路"不断向基层组织渗透,由此控制了全秘鲁近四分之一的地方政权组织。1982年,古兹曼指挥200名恐怖分子攻破了阿亚库乔监狱,放走了200多名犯人。自此以后,"光辉道路"的恐怖活动有增无减,并策划实施更大的恐怖活动。

1992年2月11日,"光辉道路"在短短一天内在首都利马制造了36起爆炸事件。接下来的7月16日,又引爆了两辆装有300千克炸药的汽车,造成了21人死亡,200多人受伤,300多座建筑物受损的恶果,并创下了自1980年以来暴力事件造成伤亡的最高纪录。同时也使利马成为世界上最危险的死亡城市。

正是古兹曼的高调活动使秘鲁新上任的藤森总统下决心将重心放在扫荡这一恐怖组织。秘鲁政府开出了100万美元的高价悬赏古兹曼的人头。就在古兹曼打算策划更为辉煌的行动时,被藤森政府布下的天罗地网抓捕,古兹曼被捕,"光辉道路"逐渐解体。

(三)日本驻秘鲁大使馆人质被劫持事件

1996年12月17日,藤森总统的家人、秘鲁各部要员、各界名流欢聚在日本驻秘鲁大使馆共同庆祝日本天皇63岁生日。不料恐怖分子装扮成侍者,骗过警卫,突然向建筑物发射火箭并击毙大使馆内警察与保安人员,之后控制了在场的400多名人质。这就是20世纪以来最大的人质事件,被扣押人质数目400多人,超过了1979年伊朗人质危机,其中包括秘鲁外交部长、农业部长、最高法院大法官、反恐怖局局长、国家安全机构将军和各国使节。秘鲁政府陷入了空前的危机。12月19日,联合国安理会就秘鲁首都利马发生的在日本大使官邸绑架各国外交官事件发表主席声明,对这一行为表示强烈的谴责。

策划这起恐怖活动的是"光辉道路"的兄弟队伍"图帕克·阿马鲁"(Túpac Amaru)革命运动,这是秘鲁第二大恐怖组织,声称以"马克思主义——格瓦拉主义"为指导,主张暴力革命,宗旨为"团结拉丁美洲所有反政府组织,推翻压迫和剥削阶级"。该组织是以18世纪抗击西班牙殖民统治起义领袖的名字命名的,组织成员数百人,以投放炸弹、抢劫银行、暗杀等"城市游击战"活动为主。1992年6月,"阿马鲁"主要领导人波洛伊和指挥官卡迪纳斯被捕。第二代领导人塞尔帕一直试图拯救波洛伊,在"血洗国会"行动被警方侦破而无法行动后,"阿马鲁"精心策划了此次代号为"打破沉寂"的日本驻秘鲁大使馆人质被劫持事件。[1]

藤森总统亲自与特种警察部队司令安东尼奥·克汀将军策划营救方案,最初试图训练强有力的狙击手来实施正面袭击,但是由于人质众多,正面袭击风险很高。最后,安东尼奥·克汀将军从塞尔帕挖地道从监狱解救波洛伊的行动中

[1] 中国现代国际关系研究所反恐怖研究中心编著:《国际重大恐怖案例分析》,时事出版社2003年版。

借鉴出营救思路,命令特种部队即日起开始挖地道,此次行动代号为“查文—德万塔尔”,1997 年 4 月 22 日,秘鲁特种部队由地下突袭,行动迅速,出其不意,使塞尔帕等 14 名恐怖分子全军覆没,这次持续 126 天的人质危机被成功化解。

## 二、哥伦比亚革命武装力量

哥伦比亚革命武装力量(西班牙语:Fuerzas Armadas Revolucionarias de Colombia-Ejército del Pueblo,英语:Power Armed Revolution of Columbia—PARC)简称 FARC 或 FARC-EP,是哥伦比亚一支自称信仰共产主义革命的恐怖主义组织。组织成立于 1964 年至 1966 年间,是哥伦比亚共产党的一个武装分支。该组织在冷战后,由于失去苏联的支援,为筹集经费,开始插足可卡因及绑架政客等勾当,甚至危及平民、自然环境和基础设施,因此被哥伦比亚政府、美国、欧盟等认为是恐怖组织。目前是南美洲规模最大、历史最长的反政府游击队组织。该组织在 2000 年 5 月约有成员 8000 人至 1 万人,分为 7 个集团、63 个阵线,每个阵线有 40 名至 150 名成员。据统计,该组织现有 1.6 万至 1.7 万名成员。它在互联网上设有自己的网站,网页用 7 种语言写成。该组织年收入估计超过 5 亿美元。

该组织以分田地和夺取政权为纲领,主要在哥伦比亚的安第斯东部山区森林地带开展活动。后来发展到北部,开始从事香蕉生意,随后发展到西南部和东部等农牧业和石油地区。20 世纪 80 年代该组织又发展到哥伦比亚东南部种植古柯和生产、贩卖可卡因的亚马逊地区,曾在那里重创政府军。90 年代以来,该游击队主要是针对国家重要的权力部门、重要的现代化农业中心和其他经济领域,采取绑架、谋杀、炸弹爆炸和抢劫等方式展开活动。

哥伦比亚革命武装力量第一任领导人是曼努埃尔·马鲁兰达,他无疑是当今世界资格最老的游击队首领,曾控制了哥伦比亚南部的大部分地区,与政府对抗了近半个世纪。美国将其定性为恐怖分子与南美大毒枭,曾悬赏 500 万美元。欧盟也因为他涉嫌“杀害平民,走私贩毒”而宣布马鲁兰达为恐怖分子。2008 年 3 月 26 日马鲁兰达因心脏病发作死亡。第二任领导人吉列尔莫·莱昂·萨恩斯·巴尔加斯,化名阿方索·卡诺,早年在哥伦比亚国立大学读人类学,1982 年加入革命武装力量。2006 年曾被美国通缉。2008 年接替创始人曼努埃尔·马鲁兰达成为该组织头目。2011 年 11 月 4 日被哥伦比亚陆军击毙。2011 年 11 月 15 日,哥伦比亚革命武装力量已任命季莫申科·希门内斯为新领导人,是当时哥伦比亚革命武装力量秘书处中最为年长的成员。

在哥伦比亚革命武装力量、民族解放军和哥伦比亚联合自卫力量的十几年疯狂恐怖活动下,哥伦比亚成了绑架之都。据荷兰的一个非政府组织的调查报告显示,仅 2001 年,哥伦比亚就发生了 3043 起绑架案,居世界之首。而从 1994 年至 2001 年,哥伦比亚绑匪已经获利 15 亿美元。少年儿童、新闻记者、外国人和政客成为主要威胁目标。甚至连联合国推动和平进程的驻哥伦比亚办事人员阿兰·哈拉都被绑架,可见在哥伦比亚推动和平的道路还任重而道远。

### 三、非洲的恐怖主义

非洲这块大陆,从殖民时代直到 21 世纪,就一直存在着经济贫穷、政治混乱、暴力冲突等问题,加上非洲各国的政府控制能力薄弱,国际霸权主义又试图将其作为资源掠夺地,所以为恐怖主义的滋生提供了肥沃的土壤。在"9·11"事件后,"基地"组织及其北非分支趁机渗透,西非的马里和东非的索马里成为恐怖主义泛滥的重灾区。阿尔及利亚的"萨拉菲"派圣战组织、"利比亚的伊斯兰战斗组织"、"伊斯兰马格里布基地组织"与索马里"青年党"是非洲影响较大的恐怖组织。

#### (一)埃及与阿尔及利亚的"萨拉菲"派

"萨拉菲"一词在阿拉伯语里是"祖先"的意思。这一伊斯兰教极端派别的价值观和信仰宗旨,就是追随祖辈的遗训,完全按照伊斯兰最高经典《古兰经》的教诲行事。萨拉菲派是伊斯兰教的一个极端主义教派,他们信奉没有删减或更改的伊斯兰教原教义。

该派别主要活跃在阿拉伯国家,在非洲以埃及与阿尔及利亚的萨拉菲派影响较大,萨拉菲派受到基地组织思想影响,坚持建立正统宗教国家,坚决反对以色列和西方各国的政治立场。在阿尔及利亚,1998 年成立了一个极端主义反政府武装,该新兴势力迅速发展,很快超过了"伊斯兰武装组织"的影响。在"9·11"恐怖袭击两周年时,"萨拉菲"的一名领导人在互联网上发表了一份声明,第一次表示愿意效忠于"基地"组织。2006 年,"萨拉菲"和"基地"组织结成同盟。有了"基地"组织的支持,"萨拉菲"与摩洛哥、突尼斯和毛里塔尼亚的极端主义组织迅速结成伙伴关系。从萨拉菲训练营出来的阿尔及利亚极端主义武装分子,广泛活跃在伊拉克战场上。在埃及,萨拉菲派控制着城市和乡村近 5000 座清真寺以及准清真寺的小型祈祷场所,占到了埃及全境清真寺或简易宗教场所总数的5%。根据2012年新闻媒体的不完全统计，“萨拉菲”派在埃及的人数已经超过300万。

欧洲对于“萨拉菲”派的发展十分担忧。据《德国之声》报道，极端萨拉菲派分子引起了德国宪法保护局的注意。波恩市被看作“萨拉菲”派在德国的聚集地之一。根据宪法局最近的估测数据，在德国有大约3800个萨拉菲派人士，其中有约1000人生活在莱茵兰地区，人数有不断上升的趋势。同时，日益发展的“萨拉菲”派在阿拉伯区域的影响十分大。作为激进的武装组织，“萨拉菲”派广泛参与在中东与欧洲的伊斯兰教派斗争中，据新华社2013年6月24日报道，驻扎在黎巴嫩南部城市赛达的黎巴嫩军队23日遭到黎巴嫩激进派别“萨拉菲”派武装分子袭击，截至当天午夜已造成10名军人死亡，35人受伤。非洲的“萨拉菲”派激进组织并不是孤军战斗在非洲，而是与国际的伊斯兰世界有千丝万缕的联系，随着国际局势的风云变幻，“萨拉菲”派已经显示出不容小觑的实力。

### （二）“利比亚的伊斯兰战斗组织”

根据联合国网站资料，“利比亚伊斯兰战斗组织”（The Libyan Islamic Fighting Group）是于2001年10月6日依照联合国安全理事会关于基地组织及有关个人和实体的第1333（2000）号决议第8（c）段列入名单的，因其与基地组织、乌萨马·本·拉丹或塔利班有关联，并且参与资助、筹划、协助基地组织的行动或活动，由此被定性为恐怖组织。

“利比亚伊斯兰战斗组织”是基地组织的一个附属组织，于1995年成立。“利比亚伊斯兰战斗组织”与摩洛哥伊斯兰战斗组织一起参与策划了2003年5月摩洛哥卡萨布兰卡爆炸，爆炸导致40多人死亡，100多人受伤。“利比亚伊斯兰战斗组织”还与2004年发生在西班牙马德里的袭击有关联。2007年11月3日，利比亚伊斯兰战斗组织与基地组织正式合并。

### （三）“伊斯兰马格里布基地组织”

“伊斯兰马格里布基地组织”（Al-Qaeda in the Islamic Maghreb，AQIM）源于“萨拉菲宣教与战斗组织”（Salafist Group for Call and Combat，GSPC），该组织成立于1998年，主张恢复宗教激进主义。组织初期约有300名成员，主要活动在一些地形复杂的丛林山区和边界地区，专门袭击政府军和警察。武器装备主要有突击步枪、地雷和土制炸弹等。资金来源主要通过走私汽车、香烟、毒品以及对一些企业主和平民进行敲诈勒索等犯罪活动。

2003年9月11日,“萨拉菲宣教与战斗组织”发表声明,表示效忠“基地”组织。2004年,阿卜杜勒—马立克·杜德克尔成为该组织头目。2006年9月,该组织与“基地”组织正式结盟,并于12月正式宣布易名为“伊斯兰马格里布基地组织”。此后,该组织不断扩军,大量吸收本土“恐怖分子”,成为“基地”组织在西北非马格里布地区的骨干力量,制造了一系列恐怖袭击活动。

这个恐怖组织受到国人的关注是在2009年7月5日在新疆发生“7·5”事件后,它是第一个跳出来发表激进言论的军事组织,还威胁中国政府,扬言要为死去的维吾尔族人对中国实施报复,矛头直接对准在北非的中国人。该组织随后在2009年伏击了一队负责保护中国工程师的阿尔及利亚安全部队,并导致24名阿尔及利亚人死亡,这种行为彰显了其恐怖主义恶劣行径。2013年1月16日凌晨,41名外国人在阿尔及利亚东部的一个天然气田遭到这个恐怖组织劫持,其中两名人质遇难。伊斯兰马格里布中的“基地”组织向“美国之音”透露,人质当中有数名美国人,并声称如果美国试图协助法国在马里的军事行动,将“自食其果”,据报道,41名人质中包括7名美国人、10名阿尔及利亚人、3名挪威人,另有多名法国人,还有英国人。

(四)索马里“青年党”

索马里“青年党”(Somali Youth Party),又被称为伊斯兰青年运动,是索马里最大的反政府武装。索马里政府1991年被推翻后,国内长期处于无政府状态。过渡政府于2004年成立,但无力有效控制全国,中部及南部多地长期为索马里“青年党”所控制。该恐怖组织手段残忍,不断制造恐怖主义爆炸事件。该组织头目是穆赫塔尔·洛保、艾哈迈德·阿卜迪·穆罕默德、伊萨·奥斯曼·伊萨。

2012年2月9日,“基地”组织领导人扎瓦希里通过“网站情报组”的信息网发布视频短片,宣布索马里“青年党”正式加入“基地”组织。据报道,索马里“青年党”武装领导人艾哈迈德·阿卜迪·戈达内已发誓遵从扎瓦希里。

该组织从2008年开始配合“基地”组织实施一系列有影响力的恐怖活动。2008年2月6日,“青年党”在索马里海港城市博萨索实施爆炸袭击,造成近90人伤亡,但是由于“基地”组织仍是美军面临的最大威胁,所以没有重视这个精悍的组织。2009年9月17日制造了针对非洲联盟驻索马里维和部队司令部的自杀式汽车炸弹袭击,造成21人死亡。恐怖分子声称,这是为了报复美军9月14日在索马里南部一次突袭中,打死了该组织重要头目纳班。此后,2012年6

月 7 日，美国国务院在其网站上宣布 3300 万美元的重金悬赏，追踪索马里反叛武装“青年党”7 位主要头目的下落，对该组织一号头目的赏金达 700 万美元，这是美国首次将矛头对准索马里“青年党”的高层人物。2013 年 6 月 19 日，一辆载有爆炸物的卡车在联合国驻地办公楼门口被引爆，几名青年党武装分子随后进入院内，并与索马里安全部队以及非盟驻索马里特派团维和人员交火，造成至少有 15 人死亡，有 8 名联合国工作人员在袭击中遇害。随着索马里“青年党”与政府交战的不断升级，政府对于索马里青年党的重视程度也不断提高，国际社会对于这个残忍的恐怖组织也逐渐加大打击力度。

就目前非洲局势而言，国际恐怖主义的半径已经扩大到了非洲。“伊斯兰马格里布基地组织”、索马里“青年党”等非洲恐怖组织之间加强了合作，并与“基地”组织形成协作、呼应之势，国际恐怖主义在非洲的危害加剧。

**思考题**

1. 如何理解启蒙运动、法国革命对恐怖主义产生的影响？
2. 如何理解无政府主义与恐怖主义的关系？
3. 简要分析中东恐怖主义的起源。
4. 简述欧洲、美洲、非洲等地区的主要恐怖组织及其危害。

# 第三章
# 恐怖分子及其组织

恐怖分子是恐怖主义的主体,是恐怖主义的物质载体。离开了恐怖分子,恐怖主义至多只是思想外壳。因此,研究恐怖主义就必须研究恐怖分子,既要研究恐怖分子本身,也要研究恐怖分子的组织形态,即恐怖组织,同时还要研究恐怖分子的暴力犯罪行为。研究恐怖分子及其组织形态和恐怖行为正是本章的主要任务。

## 第一节 恐怖分子

恐怖分子都是一些什么人?他们像有些电影描写的那样都是一群疯子吗?或者是专门喜欢从事冒险刺激行为的冷血杀手?研究恐怖分子,首先就从我们的日常认识谈起。

### 一、对恐怖分子认识的误区

由于恐怖主义离我们绝大多数人的日常生活很远,因此,我们对恐怖分子的认识往往是从间接渠道获得的,影视作品就是大多数人间接获得对恐怖分子认识的主要渠道。因此,很多人对恐怖分子存在如下的认识误区:

1. 多数恐怖分子都是精神不正常的人，是疯子

这种看法不仅表现在影视作品或杂志的文章中，在许多普通人的思想上，甚至在美国政府文件上也有类似的看法。许多人认为只有疯子才会去干恐怖分子干的那些看上去疯狂的事情。一位专栏作家曾经说："可以放心接受的看法就是他们都是一些失去了爱和温暖的人，被仇恨与挫折所扭曲。他们也许并不比危险的精神病人更好。"[1]甚至在给美国议院的听证会中，美国政府的官员也很愿意接受下列存在偏见的论断：

"如果我们要发现恐怖主义的有效驱动力或动机，我们就不得不深入地分析其中的问题。有些动机并不是很容易理解的。恐怖主义有四种动机值得引起特别的关注。这点我们在恐怖分子个人身上找到。这四点是：①对男人气质的追求（对女恐怖分子来说就是对女性主义的追求）。②作为长期低自尊的结果，存在摆脱自我或人格重整的愿望。③追求亲密关系。④信仰暴力或血腥行为的神奇力量。"[2]

实际上，并没有足够的证据显示大多数恐怖分子是精神不正常的人。虽然不排除极少数恐怖分子具有病态人格，但大多数恐怖分子的人格状态是正常的，他们都表现出高于正常水平的智力与能力。如果没有这些基本的素质，他们难以在群体性行动中为了政治性的目标协同作战，也难以胜任工作并取得预期效果。

虽然认为恐怖分子几乎与痴呆者的看法是毫无根据的，但专家们的研究也发现恐怖分子往往表现出偏执狂的症状。这种症状使恐怖分子对自己的"事业"充满了非常强烈的使命感。也有的恐怖分子身上表现出精神分裂的人格。例如，1974 年至 1975 年的十个月间在日本炸毁 11 家工厂致使 8 人死亡、300 多人受伤的日本恐怖分子后来被邻居描述为非常不错的年轻人，温和、友善、勤奋、守时、整洁。他们甚至给邻居家的小孩子烘烤点心。在他们被捕后，很多邻居们都不相信他们的朋友竟然就是实施了那些犯罪行为的冷血杀手。[3] 再例如，一位参与恐怖组织的知情者这样描述西德"红军派"骨干人物布里姬特·墨恩浩

---

〔1〕 Gerald McKnight: *The Terrorism Mind*, Indianapolis: Bobbs-Merrill, 1974, p. 13.

〔2〕 Gentry F. Harris: *Letter Transmitted to House*, *Committee on Internal Security.* Terrorism, Part 4, Hearings 93 rd Congress, 2rd Sess. Washington DC: US Government Printing Office, 1974, p. 4429.

〔3〕 Neil C. Livingstone: *The War against Terrorism*, Massachusetts: LexingtonBooks, 1982, p. 33.

特(Brigitte Mohnhaupt)的性格特征:“最糟糕的是她的强烈的偏执狂性格。当她给监狱中的同伙写纸条(这些纸条可以通过有些律师携带进监狱)的时候,她只肯在碎纸机旁边写。不止一次当她在车上认为我们被跟踪了的时候她就在车上点火烧随身带的文件。而结果往往是我们的车都快着火了,而被她认为是跟踪我们的车会停下来问我们是否需要叫消防部门来。”[1]

2. 恐怖分子都是喜欢冒险刺激的狂热分子

有许多人认为恐怖分子鄙弃日常单调的生活,喜欢冒险,追求刺激。正是由于这种人格特征使他们愿意从事恐怖主义行为。甚至有些学者也假定西方恐怖主义的出现与人们努力摆脱单调生活状态有关。毫无疑问,西方社会的毒品问题、性放纵、邪教等问题都代表着后现代社会许多人们追求超越、寻求解脱的种种挣扎。但如果说恐怖分子仅仅是为了冒险而从事恐怖主义行为,那就太简单化了。的确,在美国、西欧有一些从学生转变而来的恐怖分子追求恐怖主义是为了体验对力量、权力和危险的神秘好奇,但世界上大多数的恐怖分子从事恐怖主义并非他们心理上存在强烈的追求冒险与好奇的冲动,而是其他种种环境因素决定的结果。

实际上,就刺激性而言,恐怖分子的生活被影视作品夸大了、被浪漫化了。对于一般恐怖分子来说,他们的生活只不过是一种并非刺激但却充满艰辛的日子。一个恐怖分子在他的职业生涯中也许只有一两次执行任务的机会,也许只有实施几次攻击的机会。除此之外的大部分时间,他们只是生活在单调乏味的生活中为将来的行动而准备和等待。如果说恐怖分子是杀手的话,那么同时他们也是被人追杀的人。他们时刻保持警惕,不断地迁移住所。据说中东地区的有些恐怖主义领导人为了躲避追杀,很少在同一间房子睡一个晚上以上,更多时候,他们一个晚上不得不换两个地方睡觉。[2] 此外,恐怖分子也没有什么太多的个人财富,没有亲密的朋友。在一些恐怖分子看来,爱情与友谊被认为是不利于恐怖主义的。尼加拉瓜的一个恐怖分子首领曾经说:“革命者首先牺牲的是我们的女人,最后牺牲的是我们的生命。在我们的女人与生命之间,我们失去的

---

〔1〕 Christoph Rojahn: Left-Wing Terrorism in Germany: *The Aftermath of Ideological Violence*, UK: Research Institute for the Study of Conflict and Terrorism, October 1998, p. 8.

〔2〕 Albert Parry: *Terrorism: From Robespierre to Arafat*, New York: The Vanguard Press, 1976, p. 454.

是我们的自由、幸福与物质手段。"[1]

3. 恐怖分子都是来自社会上层的人物

与前面认为恐怖分子都是精神不正常的人相比，有些人认为恐怖分子都是一些来自社会上层的人物。的确，有不少恐怖分子来自上层社会。例如，中东一些恐怖组织的领导人出身富裕之家，受过良好的教育，具有医学或其他的专业背景，甚至获得过博士学位。在意大利的"红色旅"、德国的"红军派"（RAF）、日本的赤军（JRA）等西方恐怖组织中，很少有来自蓝领阶层的恐怖分子，他们中多数人来自中产阶级。所以瓦尔特·拉夸尔说过："恐怖分子并不相信自由、平等与友好。从历史上看，他们是精英主义者。他们鄙视大众，相信一小撮人的历史使命。"[2]

尽管如此，从历史上看，一些恐怖组织的主要成员并非来自社会上层，而是来自蓝领阶层。例如，爱尔兰共和军（IRA）和魁北克解放阵线（FLQ）等组织的主要恐怖分子就来自于蓝领阶层。所以，认为恐怖分子来自社会上层的看法就像认为恐怖分子都是精神病人的看法一样是片面的。

## 二、误区的后果

上述认识误区可能导致的后果就是：

1. 从理论上否定了恐怖主义背后的深层原因

恐怖主义作为一种复杂的国际或国内现象，它的存在毫无疑问具有许多复杂的社会、政治、经济原因，简单地把它归结为恐怖分子个人人格上的原因，那么，从一定意义上就否认了恐怖主义背后所存在的更深的社会政治原因，这种做法根本无助于认识恐怖主义问题的关键症结，无助于找到防治恐怖主义的有效对策。

2. 从实践上为武力解决恐怖主义准备好了托词

既然恐怖分子只不过是一些丧心病狂的变态杀手，那么解决问题的希望就不是别的非暴力形式，而是用武力制服恐怖分子。对于决策者来说，运用武力手段打击恐怖分子虽然并非不可取，但武力手段应当在其他手段不可能的时候才可以运用。否则，一开始就毫不犹豫地动用武力解决与恐怖分子的困境，那么在

---

[1] "'Commander Zero': Payoff Political," Washington Post, 25 August 1978.

[2] Walter Laqueur: *The Futility of Terrorism*, Harper's, March 1976, p. 103.

有些情况下会产生难以接受的消极后果。例如,心理学家米勒经过研究发现:在挟持人质的恐怖主义场景中,运用武力攻击恐怖分子导致的人质死亡多余由恐怖分子直接杀害的人质。[1] 在这样的情景中,如果由经过专业培训的警察采取谈判等非暴力手段,解决问题的后果可能更令人满意。例如,在20世纪70年代美国纽约发生的400多起挟持人质的恐怖犯罪中,纽约警察局谈判小组利用心理学家提供的谈判技术很好地解决了与恐怖分子的对峙,既生擒了恐怖分子,也没有牺牲一个人质。[2]

当然,用武力手段解决与恐怖分子的对峙会导致流血,这是斗争的风险。把恐怖分子描述为精神变态的杀手,从一定程度上讲化解了流血给警察或军队等反恐机构造成的压力,虽然这种压力的消除是以流血为代价取得的。

## 三、给恐怖分子画像的可能性质疑:一种观点

恐怖分子是不是具有某种特定的心理状态?如果是的话,能够把这种状态描述下来?如果说,恐怖分子真的具有某种不同的心理状态,从而可以像画像一样描述这种状态的话,那么,毫无疑问,这将对司法实践产生重要的意义。在谈给恐怖分子到底具有什么实践意义之前,我们还必须回答前提问题:到底可不可能给恐怖分子心理画像?对此,有学者认为不可能,也有学者认为可能。

以瓦尔特·拉瓦尔为代表的学者认为没人能够给恐怖分子画像,因为根本就没有这样一个恐怖分子的模型存在。他认为,自隆布卢索(Cesar Lombroso)开创现代犯罪学以来,以来许多犯罪学家、社会学家、心理学家都试图用社会与经济因素解释各种犯罪或其他越轨现象。例如,社会学家迪尔凯姆(Emile Durkheim)在《自杀论》中的研究所揭示的那样,并不存在一种完备的对人类侵略性行为或暴力的综合解释,每种犯罪形式只能通过具体的情境得到解释。同样地,对于恐怖主义来说,由于恐怖主义在不同的时间具有不同的特点,恐怖分子的画像也是随环境而变化的。由于存在不同类型的恐怖主义,而且这些类型随着时间、环境发生或多或少的改变,因此,不存在关于恐怖分子的固定图式。

---

〔1〕 Abraham Miller: Terrorism and Hostage Negotiation, Boulder, Colorado: Westview, 1980, pp. 37 – 38.

〔2〕 Michael Stol (ed.): *The Politics of Terrorism*, Third Edition, New York: Marcel Dekker, 1988, p. 10.

拉瓦尔还举例说,20 世纪 70 年代西德、意大利的绝大多数极左恐怖分子是学生或年轻的学者。那么根据当时的情景得出的恐怖分子的画像就很难应用到德国、意大利其他类型的恐怖分子身上,至于应用到爱尔兰共和军或中东恐怖分子身上那就更不可能了。特别是到了 21 世纪,由于宗教狂热导致出现了很多新兴的恐怖主义类型,这些类型与传统恐怖主义有很大的不同,因此,在这种情况下,把恐怖分子归结为某种模型给恐怖分子画像就更是不可能了。[1]

## 四、给恐怖分子画像:三种模型

虽然瓦尔特·拉瓦尔等学者否认给恐怖分子画像的可能性,但还是有很多学者认为给恐怖分子画像是可能的。下面介绍三种代表性的观点。

### (一)海克的模型

第一章在关于恐怖主义类型的部分,介绍了海克对恐怖主义的分类。由于这种分类是基于恐怖分子的行为动机,因此,这种分类实际上也可以看成是对恐怖分子的描绘,是一种画像。这种画像给我们提供了三种恐怖分子的状态:疯狂型的恐怖分子、刑事犯罪型的恐怖分子和斗士型的恐怖分子。这三种画像都是对现实的概括性描述。连环杀手对应的是疯狂型的恐怖主义、团伙犯罪或有组织犯罪对应的是刑事犯罪型的恐怖主义、极左或极右的恐怖活动代表着现实中的斗士型的恐怖主义。

海克给恐怖分子的画像模型虽然比较简单,但却有很强的实践意义(见表 3.1)。由于不同恐怖分子的行为动机不同,因此,反恐机构对他们行为做出的对策也应该不同。例如,在挟持人质的情境中,如果恐怖分子是刑事犯罪型的,由于他们的目的主要是为了图财,因此,通过由专业训练的警察进行谈判会比较容易化解危机。如果恐怖分子是斗士型的,由于他们认为自己是为了"崇高的事业"而斗争,因此,很难通过物质的诱惑劝他们放弃人质,因为那样做,他们在心理上会认为是对"崇高事业"的背叛。而如果恐怖分子是疯狂型的,那么,反恐人员在努力解救人质时,就必须考虑到不能刺激挟持者的情绪,要估计到挟持者对事态的发展与后果不一定有清醒的判断。

---

〔1〕 Walter Laqueur: *The New Terrorism: Fanaticism and the Arms of Mass Destruction*, New York: Oxford University Press, 1999, pp. 79 – 104.

**表3.1 海克模型及其实践意义[1]**

| 恐怖分子模型 | 目的/动机 | 谈判的意愿 | 求生的愿望 |
| --- | --- | --- | --- |
| 刑事犯罪型 | 个人收益 | 通常都有谈判的意愿,需要以利益或安全放行为交换 | 强烈 |
| 斗士型 | 为"崇高的事业"(通常是政治性与宗教性的混合体) | 很少有谈判的意愿,否则被视为背叛"事业" | 原则上没有,因为死亡能够带来其他的回报 |
| 疯狂型 | 只有行为者才非常清楚的目的 | 可能有谈判的意愿,但只在谈判者了解罪犯的动机并提供希望和以其他方式满足行为动机的情况下 | 强烈,但往往不是建立在现实基础之上的 |

### (二)爱德加·欧巴兰斯(Edgar O'Ballance)的模型

在众多提供对恐怖分子画像的学者中,爱德加·欧巴兰斯的模型也是很有特色的。在《暴力语言》一书中,爱德加·欧巴兰斯认为一个成功的恐怖分子(所谓成功只是意味着恐怖分子既活着也没有被捕,仍处于逍遥法外状态)基本上具有以下六个特点:

1. 献身精神。恐怖分子不能是临时的或者唯利是图的,不能是那种只在自己方便的时候或存在物质需要的时候去行动。他必须成为一个组织的正式成员,一个"勇于牺牲的人"。献身精神也意味着对恐怖组织领导的绝对服从。

2. 勇敢。由于恐怖分子必须面临着死亡、负伤、监禁甚至被俘后遭受酷刑的考验,爱德加·欧巴兰斯认为勇敢是一个重要的素质。

3. 没有怜悯或同情之心。由于恐怖分子的直接受害者往往包括无辜的男人、女人和孩子,恐怖分子必须具有杀手的直觉,在接到命令后能毫不犹豫地执行行动。当然,爱德加·欧巴兰斯指出,许多恐怖分子在愤怒或白热化的战斗中能这样做,但很少有人能真正成为毫无情义的杀手。

4. 相当高的智力水平。由于恐怖分子不得不收集、比较和评估信息,设计并运用复杂有效的计划、躲避军警的追捕,一般的智力水平就不足以完成这些任

[1] Cindy C. Combs: *Terrorism in the Twenty-first Century*, Second Edition, New Jersey: Prentice-Hall, 2000, p. 50.

务。因此,相当高的智力水平是恐怖分子的必要条件。

5. 很强的隐蔽性。按照爱德加·欧巴兰斯的说法,很强的隐蔽性就是指恐怖分子在飞机上、宾馆里,以及跨国公司白领的行列里能很自然地融合进去,不容易被发现。

6. 受过良好的教育,具有一般的知识水平。爱德加·欧巴兰斯认为这一点是指恐怖分子应当能讲英语以及其他主要语言。他断言大学学历几乎是必需的。

对于这个恐怖分子的模型,爱德加·欧巴兰斯也承认并不是所有恐怖分子都具有这么高的标准,但是,恐怖组织的领导者、计划者、联络官、骨干分子都必须是这样的。[1] 当然,爱德加·欧巴兰斯的论断是很难检验的,因为按照他的设计,如果恐怖分子是成功的,那么,他既没有死亡也没有被捕,因而关于这种恐怖分子的材料必然就是稀少的或难以确证的。尽管如此,爱德加·欧巴兰斯的模型仍然有助于分析恐怖分子的行为。

(三)杰夫里·罗斯(Jeffrey Ian Ross)的模型

与前面两个模型不同,心理学家杰夫里·罗斯提供了另外一种对恐怖分子的看法。罗斯认为恐怖分子在恐怖主义发展中一般要经历几个关键性的阶段:加入恐怖组织、学习实施恐怖行为的技术、投身恐怖运动、领导恐怖组织、实施暴力行为。他说很多研究者都努力解释恐怖主义,但都没有找到满意的答案。杰夫里·罗斯放弃了对恐怖分子个人画像的传统做法,而是把社会结构变量与心理变量结合起来描述恐怖分子的基本性状。

在心理变量上,杰夫里·罗斯从五个方面描述恐怖分子:[2]

1. 个性特征。杰夫里·罗斯认为恐怖分子之所以成为恐怖分子有一部分的原因在于他具有不同的个性特征。这些特征包括容易感到恐惧、愤怒、萎靡、内疚,表现出反社会的行为、强烈的自我、渴望刺激,以及存在一种失落感。杰夫里·罗斯认为一个人表现出这些特征越多,那么这个人就成为恐怖分子的可能性就越大。

---

〔1〕 Edgar O' Ballance: *The Language of Violence*: *The Blood Politics of Terrorism*, San Rafael, CA: Presidio Press, 1979, pp. 300 – 301.

〔2〕 Jeffery Ian Ross: "*Beyond the Conceptualization of Terrorism*: *A Psychological-Structural Model of the Cause of This Activity.*" In Craig Summers and Eric Markusen (eds.), Collective Violence: Harmful Behavior in Groups and Governments, New York: Rowen and Littlefield, 1999, pp. 169 – 192.

2. 挫折感或自恋—侵犯倾向。自恋—侵犯倾向意味着一个人在沉迷于自我的时候受到打击后行为上表现出敌对的倾向。而挫折感则使人在受到打击后向其他人或事物表现出进攻倾向。罗斯相信较强程度的挫折感可以导致恐怖行为。

3. 群体驱动力。大多数的恐怖分子是在群体中实施暴力行为的。罗斯相信当恐怖分子在加入恐怖组织之前认为成为一个恐怖组织的成员会带来好处,那么,他就可能加入进去。而一旦成为其中的一员,那么,个体实施暴力行为的可能性就会增大,因为群体会强化暴力倾向。

4. 学习的机会。处在一个恐怖组织这样的群体之中可以使新来者接触到实施恐怖行为需要的技术。罗斯认为,当学习的机会增加的时候,恐怖主义行为的数量也会增加。

5. 成本—收益的计算。加入恐怖组织的决定取决于对暴力行为的成本和收益的计算。如果个人认为恐怖行为将使他们收益,那么,他将可能加入恐怖组织。

在社会结构变量上,罗斯认为以下因素对恐怖分子的产生具有重要作用:社会构成的方式、政治与经济制度、历史与文化条件、民众抱怨与不满的程度、发泄不满与抱怨的机制、获得武器的容易程度、反恐力量的效力。罗斯认为现代化、民主化或社会动荡都会产生诱发恐怖主义的环境。特别是在城市地区,最可能产生动荡。当政府不能减少城市地区的压力的时候,恐怖主义最有可能发生。当反恐行动失败的时候,恐怖分子的数量也会增加。

罗斯认为综合运用心理变量与社会结构变量可以解释恐怖主义和恐怖分子。

## 五、恐怖分子的历史比较

虽然学者和执法人员都想找到一个关于恐怖分子的精确画像,但是取得这种画像并非易事。恐怖分子并没有一个一成不变的画像。实际上,在过去一两个世纪中,恐怖分子的基本模式已经发生了较大的改变。与19世纪、20世纪上半时期的恐怖分子相比较,20世纪末期以来的恐怖分子在行为动机、年龄、性别、受教育水平、经济状况、社会化背景等方面都表现了较大的差异。

### (一)行为动机

19世纪的恐怖分子很多情况下是基于民族主义的思想为了反抗外国压迫

而战斗,具有很强的政治性。[1] 但是在当今的恐怖主义行为中,政治上的追求已经变得很少了。宗教狂热成为当今恐怖主义的强大驱动力。由中东一些穆斯林极端主义者发起的“圣战”在暴力水平上并不逊色于中世纪的宗教战争。宗教因素与传统的政治因素掺杂在一起产生了很强的破坏力。虽然世界上并没有任何一种宗教从本质上是暴力性的,也没有任何一种宗教注定与某种恐怖主义有必然的内在的联系,但这并不能否认宗教性的狂热的确能够使一些人抛弃理性的思考置人类社会基本的行为于不顾公然采取暴力手段实施恐怖活动呢。这其中的逻辑联系在哪里呢?

1. 现代恐怖分子对世界的歪曲性认识是最终采取暴力手段的根源。恐怖分子对世界的认识是被歪曲了的,因为现代恐怖分子的行为起点是这样一种认识,即他们是世界上对与错的唯一仲裁者,他们是唯一知道真理为何物的人,他们自己就是道德和规范的尺度,尘世的法律与规范对他们并没有约束力。当然,另一方面,为了达到他们自己的目的,他们有时候也需要获得他们所藐视的人间规则的认同。例如,在他们被俘之后,他们往往要求按照政治犯或战争犯来对待他们,而不是按照刑事犯来对待。

人类社会行为应当是以理性为基础的,特别在涉及公众利益的政治行为更是如此。前面讲了,由于政治性的追求在现代恐怖主义中所占的比重越来越小,因此,现代恐怖主义对理性的诉求也越来越少,相反,现代恐怖主义转而向非理性的世界寻求藏身之所。像日本的奥姆真理教这样的现代恐怖分子的思想逻辑在19世纪恐怖分子那里可能都是难以理解的。

2. 宗教通过群体动力机制强化了恐怖分子对世界的扭曲认识。一个生活在结构紧密的群体中的个人,他对外部世界的认识很大程度上受这个群体的影响或者支配。个体虽然是一个独立的生命单位,但群体思维、意识和文化在一定程度上可以支配个人的意识。恐怖分子的生活离不开恐怖组织。恐怖分子与恐怖组织的联系越紧密,恐怖分子的意识被支配的程度就会越深,恐怖分子个人就越可能拒绝普通的道德与法律规范而仅仅只是认同恐怖组织的思想。因此,当宗教成为恐怖组织解释世界的思想源头、当宗教狂热取代独立冷静的思考的时候,

---

[1] Walter Laqueur: *The Age of Terrorism*, Boston: Little, Brown and Company, 1987, p. 92.

超现实的群体意识就成为恐怖分子行为的指南。[1]

3. 恐怖分子把暴力看作一种改变现实的必要手段。并不是所有对现实世界存在歪曲认识的人都会采取暴力手段并成为恐怖分子的。那么,为什么恐怖分子会采取暴力手段呢?库珀(H. H. A. Cooper)提出了一种见解来解释其中的原因。他认为恐怖分子像许多人一样也有自己的梦想与愿望,许多恐怖分子也很讨厌暴力。但是,恐怖分子最大的问题就是不能接受社会现实,他们憎恨现状。当他们认为维持现状比诉诸暴力更糟糕的时候,当他们认为没有其他更好的手段来改变现状的时候,他们就会认为自己迫于无奈采取了暴力。这个时候,暴力成了一种必需的手段。在恐怖分子的逻辑中,运用暴力就成为一种可以理解的行为。[2]

(二)年龄

20 世纪 60 年代末期,西欧社会动荡不安,不少恐怖分子来自于大学生,他们年龄大多在 20 岁左右。1977 年的一项研究发现在 1966 年至 1977 年间活跃在拉丁美洲、欧洲、亚洲主要恐怖组织中恐怖分子的年龄在 22 岁至 25 岁之间,除了中东地区、西德、日本的恐怖分子的年龄偏大一点以外。例如,在巴西恐怖分子平均年龄为 23 岁,在阿根廷平均年龄为 24 岁。西班牙和英国的两个重要恐怖组织,“以塔”(ETA)和爱尔兰共和军(IRA),成员的平均年龄大约也是如此。但是,一些恐怖组织成员的年龄就稍微大一点。中东“黑九月”成员的年龄大约接近 30 岁,日本“赤军”已经被捕成员的年龄为 28 岁,西德“红军派”被警方了解的 100 多名成员的平均年龄为 31 岁。

上述 22 岁至 25 岁这个年龄状况在很长时间里基本没有太大的变动,虽然在西班牙、拉丁美洲、爱尔兰、伊朗、土耳其等地方,20 世纪 70 年代末期开始,恐怖分子的年龄却出现了下降的趋势,例如,在北爱尔兰,被抓获的恐怖分子有的竟然只有 12 岁到 14 岁,但是这种恐怖分子年龄偏小的情形到 20 世纪 90 年代的时候又开始回升。许多恐怖组织其成员的年龄基本上在 20 岁以上。

以上是就恐怖组织年龄结构的总体情况来说的,在具体的恐怖组织内部,成

---

〔1〕 Cindy C. Combs: *Terrorism in the Twenty-first Century*, Second Edition, New Jersey: Prentice-Hall, 2000, p. 58.

〔2〕 H. H. A. Cooper: “*What is a Terrorist? A Psychological Perspective.*” Legal Medical Quaterly, 1977, Vol. :1 pp. 8 – 18.

员年龄状况在领导者与普通成员之间是存在差别的。一般而言,领导者的年龄大于普通成员。许多恐怖组织领导者的年龄在35岁至42岁左右,有的甚至更大。[1]

(三)性别

虽然在不同恐怖组织中女性恐怖分子所占的比重有差别,但恐怖组织基本上以男性为主。研究者发现,1966年至1976年中,80%以上的恐怖行动是由男性完成的。女性在恐怖组织成员中所占的比重是比较低的,她们一般地承担收集和传递情报、医护和看守房屋等任务。

当然,与恐怖组织女性成员比例较低这个一般情况相对照的是一些恐怖组织是由女性建立或领导的。例如,日本"赤军"(JRA)的领袖就是一位女性。女性在恐怖主义中的活跃最明显地表现在西德的"红军派"上。该组织的主要创建人梅因霍芙(Ulrike Meinhof)就是一位女性,在她成为恐怖分子之前她是一位有名的记者。该组织直接参加抢劫、绑架、爆炸等行动的恐怖分子中1/3以上是女性。1976年8月该组织在逃的中60%以上的成员是女性, 1981年被通缉的14名主要恐怖分子中有10人为女性。

学者们对于女性与恐怖主义之间的各种关系进行过初步的研究。例如,对于为什么有较多的女性参加恐怖组织,有学者认为其中的主要原因是在女权主义的影响下,女性越来越想以各种方式(包括暴力性的方式)打破传统以男性为中心的社会统治模式。[2] 对于男性恐怖分子与女性恐怖分子之间的差别,有的研究者认为恐怖组织中的女性一般都更加顽固、疯狂和残忍,而且她们在恐怖组织中的时间保持的一般比男人要长。[3]

(四)受教育程度

直到20世纪70年代中期,多数恐怖分子都受到过良好的教育。已知恐怖分子中大约2/3的人具有大学的学习经历。例如,在西德的左翼恐怖组织,"红

---

〔1〕 Charles A. Russell and Bowman H. Miller: *Profile of a Terrorist*, in John D. Elliott and Leslie K Gibson (eds.): Contemporary Terrorism: Selected Readings, Maryland, Gaithersburg: International Association of Chiefs of Police, 1978, pp. 81-95.

〔2〕 Daniel E. Georges-Abeyie: *Women as Terrorists*, in Lawrence Zelic Freedman and Yonah Alexander (eds.): Perspectives on Terrorism, Delaware, Wilmington: Scholarly Resources Inc., 1983, pp. 71-84.

〔3〕 Cindy C. Combs: *Terrorism in the Twenty-first Century*, Second Edition, New Jersey: Prentice-Hall, 2000, p. 61.

军派"(RAF)中,80%的成员是大学毕业或肄业的教育程度。在中东一些恐怖组织中,许多人由于来自中产阶层,他们都是大学生或已经大学毕业,有些甚至是在国外大学接受的教育。

但是,这种高学历的趋势到今天已经发生了很大的改变。前面讲到了,恐怖组织在招收新人的时候倾向于招收小年龄的少年致使恐怖分子的平均年龄开始下降。这样的做法也导致受教育程度的降低。虽然20世纪90年代之后招收少年从事恐怖活动的做法已经不普遍,但从整体上看,恐怖分子受教育的程度并没有恢复到20世纪70年代的水平。

(五)经济地位

在20世纪60年代,在西欧的一些恐怖组织中,许多恐怖分子来自于富裕的中产阶层。今天,虽然恐怖分子中仍然有一些人出自富豪之家,但更多的恐怖分子来自于贫困阶层而不是中产阶层。对于这些来自贫困阶层的人来说,加入恐怖组织不仅能够提高自己的经济地位,而且还可以给自己的家庭带来经济上的好处。

(六)社会化

一个人刚出生的时候从本质上讲就是一个动物,处于一种最原始的自然状态,但是,逐渐地,通过与父母和外界的接触与沟通,婴儿学习到了各种社会规范并逐渐地掌握了人类社会的行为方式,社会学把这个从自然人向社会人的变化过程称为社会化。接受正规教育、宗教皈依、罪犯改造这些都是不同形式的社会化。

成为一个恐怖分子也要经过特殊的社会化过程。在20世纪60年代的西欧,一些知识分子的学说对于恐怖分子把暴力接受为改造社会的工具起了很大的作用。但是,今天新一代恐怖分子的社会化环境发生了很大的变化。对于今天的年轻的恐怖分子来说,他们的生存环境告诉他们暴力不仅是正常生活的一部分,而且本身就意味着生存,意味着获得安全与提升生活的必要手段。和平以及其他一些看上去花里胡哨的价值观对于他们来说可能根本没有什么意义。这种与过去完全不同的社会化环境20世纪90年代的北爱尔兰与中东是普遍存在的。

## 第二节　恐怖组织

恐怖分子是恐怖主义研究的基本单位,由恐怖分子组成的有机结构就是恐怖组织。由于恐怖组织并不是单个恐怖分子简单相加在一起的合成物,恐怖组织作为一种实体有其独特的目标、结构、管理、资金筹集等内容,而这些内容超越于恐怖分子个体之外,因此,在研究了恐怖分子之后就有必要对恐怖组织进行分析。

### 一、恐怖组织的目标

任何组织的存在都需要有其的目标。组织目标是组织存在的理由。公司的存在就是通过不同的手段盈利;慈善机构的存在就是要专业化地表达人类的爱心;政府机构的存在就是要保障秩序、维护公益。具体的组织其具体的目标会不同,而且随着时间与外部环境的转变,组织目标也会发生变化。但可以肯定地说,没有目标的组织是不存在的。那么,恐怖组织的目标是什么呢?

由于恐怖组织的类型不一样,其目标也不一样(见表3.2)。需要指出的是由于现实中恐怖组织往往不是某种纯粹的类型,某种类型的恐怖组织同时也会兼有其他类型恐怖组织的特征,因此,恐怖组织往往也会有多个目标,但这多个目标之间可能会有主次之分。例如,带有宗教性质的分裂主义恐怖组织,其目标

**表3.2　恐怖组织的目标**〔1〕

| 恐怖组织类型 | 目　标 |
|---|---|
| 分裂主义的 | 地区自治或建立一个单独的国家 |
| 单一事务型的 | 改变与政治、经济或社会制度相关的特定政策 |
| 无政府主义的 | 不提供任何新的措施只管瓦解或推翻政府 |
| 宗教的 | 在一个国家建立某种宗教的主导地位或消灭异己宗教或教派 |
| 外国支持的、作为外国代理人的 | 为金钱或为其他利益雇用恐怖分子 |

---

〔1〕 Philip A. Karber & R. William Mengel: *Political and Economic Forces Affecting Terrorism*, in Patrick J. Montana & George S. Roukis (eds.): Managing Terrorism: Strategies for the Corporate Executive, Connecticut, Westport: Quorum Press, 1983, p. 37.

往往是以分裂祖国、在某一地域建立一个新的国家，在此之下，同时也会以建立某种宗教的主导地位为次要的目标。

## 二、恐怖组织的结构

恐怖分子从事各种恐怖活动需要制订周密的计划、对实施恐怖行为的地点和对象要进行前期的侦察、需要收集和分析有关信息、评估行动后果，所有这些都需要恐怖分子在有效的恐怖组织的协调和领导之下开展。恐怖组织的结构如何对于恐怖主义来说是至关重要的。恐怖组织的结构涉及恐怖组织的大小、关系结构、组织内部劳动分工等情况。

### （一）恐怖组织的大小

大多数恐怖组织的成员不会超过 50 人，[1]并且只有少数恐怖组织其存在的时间超过 3 年到 4 年。[2] 例如，日本的赤军（JRA）只有 30 人至 40 人。恐怖组织之所以小，关键是因为恐怖组织必须是秘密地存在的。恐怖组织的秘密性限制了恐怖组织的扩大。因为一个较大的恐怖组织在组织、管理和领导等问题上更复杂，在缺乏有效的组织、管理、领导和后勤等保障的情况下，恐怖组织往往难以持续地存在。

当然，现实中也有一些例外，有一些恐怖组织其存在的时间比较长，而且其成员也比较多。例如，斯里兰卡的“泰米尔猛虎组织”（The Liberation Tigers of Tamil Elaam，LTTE）从 1976 年开始反抗斯里兰卡政府以来到现在经历了近 30 年的时间，其成员据说多达 1 万人之众。[3] 意大利的“红色旅”（Red Brigades）有 400 人至 10000 人。西德的“红军派”（RAF）有大约 100 人。[4]

恐怖组织大小的变化所产生的一个实践意义就是随着恐怖组织大小的变化，其危害性往往也相应增大。因此，在开始的时候，可以由警察部门负责对付规模较小的恐怖组织，而当恐怖组织规模增大的时候，应当由专门负责反恐的准

---

〔1〕 J. R. White: *Terrorism: an Introduction*, Third Edition, Californian: Wadsworth Thomson Learning, 2002, p. 36.

〔2〕 Walter Laqueur: Terrorism, Boston: Little, Brown and Company, 1977, p. 86.

〔3〕 J. R. White: *Terrorism: an Introduction*, Third Edition, Californian: Wadsworth Thomson Learning, 2002, p. 34.

〔4〕 J. K. Zawodny: *Infrastructure of Terrorist Organizations*, in Lawrence Zelic Freedman & Yonah Alexander (eds.): Perspectives on Terrorism, Delaware, Wilmington: Scholarly Resources, 1983, pp. 61 – 70.

军事部队或军队接手相关事务。

(二)关系结构

恐怖组织的关系结构是指恐怖组织内部成员之间与恐怖组织内部与外部之间的关系结构。恐怖组织成员的关系结构有三种基本模型:第一种模型是金字塔型的;第二种模型是放射型的;第三种模型是功能结构型。

美军一位反恐专家,詹姆斯·付雷泽(James Fraser),认为恐怖组织的典型结构是一种金字塔型的。[1] 他把这种金字塔型的结构分为四个层次:最高层次是在金字塔顶端的一小撮人,他们负责恐怖组织的指挥。但是这种集权式的指挥结构在现实中往往也会带来很多问题,因为很多现场发生的意外紧急情况不在指挥者当初的考虑之内,因此,需要现场的灵活应对。所以,拉夸尔认为恐怖组织最成功的指挥形式是指挥者确定基本的战略同时给执行任务的恐怖分子留有灵活变通的空间。[2]

付雷泽认为恐怖组织金字塔结构的第二层是恐怖组织的骨干分子(active cadre)。骨干分子负责执行恐怖组织的各种任务。每个骨干分子都有一项或多项专长。骨干分子是恐怖组织的基本打击力量。在骨干分子之下,是第三个层次,即积极支持者。积极支持者对恐怖组织至关重要,因为他们为恐怖组织提供沟通、躲藏、收集情报、后勤等方面的支持。积极支持者是恐怖组织内部最大的也是最基层的一个群体。恐怖组织的骨干分子基本来自于这个群体。

第四个层次是恐怖组织的消极支持者,这些人一般并不是恐怖组织的成员,他们与恐怖组织的关系代表了恐怖组织的一种外部关系。但由于他们认同于恐怖分子提出的口号或纲领,或者他们民族认同感与恐怖分子相同,或者他们心中怀有的对现政权的不满与恐怖分子相似,甚至恐怖分子领导人的个人魅力吸引着他们,诸如此类的原因可能导致消极支持者在舆论、政治、法律、道义或金钱上支持恐怖组织。消极支持者的身份是难以确定的。他们并不仅仅限于社会的贫困或边缘阶层,在中产阶层也容易找到恐怖组织的消极支持者。消极支持者。[3]

---

〔1〕 J. R. White: *Terrorism: an Introduction*, Third Edition, Californian: Wadsworth Thomson Learning, 2002, pp. 35 - 36.

〔2〕 Walter Laqueur: *Terrorism*, Boston: Little, Brown and Company, 1977, p. 84.

〔3〕 David E. Long: *The Anatomy of Terrorism*, New York: The Free Press, 1990, pp. 112 - 113.

如果说金字塔型的恐怖组织更多地代表了大型恐怖组织的结构状况话，与它不同，放射型的恐怖组织结构反映了小型恐怖组织的结构特征。扎沃尼(J. K. Zawodny)在一篇文章中提出了放射型恐怖组织的基本结构形状。他认为恐怖组织内部由于劳动分工和沟通与协调的需要产生了这种与金字塔型的结构不同的放射型结构。在这种放射型结构中心的是恐怖组织的首领，围绕着他的是恐怖分子。扎沃尼认为这种放射型的组织结构对恐怖分子的行为产生了很大的影响。[1] 例如，在这种放射型结构中，恐怖组织的首领处在结构中间，他不仅设计行动计划，指挥行动过程，而且他还亲自参加具体行动。这样，对于普通恐怖分子来说具有非常重要的意义。因为这种行为模式使普通恐怖分子感到他们是同生死共患难的，从而产生了一种非常强烈的个人忠诚，这种忠诚的强度高于金字塔型结构的忠诚强度。另外，放射型结构使首领容易与恐怖分子进行沟通从而使恐怖行动能够具有很强的灵活性，恐怖组织的效率也得到提高。

上述两种结构主要强调恐怖组织中首领与普通恐怖分子的关系，它们都是基于这种关系进行的划分。恐怖组织结构的第三种模型是根据恐怖组织内部单元的功能进行的划分。在恐怖组织内部存在三种基本功能的部门：一是行政部门；二是行动部门；三是保障部门。行政部门由指挥部门与内部执法部门组成。行动部门执行具体的任务。保障部门则为行动部门提供各种支持，它包括情报、后勤、培训、救护、宣传、录用。行动部门由小组与纵队组成。小组由4人至6人组成。若干个小组组成一个纵队。小组内部可以有领导，但纵队内部一般没有领导。纵队与纵队之间、同一纵队内部不同小组之间的沟通一般需要通过指挥部门进行。横向的沟通很少，即使在有些情况需要进行横向沟通，往往采取单向沟通的形式，例如，往邮箱里放置信件。不同小组的成员往往并不认识。[2]

### 三、恐怖组织的管理及其问题

恐怖组织的管理是恐怖组织持续存在的必要条件，如同合法组织一样，缺乏有效的管理的组织是难以长期存在的。但是，恐怖组织由于自身特殊性带来的

---

〔1〕 J. K. Zawodny: *Infrastructure of Terrorist Organizations*, in Lawrence Zelic Freedman & Yonah Alexander (eds.): Perspectives on Terrorism, Delaware, Wilmington: Scholarly Resources, 1983, pp. 61 – 70.

〔2〕 John B. Wolf: Fear of Fear: *A Survey of Terrorist Operations and Controls in Open Societies*, New York: Plenum Press, 1981, pp. 28 – 31.

很多管理问题往往使恐怖组织在其发展过程中面临着两难的境地。

(一)恐怖组织的管理方式

对于一个普通组织来讲,管理方式可以是集权的,也可以是分权的。一个组织采取哪种管理方式关键要看哪种管理方式有利于提高效率,有利于它的发展。前面我们分析恐怖组织的关系结构时,介绍了金字塔型和放射型的关系结构。金字塔型结构中的管理方式倾向于集权式,但是这种管理方式在恐怖组织中并不多见。相比较而言,分权的管理方式在恐怖组织中是比较普遍的。恐怖组织之所以比较普遍地采取分权的管理方式,最主要的原因就是因为恐怖组织作为秘密组织对隐蔽性要求很高,从而需要给每个小组与纵队以及其他部门充分的自主权。如果恐怖组织不是采取分权的管理方式,而是集权的,那么最容易产生的一个问题就是恐怖组织一旦被反恐怖组织的卧底人员打入进来就比较容易遭到致命性的打击。

(二)管理的问题

恐怖组织管理中容易出现各种问题,这些问题往往在合法组织中难以出现。因此有必要对这些问题进行分析。

1. 恐怖组织内部沟通的问题。恐怖组织是一个秘密的组织。作为秘密组织,它不仅难以被外人所知,即使在恐怖组织内部,人与人之间也基本不认识,恐怖小组之间、恐怖纵队之间往往对没有横向的沟通,在恐怖组织指挥者与下级单位之间,由于通常都采用分权的管理方式,上下级之间的沟通经常也不是很通畅。因此,在恐怖组织内部,最大的管理问题就是内部沟通的困难。而这种内部沟通的困难在越大的恐怖组织中表现越明显。由于内部沟通问题主要是由恐怖组织的秘密性造成的,因此,内部沟通问题几乎成了恐怖组织管理中存在的一个死结。

2. 恐怖组织行动协调的问题。由于恐怖组织内部存在上述的沟通困难,而恐怖组织的分权管理给恐怖小组或纵队提供了很大的自主权,由此产生的一个问题就是指挥者如何有效地协调恐怖小组或纵队的行动,使他们能够密切配合、避免行动的脱节甚至冲突。当然,实践中要解决这个问题并非易事。

恐怖组织的协调问题在很大程度上只能通过加强指挥者与行动小组之间的联系来克服。这种情况给反恐怖行动指明了一个行为原则,就是在打击恐怖组织的时候,在控制恐怖小组实施零星行动的前提下,应当以打击恐怖组织的指挥机构为主。打击了恐怖组织的指挥机构可能使恐怖分子群龙无首,从而瓦解恐怖组织;但是,另一方面,由于恐怖组织中的小组与纵队相对独立,在失去了原有的指挥机构的情况下,各个小组或纵队也可能衍变为新的恐怖组织,但从一般情况来讲,由于新的恐怖组织比原来的组织规模小,恐怖组织的危害性也相应减小。

3. 保证内部纪律的问题。由于恐怖组织内部各小组或纵队的自主性较高,恐怖组织内部很容易产生宗派主义。为了打击宗派主义、限制独立性、惩罚恐怖分子的各种越轨行为,恐怖组织需要加强内部纪律来维持其存在。恐怖组织加强内部纪律可以通过积极的或消极的方式来实现。积极的方式就是恐怖组织对于遵守纪律的行为给予奖励;消极的方式就是对违背纪律的行为进行惩罚。但是,无论是用积极的手段,还是用消极的手段,恐怖组织希望通过加强内部纪律达到增强团结、促进合作与维护内部稳定目标,而这些目标与组织的秘密性和分权管理的要求之间存在难以调和的矛盾。[1]

4. 保证认识一致、避免思想分化的问题。恐怖组织的形成在很大程度上取决于它的思想基础是什么。它的思想基础、行动纲领越能被更多人所接受,那么,它就越容易变得强大。因此,保证认识一致,避免思想分化是确保恐怖组织稳固存在的一个重要条件。但是,由于前述的管理上存在的种种问题,恐怖组织内部成员间很容易产生思想分化。这些不同认识或思想的存在可能会导致恐怖组织的分裂。实际上,在许多恐怖组织的发展过程中,往往由于思想认识的不同原先的一个恐怖组织会分化为几个不同派别的恐怖组织。

### 四、恐怖组织的资金筹措

恐怖组织与其他组织一样离不开必要的资金。没有必要的资金,恐怖组织就难以购买武器、情报、食品、医药、房屋等商品和服务。那么,恐怖组织通过什么渠道筹集需要的资金呢?总体来讲,恐怖组织筹集资金的渠道主要包括以下方式:

(一)从同情者和支持者那里获得捐赠

恐怖组织的同情者和支持者包括个人、组织和国家。个人、组织和国家出于

---

〔1〕 J. R. White: *Terrorism: an Introduction*, Third Edition, Californian: Wadsworth Thomson Learning, 2002, pp. 38 – 39.

各种原因给恐怖组织提供的捐赠是一些恐怖组织资金的主要来源之一。例如，在长大一个多世纪的时间中，爱尔兰共和军从以美国为基地的同情组织中获得了大量的金钱和武器上的支持。爱尔兰共和军某个时期所使用的武器中大约有90%来自于美国的同情者，大量的资金也是由美国同情者捐献的。在第二次世界大战之后，在冷战时代，一些国家把国际恐怖主义作为实现某种外交政策的工具。一些恐怖组织的资金来源于美国、苏联、中东石油生产国等国家的财政拨款。

恐怖组织的同情者和支持者对恐怖组织的捐赠不是没有条件的，当恐怖组织的政治纲领或行为不能在民众中产生共鸣的时候，个人对恐怖组织的自发捐赠就会减少。当恐怖主义对某些国家的外交政策价值降低的时候，一些国家对恐怖组织的支持也会减少。因此，捐赠获得的金钱对恐怖组织来说并不是能靠得住的。恐怖组织必须寻找其他的筹集资金的来源。

（二）通过犯罪活动取得经济利益

犯罪活动可以为恐怖组织提供一个巨大的财富来源。恐怖组织为筹集资金通常从事的犯罪活动形式包括：放高利贷、贩卖毒品、开设妓院等所谓无犯罪被害人的领域；为收受赎金而绑架人质、抢劫银行等暴力犯罪活动；伪造钱币、勒索合法企业收取保护费等扰乱正常经济秩序的犯罪活动。

在上述这些犯罪活动中，抢劫银行是恐怖组织传统上使用较多的一种形式。许多恐怖组织都曾采取这种手段获取了大量的资金。在有些恐怖分子看来，抢劫银行只不过是把不合理的资金进行重新分配的方式而已。收取企业的保护费是恐怖组织最稳定的经济来源之一。[1] 绑架人质换取赎金是传统犯罪形式中风险小收益大的一种形式。据说，恐怖分子的绑架中有86%达到了目的。绑架者被司法机关破获并绳之以法的可能性小于20%。[2]

近年来，恐怖组织通过贩卖毒品获取资金变得比较普遍。恐怖组织之所以青睐于采取贩卖毒品的手段获取资金，其中的一部分原因就是毒品的利润很高、贩卖毒品可以充分利用恐怖组织的秘密网络、恐怖组织可以用暴力手段打击或消灭竞争对手。

---

〔1〕 Edgar O' Balance: *Terrorism in the* 1980*s*, London: Arms and Armour Press, 1989, p. 15.

〔2〕 Neil C. Livingstone: *The War against Terrorism*, Massachusetts: Lexington Books, 1982, p. 24.

（三）通过建立合法企业或公司从事合法的生产经营活动获取经济利益

由于通过犯罪活动获取经济利益必然存在或大或小的被司法机关破获的风险，另一方面，恐怖分子往往需要以某种合法身份掩护自己，因此，恐怖组织也常常投资设立公司企业从事合法的生产与经营活动。爱尔兰共和军、中东的一些恐怖组织都投资建立了自己的合法企业和公司。这些公司的盈利也成为一个新的资金来源。

## 第三节　恐怖行为：目的与手段

前面我们介绍了恐怖分子和恐怖组织。为了对恐怖主义有更深入的认识，还必须研究恐怖行为。所谓恐怖行为就是指恐怖分子实施的暴力犯罪行为。恐怖分子之所以是恐怖分子关键是因为他参加了恐怖组织，实施了恐怖行为。忽视恐怖组织、恐怖分子或恐怖行为中的一个都不利于对恐怖主义问题的准确把握。正如同行为主义把人类一般行为作为一个核心的研究对象来对待一样，对恐怖主义的研究也应当把恐怖行为作为一个研究的对象。当我们把恐怖行为作为一个特定的对象来研究的时候，就必须分析这种行为的目的是什么？这种行为是如何获得的？这种行为的目的是通过什么手段实现的？

### 一、恐怖行为的目的

人类行为都是有目的性的。恐怖行为也有其目的性。前面讲述了恐怖组织的目标，恐怖行为实际上就是要通过恐怖分子的行为具体落实恐怖组织的目标。由于不同类型的恐怖组织其目标也会不同，因此，恐怖行为的目的也是多样化的。施密德在他的研究中列出了恐怖行为的二十多种目的。[1] 但就一般情况来看，恐怖行为的目的包括以下几个主要方面：

1. 在社会上制造混乱局面和恐慌气氛

社会的良性运行是建立在秩序基础之上的。一切事物按照相互依存的功能关系存在并相互作用，就可以建立一种稳定的社会秩序。在一个具有良好秩序的社会当中，人们的行为是可以预期的。但是，由于恐怖主义对现存的结构和秩

---

〔1〕 Alex P. Schmid: *Political Terrorism: A Research Guide to Concepts*, Theories, Data Bases and Literature, Amsterdam: North-Holland Publishing Company, 1983, pp. 97 – 99.

序怀有强烈的不满,它要按照自己理解的逻辑建立一种新的秩序与结构。因此,恐怖主义就要实施恐怖行为打破旧的秩序,在社会上制造混乱局面,在人们心理上制造恐慌感,从而为秩序的重新建构和人们心理的重新定位创造条件。

当然,恐怖行为要达到上述目的,必须具有两个基本条件:一是恐怖行为所使用的暴力将指向何方是不可预测的。二是让人们感到国家或其他组织和群体难以给自己提供安全保护。恐怖行为是以暴力为基础的,这种暴力与一般暴力最大的不同在于它的不可预测性。人们不能知道自己会不会成为恐怖行为的攻击对象,甚至不知道这种恐怖行为在什么具体时间发生。恐怖行为暴力的这种不可预测性可能会使人们陷入恐慌之中。

一般来讲,人们在遭遇到自然灾害、疾病、战争等意外事件的时候,总是有为他提供物质和感情支持的各种正式(如国家的卫生、国防等机构)与非正式的(如亲戚、朋友、家庭等关系)网络帮助他战胜意外事件带来的伤害,但是,恐怖行为试图给人们传达一种信息:政府没有能力来保护你,其他人也不可能给你提供帮助。当人们面临不可预测的暴力并认同于这种信息的时候,人们就会从与自己相联系的各种社会关系中分离出来,每个人只顾自己,只为自己的处境焦虑,这时候,社会良性运行所需要的团结、合作与相互依存关系被破坏了,代替它们的是不安与怀疑。在这样的情境中,人们的态度可能朝两个不同的方向发生变化:第一种是在恐怖行为发生之后,人们认为政府没有能力提供足够的安全保证,如果同时还认为恐怖分子提出的某种口号或思想具有合理性,这个时候,人们可能会同情甚至支持恐怖行为。第二种可能的变化就是恐怖行为激起了人们的愤怒使人们义无反顾地支持政府对恐怖主义采取严厉的打击。[1] 当然,恐怖分子希望的是有更多的人支持恐怖主义。因此,他们总是千方百计利用恐怖行为带来的混乱局面的恐慌状态从中渔利。

2. 为恐怖组织进行宣传,引起人们对恐怖组织的注意、同情甚至支持

宣传恐怖组织是恐怖行为的一个非常重要的目的。借助于电视、报纸、杂志等大众传播媒体,恐怖分子把血淋淋的场面呈现在人们的面前,使人们像看电影一样在不在场的情况下仍然经历着恐怖行为的血腥与惊悚。恐怖组织正是通过大众传播媒介把自己宣传给了成千上万的人们。恐怖组织希望尽可能多的人们

---

〔1〕 Grant Wardlaw: *Political Terrorism: Theory, Tactics, and Counter-measures*, Second Edition, New York: Cambridge University Press, 1989, pp. 34 – 39.

注意到自身的存在,了解他们的主张,唤起人们的同情甚至支持。

在资本主义社会,恐怖主义与大众传播媒体之间的关系是复杂的。学者们都认识到恐怖主义与大众传播媒介的关系类似于一种寄生的关系。大众传播媒体通过恐怖主义的暴力行为提高了观众的收视率或扩大了报纸杂志的发行量;而恐怖组织也借助大众传播媒体提高了知名度。所以澳大利亚著名的犯罪学家瓦德罗(Grant Wardlaw)说:“电视不再是仅仅对恐怖事件进行报道的媒体,它已经成为其中的一部分。由于电视可以像施用魔法一样立即控制住大量的观众,恐怖分子已经学会了为在观众中取得最大影响力如何演出他们的惊人场面。这种关系至少是过去一些年中挟持人质事件发生数量显著上升的部分原因。”[1]

对此,詹金斯也说过:“安哥拉、莫桑比克、几内亚的叛乱分子用标准的农村游击战的战术开展了14年的斗争。全世界很少有人注意他们的斗争,而数量差不多的巴勒斯坦战士采取恐怖分子的战术,几年之间他们就变得举世瞩目。”[2]

3. 故意刺激政府当局,使他们采取强制性的措施破坏民主社会的基本原则,从而在国际上损害国家的形象,在国内降低民众对政府的信任

面对着恐怖主义的威胁,法治国家会陷入一种困境:如果对恐怖主义采取非常严厉的打击措施,那么往往就需要扩大执法机构的权力(如警察有更大的监听、搜查、逮捕、拘留等权力),并有条件地限制民众的某些权利(例如,意大利政府为了打击恐怖主义在20世纪70年代末期通过的《紧急状态法》规定:在房屋租赁或买卖的过程中,房主必须向当地政府机构报告租赁或买卖的详细情况。据意大利“红色旅”成员说,这条措施是政府措施中非常有效的一条[3]),这些做法可能会招致民众的反对,因为民众可能认为这些做法违背了民主社会的原则。但是,如果政府对恐怖行为不采取严厉的打击措施,政府可能会被认为过于软弱由此会进一步刺激恐怖行为的升级。

著名的恐怖分子卡洛斯(Carlos Marighela)的一段话可以看成是对恐怖行为的这一目的的很好说明,他说:“政府只能强化控制措施,这样就使人们的生活

---

〔1〕 Grant Wardlaw:*Political Terrorism*:*Theory*, *Tactics*, *and Counter-measures*, Second Edition, New York:Cambridge University Press,1989,pp. 34 – 39.

〔2〕 B. M. Jenkins:“*International Terrorism*:*A New Mode of Conflict*”, in D. Carlton and C. Schaerf (eds. ),International Terrorism and World Security,London:Croom Helm,1975,p. 17.

〔3〕 Alison Jamieson: *Counter-Terrorism in Europe*:*Implications of* 1992, The Italian Experience, UK:Research Institute for the Study of Conflict and Terrorism,February 1991,p. 16.

变得更加紧张：警察搜查房子会破门而入，无辜的人会被逮捕，通信被中断。警察的恐怖将变成日常生活的一部分，越来越多的政治谋杀将会出现。……国家的统治形式将变为军事独裁。”[1]

因此，恐怖组织往往借助于恐怖行为刺激政府当局使他们提高国家机器的强制力，这样在国际上损害国家的形象，在国内诱发民众的不满并降低民众对政府的信任。

4. 对个人、组织或政府等受害人之外的第三方进行勒索

恐怖行为还使直接受害人成为一种恐怖组织与受害人之外的第三方进行勒索的筹码。恐怖分子进行勒索的要求有很多样，通常包括这样几种：一是直接勒索钱财。恐怖分子需要资金购买武器装备、实施恐怖行动以及维持恐怖组织的日常花费。实施恐怖行为勒索钱财是恐怖组织解决资金问题的方法之一。恐怖分子一般通过绑架人质的方式勒索钱财。恐怖分子愿意采取绑架人质的方式而不是其他方式勒索钱财是因为绑架人质事件中恐怖分子能够主动掌握事件发展的进度。二是要求释放被关押的恐怖分子。这些恐怖分子往往在恐怖组织中占有重要的地位。三是要求政府给予某种权利。例如，分裂主义的恐怖行为往往要求政府承认某个地区或民族的独立或自治的地位。四是要求政府改变或终止某种政策。

5. 破坏、削弱和瓦解反恐力量，鼓舞恐怖组织的士气

警察、法官、检察官、军人等代表着国家专政力量，他们特别是其中承担着反恐职责的国家公职人员往往会成为恐怖行为的重点攻击目标。恐怖组织之所以选择这些人作为攻击对象就是要挑战国家权力，涣散反恐队伍的军心，通过暗杀反恐队伍中的骨干人物，削弱甚至瓦解反恐力量；另外，恐怖组织也借此可以鼓舞自身的士气。当然，在国家公职人员中最具有代表性的除了警察、法官、检察官等人员以外，更有代表性的是国家首脑人物。因此他们也是恐怖行为首要的攻击目标。实际上，有些国家的领导人就是被恐怖分子杀害的。如意大利总理阿尔多·莫罗（Aldo Moro）、印度总理英蒂拉·甘地等人都是被恐怖分子杀害的。

## 二、恐怖行为的获得

没有天生的恐怖分子。一个普通人蜕变成为恐怖分子，都要经过一个学习

[1] Carlos Marighela: *Minimanual of the Urban Guerrilla*, Harmondsworth: Penguin, 1971, p. 95.

过程。犯罪学家萨瑟兰的“差别交往理论”和我们平常所说的“近朱者赤、近墨者黑”现象都是描述的这样的学习过程。正如同只有通过学习才能成为铁匠,通过学习才能成为医生一样,一个人只有经过学习才能成为恐怖分子。通过学习,他认同于恐怖分子的价值观、掌握实施恐怖行为需要的基本技能。

(一)价值观的确立

价值观是涉及好与坏、对与错的判断标准与认识系统。价值观是文化的核心部分。不同的群体甚至不同的人们之间,价值观也会不同。在一个社会中占据主导地位的文化叫主文化。与主文化相对立的文化叫反文化。

主文化是构造现存社会秩序的基础。由于恐怖主义反对现存秩序,因此恐怖主义必须构造一套新的文化体系反对现存的主文化。在恐怖主义构造出的反文化中,价值观是核心。要成为恐怖分子就必须要认同于这种特殊的价值观。那么,恐怖分子特殊的价值观到底是什么样的呢?

恐怖分子的价值观系统涉及五个方面的认知:

1. 对敌人的认知。在恐怖分子的价值系统中,敌人往往都被贴上某种主义的标签,凡是具有这种标签的都是敌人,这样敌人都被非人格化了。敌人成了一个非人格化的实体,成了一种怪物。

2. 对自己的认知。恐怖分子通常把自己看作是社会的精英。对于他们这种社会的精英,凡俗的道德标准根本不能适用于他们,因为他们认为这种凡俗的道德标准与他们自己的标准比较起来是低级的。所以,谴责恐怖分子不道德对于他们来说根本没有什么意义。

3. 对恐怖行为性质的认知。对于恐怖行为,对于恐怖分子引发的冲突,他们的看法与其他人的看法是不同的。他们认为这不仅是一种道义的斗争,而且是正义与邪恶之间的斗争,当然他们的正义与邪恶是从宗教或其他形而上学中推出的空洞概念。他们不会把杀死无辜的人看成谋杀,看作犯罪,相反,他只是把这种行为看作是代表了正义的处决。

4. 对被害人的认知。恐怖分子杀死被害人,要么是把他看成敌对力量的代表,要么认为他们自己命运不济在错误的时间走到了错误的地方。被害者在恐怖分子的眼中如同蚊子或苍蝇一样。教导恐怖分子行动技能的五卷本书籍《如何杀人》(How to Kill)是这样教导恐怖分子的:“最主要的是彻底摆脱了同情与怜悯而毫不犹豫地杀死目标的杀戮意志。你必须果断地消灭他的生命就像拍死一只苍蝇或踩死一只蚂蚁一样。”[1]

5. 救赎的愿望。恐怖分子的价值观中都存在一种救赎的愿望，就是希望通过暴力行为彻底消灭旧的秩序建立一个由绝对的神所主宰的全新世界，从而使个人获得拯救。[2]

（二）基本技能的获得

恐怖分子仅仅具有特定的价值观还不够，他必须掌握实施恐怖行为所需要的基本技能。这些基本技能包括纵火与爆破技术、伪装与反侦察技术、使用武器的技能、收集情报的技术、筹集资金的技术。

1. 爆炸技术。无论对于传统恐怖分子来说，还是对于现代恐怖分子来说，掌握如何使用炸弹是一个很基本的要求。炸弹主要通过三种方式产生破坏作用：一是爆炸散发的弹片直接杀伤目标物。炸弹散发的弹片速度可以高达 832 米/秒，这些散片可以直接杀伤目标。为了扩大炸弹的杀伤效果，一些恐怖分子往往会在炸弹里面或外面裹上玻璃或铁钉之类的东西。据说，爱尔兰共和军就特别喜欢使用加了钉子的炸弹。二是空气冲击波产生破坏力。炸弹引起的空气冲击波压强可以高达 108 吨/平方厘米，这种高压冲击波的速度可以高达 187 千米/分钟。三是通过爆炸引起目标物的燃烧产生破坏作用。

2. 伪装与反侦察技术。这些技术包括如何获得假护照和其他证件、如何乔装打扮骗过侦察人员的监视、如何混迹于人群中不被发现、如何施放假情报迷惑反恐机构防止他们的打击或渗透。这些技术对于恐怖分子提高自己的生存机会是非常重要的。例如，意大利的“红色旅”在《安全准则与工作手册》中对恐怖分子的生活习惯等问题都做了细致的要求：“每个同志所选择的角色必须非常一致地呈现在他的每天生活之中。例如，如果他扮演的是一个艺术家的角色，他就必须在早晨 8 点之前离开家并且不要在中午 12:30 之前回来，但又要在下午 2:00之前再出去，在晚上 7 点或更晚才回来。这就是说每个同志必须按照正常的时间规律安排自己的工作……必须认真自己扮演的角色以保证行为中出现的任何不符合规律的地方都能得到合理的解释。”这个手册还强烈要求恐怖分子应当具有正确的判断力。它要求恐怖分子避免参加嘈杂的舞会并建议他们努力

---

〔1〕 John Minnery: How to Kill, Vol. 1, Boulder, Colorado: Paladin Press, 1973, p. 51.

〔2〕 Cindy C. Combs: *Terrorism in the Twenty-first Century*, Second Edition, New Jersey: Prentice-Hall, 2000, pp. 39 - 41.

树立一种勤奋工作的可敬形象。它还说恐怖分子“必须穿戴有礼貌而且要做好个人卫生：胡子刮干净、头发要收拾利索”。[1]

3. 使用武器的技能。恐怖分子使用武器的技能是必需的。当电视上出现恐怖分子的画面时，他们往往都是拿着武器的。例如，电视上本·拉登的身边总是放着一支 AK－47 冲锋枪。武器对于恐怖分子来说不仅是一种战斗的工具，更是一种语言符号。因为从一定的意义上讲，恐怖主义是一种以暴力为语言的沟通。各种轻重武器与炸弹是暴力语言的物质载体。恐怖分子没有掌握轻重武器的使用技能就像普通人没有学会如何说话一样，不知道如何进行沟通。恐怖分子使用的武器的类型包括很多种类，从手枪、步枪到机枪，各种装备都可能使用。值得注意的是，随着技术的发展，恐怖分子的武器库的种类也出现了扩大的可能性。在传统的武器之外，生物、化学、核武器以及黑客技术都可能被恐怖分子用来实施恐怖行为。

4. 收集情报的技术。收集情报就是要教会恐怖分子如何潜入目的地收集有用的情报并把它们以可靠的方式或途径传递到恐怖组织情报或指挥部门。恐怖分子收集情报可能自己利用公开的信息整理出自己需要的情报，也可能利用同情者提供的信息，也可能吸收新的成员从事收集情报的工作，还可能出高价从政府、银行等机构的工作人员那里收买情报。由于情报的来源不同，恐怖分子就需要对不同来源获取情报的方式进行学习。比如，发展新成员帮助收集情报，恐怖分子就必须学会如何甄别潜在的新成员，如何防止反恐机构的渗透。

5. 筹集资金的技术。在这方面，恐怖分子主要学习如何抢劫银行、如何对付装甲运钞车、如何绑架人质勒索赎金等。

## 三、恐怖行为的手段

上面讲到了恐怖行为的各种目的。为了达到这些目的，恐怖分子就需要采取相应的手段。那么，恐怖分子会采取哪些手段来实现自己的目的呢？

### （一）手段的类型

一般来说，恐怖分子为达到自己的行为目的，会采取如下的某种手段：

1. 绑架与挟持人质。挟持人质是恐怖分子喜欢采取的一种行为手段，因为

---

〔1〕 Red Brigades：“*Red Brigades Manual*”，see Neil C. Livingstone：The War against Terrorism，Massachusetts：Lexington Books，1982，pp. 34－35.

采取挟持人质这种手段的最大好处是它非常富有戏剧化而且恐怖分子在整个过程中占有很大的主动性。前面讲过,恐怖主义就像一个剧场,当更多的人通过电视看见人质被挟持的场面时,恐怖分子可以从中得到很大的好处。这些好处包括给政府或其他人造成更大的压力、宣传了恐怖分子。

在这里我们有必要把绑架与挟持人质进行必要的区分。我们经常讲绑架人质,实际上混淆了这两个不同的概念。挟持人质一般指公开地强行控制某人的自由,使他以人的方式成为挟持者手中的质押物。绑架一般则是用暴力秘密地控制某人的自由。挟持人质中对人质的确定往往具有随机性,即某人成为人质可能是因为他恰巧在场;而绑架中的被绑架者往往是预先选定的。绑架者对被绑架者和绑架地点与时间等都进行了事先的谋划。挟持人质中挟持者在提出的要求被满足后释放人质的可能性较大,而绑架中绑架者即使提出了要求,并且这种要求被满足了,被绑架者被杀害的可能性也较大。

2. 爆炸或纵火。据统计,1984 年国际恐怖主义事件中 50% 以上的事件都涉及炸弹。据美国国务院的统计,1977 年至 1983 年大约 63.5% 的恐怖事件使用了炸弹。恐怖分子之所以愿意使用炸弹实施恐怖行为,主要原因之一是制造炸弹的技术比较容易获得。例如,用硝酸化肥、糖等材料可以制成威力巨大的致爆炸弹。原因之二是实施炸弹爆炸行为与其他手段比较起来更加简单,它可以由一个人实施完成而不需要多人的配合或更高的技术要求。原因之三是通过时间控制装置可以确定炸弹的起爆时间。这样就可以使恐怖分子脱离现场。原因之四是爆炸能够带来比较强烈的视觉冲击效果。视觉冲击效果越强烈,媒体报道就越多。最后一个原因就是炸弹能引起致命的杀伤作用。恐怖分子卡洛斯曾经说:"恐怖主义是由放置炸弹来完成的……它的巨大破坏力可以给敌人的生命造成无法挽回的损失。"[1]

纵火也是一种能够引起很大恐慌的手段。纵火的地点可以在政府机关办公场所、商场、地铁、粮库、居民区、森林。纵火使用的工具可以使用汽油、磷等化学物质,也可以使用火焰喷射器等。相对于其他工具来讲,纵火所使用的一些工具很容易找到。这就决定了在有些国家,恐怖分子选择使用纵火作为实施恐怖行为的手段仍然比较流行,尽管从全球的情况来看,恐怖分子对纵火的兴趣已经下降。

---

〔1〕 Carlos Marighella: *The Terrorist Classic: Manual of The Urban Guerrilla*, *trans*. Gene Hanrahan, Chapel Hill, N. C. : Documentary Pub., 1985, p. 84.

3. 暗杀。暗杀作为一种手段是一种很古老的现象。无论在和平时期还是在战争时期,暗杀手段曾经并仍然被一些个人、组织和国家所采用。当然,人类进入20世纪60年代之后,联合国等机构已经开始通过立法形式禁止暗杀政府首脑或外交人员之类的冲突行为。例如,1961年《维也纳外交关系公约》、1963年《维也纳领事关系公约》、1969年《纽约特殊使命公约》等法律文件的签订使外交以及其他具有特殊使命的人员免受恐怖主义暗杀的威胁成为一种共识。但是,暗杀手段并没有因此而被弃之一旁。那些具有象征意义的公众人物仍然常常成为恐怖分子的攻击目标。

4. 劫持飞机。劫持飞机也是恐怖分子经常用来实施恐怖行为的手段之一。对于恐怖分子来说,劫持飞机的好处是它不仅可以引起世人的广泛关注,而且可以给恐怖分子提供逃命的工具。虽然劫持飞机的最早记录可以追溯到1930年,但直到1968年之前劫持飞机并没有成为一个影响国际关系的重大事件,但到1968年在美国发生了劫持美国国内航班到古巴去的事件。同年7月23日一架从巴黎飞往特拉维夫的以色列飞机被劫持到阿尔及利亚。1969年到20世纪70年代,劫持飞机达到了一个高潮。截至1972年年底仅美国被劫持的飞机就有159架,其中一半以上被劫持到了古巴。[1] 针对劫持飞机的危险,许多国家都采取了反劫机的措施,比如加强机场安全检查、建立特别的武装力量打击劫机以及其他恐怖行为。与此同时,反劫机的国际合作也逐渐扩大,许多国家签署了《东京公约》、《海牙公约》、《蒙特利尔公约》等反劫机的公约。这些措施虽然从一定程度上减少或遏止了劫机事件的发生,但并没有彻底杜绝该类事件的发生。对于形形色色的恐怖分子来说,劫机仍然是一个很好的实施恐怖行为的手段。

5. 恐吓或讹诈。恐吓或讹诈就是指那些声称已经在某个大厦安放了炸弹如果不答应某些条件就引爆炸弹之类的恐怖行为。这两者的不同在于恐吓情境中的恐怖分子的确实施了自己声称的那种能够造成破坏后果的行为(如提前在大厦中放置炸弹)。而讹诈情境中恐怖分子声称的那种行为实际上并没有实施。恐吓和讹诈是一种低成本的行为手段。但是无论是恐吓还是讹诈都可以产生强大的破坏力。

在实施恐吓或讹诈的恐怖手段中,需要注意的是那些利用生物、化学、原子

[1] Neil C. Livingstone: *The War against Terrorism*, Massachusetts: Lexington Books, 1982, p. 82.

武器或装置进行恐吓或讹诈的恐怖手段。虽然恐怖分子拥有高端大规模杀伤性武器的可能性很小,但是国际黑市上核走私现象以及日本“奥姆真理教”利用沙林毒气攻击地铁乘客的事件都揭示出恐怖分子利用大规模杀伤性武器的可能性。因此,政府当局往往不得不认真对待这类恐吓或讹诈。

(二)手段的选择

从总体上讲,恐怖行为的手段有以上这些。但是,对于具体的恐怖分子来说,并不是所有的手段都适用的。举例来说,在一个贫困乡村,一个恐怖分子所采用的手段与一个现代都市中的恐怖分子所使用的手段很可能就不一样。那么,哪些因素制约着恐怖分子手段的选择呢?

1. 环境因素。环境因素包括地理、气候、季节、政治、经济、安全、人口等自然环境和人文环境方面的因素。在这些环境因素中人文环境因素对恐怖分子行为手段起的作用较大。例如,在国际政治斗争非常尖锐的冷战时代,恐怖分子选择劫持民用飞机从一种意识形态的国家飞向敌对国家的就不少。同样,在国内政治动荡风云莫测的时候,恐怖分子就可能利用政治上的混乱局面采取暗杀手段实施恐怖行为。当经济发展处于迅速上升状态的时候,恐怖分子可能倾向于采取挟持人质的方式要求政府或大企业支付赎金。虽然在经济低迷的时候,恐怖分子仍然会采取挟持人质的方式解决恐怖组织的资金问题,但此时恐怖分子会在挟持人质时提出某种借口或主张为自己辩护并设法获取大众同情或支持。在经济萧条的时候,恐怖分子更可能利用纵火、投毒等手段制造社会动荡。安全因素方面,很重要的是警察、军队等反恐怖机构能力如何。当反恐怖能力较强的时候,恐怖分子会选择那些需要秘密进行的手段,反过来,他们的手段可能更加公开化。人口因素就是指人口密度大小、人口素质高低对恐怖手段的影响。在人口密度高的商场制造炸弹袭击所产生的效果更能引起人们的广泛注意。

2. 恐怖分子的人力状况。恐怖分子的人力状况不仅包括恐怖分子人数的多少,而且还包括恐怖分子的技能状况。完成劫机需要的人数往往比实施纵火或爆炸需要的人数要多。所以当人数有限的时候,实施劫机的可能性就比较小。在人力状况中,对恐怖手段选择产生影响作用更大的是恐怖分子的技能状况。实施不同的恐怖手段对恐怖分子的技能要求不一样。例如,劫机就需要恐怖分子具备电子、通信、机械等方面的知识,同时在保障方面还需要具备伪造证件、侦察等方面的专长;挟持人质往往需要恐怖分子能够使用手枪、炸弹等武器、驾驶汽车,甚至需要掌握人际沟通的技术以便控制人质、与电视报纸等媒体的记者进行沟通,以及与警察开展有效的谈判。在最极端的情况下,恐怖分子要使用大规模杀伤性武器就必须有受过高等教育的专门人才。否则,使用这些手段对于恐怖分子就只是愿望而已。

3. 恐怖组织的财力状况。自制一个简单的燃烧弹、购买一支手枪与购买高当量 TNT 炸药的成本有很大的不同。劫持一架飞机所采取的各种行动需要的财力支持远远超过往人群中仍一颗炸弹。因此,恐怖组织的财力状况如何也会影响恐怖分子会选择什么手段。

4. 武器的可获得性。在一个没有实行枪支管制的国家,或者在一个战乱频繁的国家,手枪或其他武器比较获得。恐怖分子往往会采取那些技术含量比较高的手段,例如,即使是同样使用爆炸手段,这些恐怖分子会使用塑料炸弹、高爆 TNT 炸药。相反,在实行了严格的枪支管制的国家,恐怖分子更普遍地使用一些比较原始的手段,如玩具手枪、黑色炸药、汽油或没有使用武器的讹诈。

5. 恐怖组织的意识形态。恐怖组织以何种类型的意识形态为指导对恐怖手段的选择也有很大影响。有研究表明,在 21 世纪,以宗教极端主义为意识形态的恐怖组织比传统的恐怖组织更倾向于采取大规模杀伤性武器从事恐怖行为。

(三)惯用手法及其实践意义

由于恐怖分子在采取哪些手段实施恐怖行为方面存在各种限制,如果这种制约不能被克服,恐怖分子选择手段的余地就难以扩大。因此,具体对某个恐怖组织来说,该组织的恐怖分子在不同时间、不同地点实施恐怖行为可能会采用相同或相近的手法。这样一来每个恐怖组织容易形成自己实施恐怖行为的惯用手法。比如,一个成功实施了暗杀行为的恐怖组织很可能在相似的情况下继续用暗杀手段实施恐怖行为,而且他们进行暗杀时使用的武器可能都不会变。

当一个恐怖组织形成了实施恐怖行为的惯用手法之后,就有相对的固定性。这对反恐实践具有比较重要的意义。(1)反恐部门可以通过对现场的勘查利用刑事科学技术判明恐怖手段的特征,通过对现场特征与恐怖组织惯用手法的比较,可以为确定恐怖行为的实施者提供线索。(2)在初步确定实施者的基础上,可以根据掌握的有关恐怖组织的情报,根据恐怖组织的类型、目标等情报,对事态的性质进行初步的判断。(3)反恐部门可以根据恐怖组织的惯用手法进行有针对性的训练。

## 四、恐怖行为与普通刑事犯罪行为的区别

本书把挟持人质、绑架、暗杀、纵火等作为一种可以被恐怖分子利用的手段来考察。所谓可以作为被恐怖分子所利用的手段的意思就是挟持人质、绑架、暗杀、纵火本身并不必然就是恐怖行为。只有这些手段是为了实现政治、宗教等意识形态的目的的时候,它们才是恐怖主义的。对此,需要给予进一步的说明。

1. 手段是与目的联系在一起的,孤立地考察手段而不考虑目的可能会造成对问题理解的偏差

同一种手段当它与不同目的联系在一起的时候,其性质也会不一样。举例来讲,用点亮蜡烛这个动作本身可以看成是一种行为手段,在不同的情境中,这种行为的目的不一样,在农村家庭里这种手段只是为了实现照明的目的;在过生日的时候,点亮蜡烛那是为了完成一个生日仪式;而在西方文化中一群人在黑夜点亮自己的蜡烛作为另一种仪式则是为了表达祈祷之情。因此,同样是点蜡烛这种行为,当它与不同的目的联系在一起的时候,其性质不一样,它在人们心理上产生的情绪也会不一样。为照明点亮蜡烛,心情往往是平静的;过生日点蜡烛,心情往往是喜悦或激动的;为祈祷点亮蜡烛,心情往往是忧郁或哀伤的。

2. 挟持人质、绑架、暗杀、纵火等手段既可以是恐怖主义的,也可以是非恐怖主义的

确定它们性质是什么的关键是看使用它们的目的是什么。简单地说,就是目的决定手段的性质。如果是为了政治、宗教等意识形态的目的,那么,它就是恐怖主义的;否则,它就只是普通刑事犯罪的。

3. 恐怖行为与普通刑事犯罪行为区别的另一个主要方面就是恐怖行为中除了恐怖分子与直接受害人之外,还明显地存在着第三方(前面我们称之为间接受害人)

这样,恐怖分子、直接受害人与第三方之间构成了一种三角关系。如果没有明确的三角关系,即使恐怖行为是基于政治、宗教等意识形态方面的目的,从严格的意义上讲,它也不是恐怖主义。

4. 对恐怖行为与普通犯罪行为进行区别是非常有必要的

把所有挟持人质、绑架、暗杀、纵火等行为都看作恐怖行为是不正确的,正如同在现有的法律与道德限度内,我们不能把所有凡是用枪射杀人体的行为都看作是犯罪一样。

**思考题**

1. 试分析对恐怖分子认识的误区。

2. 运用社会学理论,对恐怖组织的目标、结构、管理、资金筹措四个方面进行分析。

3. 如何理解恐怖行为的目的性?

4. 联系实际分析恐怖行为与普通刑事犯罪行为的区别与联系。

# 第四章

# 文饰作用与恐怖主义：一种心理学的分析

恐怖主义是一种暴力形式，但却不是彻底的、赤裸裸的暴力。恐怖分子在实施暴力之前或之后，往往都会为自己采取的暴力手段披上形形色色的伪装，从而使自己和别人都相信这种暴力手段是必要的。恐怖分子的这种做法就是本章所要分析的问题，即恐怖分子是如何从心理上如何使自己心安理得地实施恐怖行为的？

## 第一节　文饰作用：概念与机制

### 一、文饰作用的概念

文饰作用又称合理化。精神分析学家认为人在潜意识中自动进行克服本我和自我之间的冲突所致的焦虑，需要采取心理防卫机制，以保护自我。心理防卫机制是指个体在无意识中，为了消除由心理冲突或挫折所引起的焦虑，维持和恢复心理平衡而采取的一种自我保护的方法。心理防卫机制包括文饰作用、认同作用、反向作用和投射作用等。[1] 文饰作用是指这样一种心理活动机制，即用

---

〔1〕 吴宗宪："论犯罪的心理机制"，载罗大华主编：《法律心理学研究与探索》，中国政法大学出版社 1992 年版，第 135～154 页。

一种自我能接受、超我能宽恕的理由来代替自己行为的真实理由。它作用在生活中通常有两种常见的表现形式:一是所谓酸葡萄心理,即把得不到的东西说成不好的;二是所谓甜柠檬心理,即在得不到葡萄,但只有柠檬的时候,认为柠檬是甜的。文饰作用就是以似是而非的理由证明行为的正确性,掩盖行为的真实原因,从而保持内心的安宁。[1] 其实质在于免除自我谴责和抵御来自他人的谴责,以维护个人的自尊。

一个人在采取行动时总要为自己的行动找到适当的理由。因为只有找到了适当的理由,采取行动才被认为是应当的。对于个人来说存在着文饰作用的机制,对于组织、甚至对于国家来说也都存在着类似的机制。当一个组织、国家实施恐怖主义时,它就需要意识形态为它的活动进行文饰作用。

## 二、文饰作用机制概述

著名的社会心理学家阿尔波特·班杜拉(Albert Bandura)在一篇文章中深入阐述了恐怖主义文饰作用的机制。[2] 作为社会认知理论的代表人物,班杜拉认为恐怖主义的文饰作用本质上是恐怖分子的一种认知过程。这种认知过程涉及三个方面,即对行为、后果和被害人的认知。在这三个方面的认知过程中,不同的文饰作用机制发挥着作用。这些文饰作用机制主要包括:

道德正当化、趋利性的比较、委婉称谓、责任转移和扩大、错误认知后果、非人性化、责备归因。恐怖主义文饰作用的机制在相关方面的作用见图 4.1。

## 三、道德正当化

人在成长过程中要经历一个社会化过程,在社会化过程中,人们从婴儿时代开始就逐渐学习社会的价值观与准则。人们通过学习社会的价值观与准则,知道什么是社会允许的,什么是禁止的。在经历了一个长期的社会化过程之后,人们把社会的价值观与准则内化为自己思想的一部分,形成了自身的约束机制。因此,人们一般不会从事那些该受谴责的行为,除非人们在心理上认为这些本应当收到谴责的行为具有道德的正当性。比如,人们一般不会去剥夺其他人生命

---

[1] 林传鼎等主编:《心理学词典》,江西科学技术出版社 1986 年版,第 74 页。

[2] Albert Bandura, Mechanisms of Moral Disengagement, in Origins of Terrorism, edited by Walter Reich, Cambridge University Press, 1990, pp. 161 – 207.

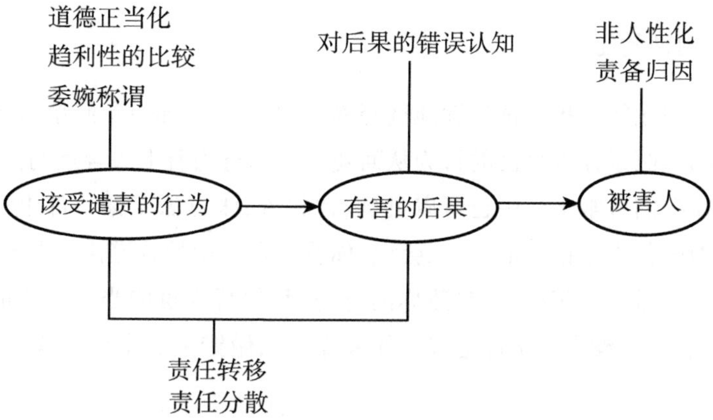


**图 4.1　恐怖主义文饰作用的机制**

的行为，但是，在某些情况下（如极端情况下的正当自卫），剥夺其他人的生命可以是被接受的。在这种情况下，人们就可能去实施某种行为，而这种行为从一般的意义上讲本是应该受到谴责的。那么，一种本应当受到谴责的行为如何被人们和社会所接受呢？这里面关键的一点就是道德正当化机制发挥了作用。所谓道德正当化，就是从道德上把某种行为描述为必要，从而使该行为变得能被人们和社会接受的做法。

恐怖主义的文饰作用过程中首要的一种运行机制就是道德正当化。道德正当化并不是改变个人的人格，而是重建对杀人行为的道德认知。通过重建认知使人不因为杀人行为而自我责备。那么如何重建对杀人行为的道德认知呢？班杜拉认为恐怖分子解除束缚在杀人行为上的道德枷锁的方法通常是把自己看作是与具有强烈的征服偏好的无情暴君进行战斗，保护宝贵的价值观与生活方式，维护世界和平，将人类从对某种邪恶思想的臣服中拯救出来，以及履行自己国家对其他国家的国际承诺。当非暴力的举措被认为无效，而且对手施加的危害远远大于自己采取暴力手段所产生的后果的时候，道德上具有了合理性的暴力手段就成为很自然的事情了。[1]

---

〔1〕 班杜拉在谈到恐怖主义文饰作用的同时，也分析了反恐怖主义的文饰作用。他认为由于恐怖主义具有不可预测、后果严重、不可控制，以及现代生活的高度集中和高度相互依赖性等方面的原因，对恐怖主义的严厉打击容易获得人们的支持。但是，另一方面，全面的严厉打击也会带来副作用。例如，当严厉的打击措施伤及无辜或者人们认为反恐怖措施过于严厉的时候，这种以暴制暴的后果可能就不是消灭恐怖主义，而是使恐怖主义升级。他认为恐怖分子的有些行为就是精心地设计用来刺激政府，使政府采取限制人们自由的各种措施从而诱发人们对政府的不满。

## 四、趋利性的比较

趋利性的比较是指有选择性地选择对自己有利的行为参照系，并依据这种主观选择的参照系评价自己的行为从而使自己的行为看上去合理的做法。趋利性的比较在我们日常生活中也可以见到，比如说，张三做了某一件事情，别人看见后指出他的行为是错误的，张三会说：你看你自己做的难道比我做的好？言下之意是如果你做的是正确的，参照你的行为，我的行为也应当是正确的；如果你做的是错误的，你没有资格评论我。如果你自己做错了还来评论我，那就是“五十步笑百步”了。

同样地，趋利性的比较也被恐怖分子用来对恐怖主义进行文饰作用。恐怖分子往往从历史、意识形态和文化等层面进行趋利性的比较。从历史层面看，恐怖分子会从历史事件中抽出一些对自己有利的事件作为评价行为的参照系。例如，恐怖分子在从事针对美国、英国、法国等国家的恐怖行为的时候，往往会辩解：美国、英国、法国的现代制度都是诞生于暴力斗争之中的。这种辩解的潜台词就是，既然你们这些国家都是诞生于暴力之中的，那么，我们也可以采取暴力手段达到我们的目的。从意识形态层面看，人们会把同样性质的行为从不通的意识形态上做出不通的解释。例如，在冷战时期，美国会把劫持古巴飞机飞往美国的事件解释为“投奔自由世界”，而把劫持美国飞机飞向古巴的事件斥责为恐怖主义。但从本质上讲，劫机就是劫机，就是采取胁迫的手段改变飞机预定航向的行为。基于意识形态的目的把劫机这种行为修饰为值得鼓励的英雄壮举实际上颠倒了黑白，混淆了视听。从文化上看，恐怖分子会操纵社会文化的价值定位并利用社会文化来装饰自己的行为。不同的社会文化其价值观的取向也不一样。虽然这种价值观很大程度上是历史进化的结果，但特定历史时期的人们对价值观的塑造与重建也能起到很大的作用。恐怖分子可以通过操纵文化的价值定位来实现文饰作用的目的。例如，当为民族存亡勇于献身作为一种重要的价值理念被广泛倡导的时候，自杀性的炸弹袭击事件就可能被恐怖分子采纳，而本民族的人们也会把这样的事件解释为英雄壮举。

## 五、委婉称谓

在日常生活中，我们经常使用各种委婉用语。例如，要上厕所，说去洗手；把死亡说成去世或安息。在使用委婉用语的时候，我们也许要表达一种对别人的尊敬、礼貌之情；也许我们在潜意识当中希望避免直接说出某词，因为个体的观念中这个词汇的公开表述是不可以的，不符合个体的价值观，那么自我的监督作用会对其予以压制。这就是有些句子词汇我们觉得难以启齿的原因。因此，委婉语的使用从一定程度上反映了说话人的心态。从最一般的意义上讲，语言不仅表现了外界环境对使用某一种语言的人们的影响，也反映了他们自身的文化特征，这就是语言学上的"萨皮尔—沃尔夫假设"。[1]

在合理化自身的行为的过程中，恐怖分子也会使用委婉语。恐怖分子本身不认为自己的行为有违道义，也不承认自己是恐怖分子，所以让他们称呼自己为恐怖分子是不符合其观念的，自我的监督作用负责把这些词汇屏蔽在意识之外，并通过化装等技术让这些敏感词汇变成个体可以接受的语词进入意识领域。例如，恐怖分子从来都不会把自己称为恐怖分子，而是把自己称为"自由战士"或"游击战士"或其他什么；杀人在他们的口中往往变成了"消耗敌人"；恐怖袭击则被称作"干净的外科手术式的打击"；对平民的暴行则变成"间接损害"。正是通过这类形式的委婉称谓，黏附在恐怖行为上的道德印记被洗涤干净，在很多情况下，本应当受到谴责的行为不仅不被人们谴责，相反可能还会受到一些人的赞扬。恐怖主义因此而冠冕堂皇地被一些人当作"正义的事业"。

## 六、责任转移与扩大

人的行为与这种行为产生的后果是联系在一起的。一个精神状态正常的人对其行为产生的后果都有合理的预见。因此，无论从法律上还是从道德上，人们都被要求承担自身行为所产生的后果，无论这种后果是积极的，还是消极的。一般来讲，行为主体与责任主体是同一的。但是，也存在行为主体与责任主体不同一的情况，在群体性事件、团体犯罪和组织犯罪中尤为常见。责任转移与责任分散就属于行为主体与责任主体不同一的两种具体情况。

### （一）责任转移

责任转移就是行为主体与责任主体分离，责任主体承担了行为主体的行为

---

[1] 例如，在爱斯基莫人的语言中，有非常细致的描述雪的词语，对应于大雪、雪花、小雪等状态的雪，在爱斯基莫人的语言中都可以找到相应的词汇，这就反映出大自然在该种语言形成和发展中施加的影响；另一方面，语言的不同特征也反映了该种文化的某种特质。例如，中文里对于舅舅与叔叔、姨妈与姑妈的不同称谓反映了父系亲属与母系亲属在中国社会家庭结构中的不同地位。

所产生的后果。生活中经常有人对另一个人说:干吧,没事,出了事我负责。这种话语实际上就是责任转移的明确。不仅个人行为中存在这种责任转移的情况,在正式的组织行为中也存在责任转移。法律中的代理行为就是一种责任转移。1961 年,心理学家斯坦利(Stanley Milgram)设计的经典电击实验显示,[1]一个正派的普通人在身着白大褂的老者命令之下会做出任何事,尤其在这个权威象征表明后果由他负责之后。所以说,一个人或组织的身份、地位、受敬重的程度等因素对责任转移的发生具有影响。命令者的身份越高,地位越正式,越受人敬重,实施者就越有可能遵从这些命令,实施行为。

责任转移也存在于恐怖主义的文饰作用中。在恐怖主义文饰作用中,责任转移主要有以下几种情形:(1)恐怖分子实施恐怖行为时认为自己只是执行上级的命令。例如,当有流亡海外的恐怖组织向国内追随者发布执行恐怖行为命令的时候,恐怖分子往往认为他们只不过是执行命令而已。此时,责任转移抵消了在恐怖分子内心可能产生的道德制裁力。他们可以无情地实施恐怖行为,因为他们认为自己只是执行命令,不需要承担行为引起的后果。(2)恐怖分子通过谴责社会政治制度来实现责任转移。在一些国家,如加拿大的"魁北克独立运动",恐怖分子谴责国家的民族政策不合理。这样一来,恐怖行为的发生好像并不是出自恐怖分子的本意,而只是被所谓不合理的社会政治制度逼迫的。"官逼民反"、"逼上梁山"等典故就是责任转移的一种表现。(3)恐怖分子通过具体的、情景性的因素或场面实现责任转移。在这方面,最常见的就是人质危机中,恐怖分子可能会提出一些条件(如释放被关押的同伙)。如果这些条件没有被满足,人质就会被杀死。当恐怖分子提出的条件没有被满足的时候,恐怖分子可能会杀害人质,并认为政府应当承担责任,因为是政府拒绝妥协,满足他们提出的条件,才使他们不得不采取杀害人质的行为。在此,恐怖分子采取了"踢皮球"的策略,制造了一个"责任皮球",把它踢给了政府,想以此来推卸自己的行

---

[1] 又称权力服从研究(Obedience to Authority Study),于 1961 年 7 月开始,被试被告知这是一项关于"体罚对于学习行为的效用"的实验,并被"随机"挑选为担任"老师",以教导隔壁房间的另一位参与者——"学生",然而学生事实上是由实验人员所假冒的。"老师"被给予一具据称从 45 伏特起跳的电击控制器,控制器连结至一具发电机,并被告知这具控制器能使隔壁的"学生"受到电击。"老师"所取得的答案卷上列出了一些搭配好的单字,而"老师"的任务便是教导隔壁的"学生"。老师会逐一朗读这些单字配对给学生听,朗读完毕后老师会开始考试,每个单字配对会念出四个单字选项让学生作答,学生会按下按钮以指出正确答案。如果学生答对了,老师会继续测验其他单字。如果学生答错了,老师会对学生施以电击,每逢作答错误,电击的瓦特数也会随之提升。

为责任，为自己的恐怖行为寻找理由。

（二）责任分散

责任主体与行为主体不同一的另一种情形是责任分散。责任分散是指由于他人在场，导致个体在面对紧急情境时所需承担的责任相应减少。与责任转移不同，责任分散并没有让另一个彻底不同的主体来承担行为后果，而是把责任主体的范围扩大了。责任分散的客观后果是模糊了责任主体的界限。由于责任主体的界限模糊了，实际的责任者就有可能逃避责任追究，正如同"法不责众"这样的看法想表达的那样，其实质就是"人多不负责，责任不落实"。

就一般的情形来讲，责任分散的原因主要在于劳动分工、集体决策和群体行为。(1)不同部门的劳动分工会使责任界限变得模糊。在现代化的流水生产线下工作的工人，每人只是完成一小部分工作。每个人的工作都是片面的，没有完整的意义。但整合在一起，所有人的工作就显示出了不同的意义。在此，每个人的责任范围往往只是限于自己的简单行为。(2)集体决策是科层制中实现责任分散的普遍现象。有研究表明，在集体决策的情形中，人们往往容易做出比个人决策时更大胆或冒险的决定。[1] 之所以如此，部分原因在于承担集体的冒险决策后果的不是个人，而是集体。(3)群体行为中的个人往往可以实施一些单独个人不敢或不会实施的行为。社会学家提出了感染理论等模型来解释群体行为，其中责任分散也可以部分地解释群体行为中人们行为为什么如此地激进、冒险甚至疯狂。

由于恐怖组织中也存在劳动分工、集体决策，在恐怖事件发生的过程中，恐怖分子也可以纠集和煽动普通群众实施打、砸、抢等群体行为，因此，责任分散机制的发生一方面会使恐怖分子变得疯狂和残忍；另一方面也会使恐怖分子在受到制裁时竭力为自己的行为辩护。

## 七、对后果进行错误认知

前面讲了，行为主体应当对行为后果承担责任。因此，对后果的错误认知也会影响到责任承担。对结果的错误认知可以通过以下几种方式来实现：(1)忽视结果。忽视后果就是某种后果发生了以后，行为者对这种结果视而不见，好像

---

〔1〕 美国政府在20世纪60年代做出的关于支持反卡斯特罗的流亡分子实施猪湾登陆行动的决策就是一种集体冒险的决策。

没有这种结果发生一样。这种类似于鸵鸟的做法可以使恐怖分子心安理得地认为自己做的事情是合理的,因为那些可怕的消极后果在他们的视野中根本不存在。(2)淡化危害性的后果。在有些情况下,当有些后果不可能被忽视的时候,恐怖分子会故意淡化危害性的后果。例如,当恐怖分子单独行动从而难以逃避责任的时候,他们会倾向于对发生的消极后果采取轻描淡写的做法。(3)扭曲后果。与前两种情形不同,扭曲后果并不回避行为产生的后果,但是,恐怖分子却对行为后果作出歪曲性的解释。

现代社会有两种主要因素对恐怖行为后果的错误认知能够起到巨大的促进作用。(1)现代科学技术及其在武器系统中的运用。当人直接面对自己行为所带来的血淋淋的场景的时候,内心的紧张和自责可能会抑制个人采取进一步的暴力行为。但是,现代科学技术以及发达的武器系统使得人们可以在时间与空间上能够与攻击目标处于分离状态。恐怖分子可以利用遥控或定时装置在空间与时间上把自己与被害人分离开来。这样做的结果就使得恐怖分子很容易忽视、淡化或歪曲自己行为的后果。(2)等级制的组织体系。等级制是现代社会的最重要的组织形式。恐怖组织也可以采取等级制的结构。在等级制的恐怖组织中,恐怖分子的角色各不一样,决策者在等级制的上层,其命令往往需要经过中层骨干传递到下层执行者。在此,决策者不用面对恐怖行为带来的血腥后果,因此,他们可以不受限制地发布残忍的命令,只要这种命令被他们认为有利于达到目的。而中层骨干既不用承担决策者的责任,也不用承受执行者可能面临的压力,因此,他们最可能遵从那些具有毁灭性的命令。而下层的执行者,由于他们的特定地位,往往也只能执行这些命令,即使他们不愿意这样做的话。

从个体心理的角度来说,出现这种现象可能的因素有:(1)自我防御机制中的压抑作用。压抑是一种积极努力,自我通过这种努力,把那些威胁着自身的东西排除在意识之外,或使这些东西不能接近意识。对可怕结果的忽视在一定程度上源于恐怖分子对自身造成的严重伤亡结果的压抑,通过这种防御机制,当恐怖分子再次回忆某次恐怖袭击时,浮现的画面中将没有被害人的出现,只有其意识允许出现的内容,如对立当局的重视与否及自身目的达成与否。(2)自我防御机制中的理智化。这是对可怕事物进行自我控制的一种方法,在这些情感内容进入意识层面之前,就将其抹去了。用一种严格的理智而非情感的方式检查自身的意念。而把某些想法带入意识,或把它们保存在意识中,不造成任何焦虑。例如,恐怖分子能够客观理性地分析这次袭击造成的结果能给恐怖组织带来哪些有利影响与不利影响，哪些方面在下次的行动中可以改进来造成更大面积的恐慌与轰动效应。而完全不将自身的同情、怜悯等情绪带入到客观分析中，最大可能地淡化危害性的后果来逃避谴责。

## 八、非人性化

前面讲到的机制都是涉及行为或结果的。实际上，恐怖分子要使自己的行为变得合理，除了从行为与后果方面进行认知使自己的行为看上去合理以外，还可以从对被害人的认知角度给予合理化。在实践中，恐怖分子为了使自己的行为合理化，最常见的做法就是非人性化。所谓非人性化，简单的说法就是不把恐怖行为的直接被害人当作人，而是当作非人的物来对待。与非人性化的做法相反，人性化就是把直接被害人当作有生命的人类个体对待。要理解好非人性化，有必要先看一看人性化及其在恐怖主义情境中的影响。

### （一）人性化

人对外界事物的看法会影响到人的行为。“扫地恐伤蚂蚁命，爱惜飞蛾纱罩灯”。当一个人把人类的情感类推到蚂蚁、飞蛾身上去的时候，扫地伤害蚂蚁的性命之类的举动都变得不能被接受。同样地，当一个人认识到自己的侵害行为将作用于一个与自己有同样生命特征的人类个体的时候，他往往会经历内心的责备与紧张。因此，要执行戕害人类生命个体的行为，对于一些初入恐怖组织不久的新手来说，他们往往需要在老练的恐怖分子的督导之下才能完成任务，而且这种督导应当是与新手在一起的情况下。否则，当需要新手以更加残酷的手段伤害被害人的时候，新手可能会擅自改变原来接受的命令。特别是当恐怖分子需要与被害人一对一地面对的时候，这种情况更可能发生。这种情况说明了在恐怖分子与被害人之间有时存在人性化的现象。也就是说，在有些情况下，恐怖分子可能会把直接被害人当作有血有肉的人。

人性化现象在恐怖主义的某些场景中具有不可忽视的意义。例如，在人质危机中，一方面，恐怖分子由于发现人质像他一样是活生生的人，有血有肉，有理智有情感，那么，当他与人质相处的时间越长，双方越熟悉，恐怖分子就越难以对人质施加毒手。这样一来，警察在介入的过程中就需要耐心细致地利用微妙的心理解救人质。但另一方面，人性化现象也是一个“双刃剑”，它也会带来消极影响。因为随着恐怖分子与人质之间沟通的增加，人质也可能变成恐怖分子的同情者，甚至可能站在恐怖分子一边对抗警察。这种现象通常被称为“斯德哥尔摩综合征”。斯德哥尔摩综合征又称“人质综合征”,指的是犯罪的被害者对于犯罪者产生情感,甚至反过来帮助犯罪者的一种情结,这种情感造成被害人对加害人产生好感、依赖心,甚至协助加害于他人。它起源于在斯德哥尔摩发生的一起银行抢劫案,当时罪犯把数名人质挟持了六天之久。在危机解除之后,令人们感到很奇怪的是,人质中的一名妇女竟然声称自己爱上了挟持他们的一名犯罪分子,并且在没有受到胁迫的情况下与他发生了性关系。而且让人们感到更不可思议的是,在罪犯被关进大牢之后,这种亲密关系竟然持续了下来。类似的情况在其他地方发生的恐怖主义事件中也存在。[1]

斯德哥尔摩综合征实际上是一种角色认同的防御机制。认同是指一种心理过程,主体借此拟同他者的一个面向、特质、属性,并以他者为模范,将自我做全部或部分的改变。经由一系列的认同,人格得以构成与分化。[2] 认同在人格发展中起到重要作用并延续一生,被害人的隔离与犯罪者的“仁慈”是产生角色认同的必要条件,因为与外界隔离,长期处于恶劣环境下,但自身生存的基本需要却需要得到满足,那么被害人与犯罪人的关系会逐渐发展起来,并且会潜移默化地对犯罪人形成原始、初级的情感依附模式,并在基础需求被满足时产生认同。

“斯德哥尔摩综合征”的发生受多种因素的响。(1)恐怖分子利用一些手腕可以使被害人的思想发生变化。例如,在上面提到的银行抢劫案件中,一个罪犯告诉一个人质,他将放弃原来想把他杀死以换取警察妥协的打算,但是为了达到要挟警察的目的,他要朝他的腿部开枪并让他装死。后来,在危机事件解除之后,这个人质竟然对罪犯产生了感激之情,并说:“他多么仁慈啊!仅仅只是朝我的腿开枪。”这样,恐怖分子一方面严厉地恐吓被害人,另一方面又做出仁慈的姿态。这种手腕往往会使被害人的思想发生明显的变化。(2)被害人自身的经历和思想状态等因素也是影响“斯德哥尔摩综合征”发生的一个重要方面。从心理分析的角度看,“斯德哥尔摩综合征”本质上是一种移情现象。按照精神分析的理论,移情现象实际上是心理投射的结果。当被害人的经历(特别是童年经历)显示出类似的人身强制性支配与依附关系的时候,被害人就有可能非常认同于在恐怖主义情境中被罪犯所支配。当然,被害人年龄小、社会阅历不足等原因也会使自己容易被罪犯蒙蔽。(3)警察在具体情境中的表现也会影响到

---

〔1〕 Abraham Miller, Terrorism and Hostage Negotiations, Westview Press, 1980, p. 46.

〔2〕 Jean Laplanche, J-B. Pontalis:《Analytic Dictionary》, 2000.

被害人心理的变化。在上述例子中，警察派遣的狙击手时刻寻找机会射杀罪犯，同时，警察拒绝向罪犯提供食物并在墙上钻眼施放催泪瓦斯以迫使他们就范，而另一方面，罪犯却扮演人质的保护者抵御警察的操纵。这样做的结果就使得人质的心理发生了变化，他们不去责备罪犯，相反会怪罪警察，认为是警察使他们深陷困境。因此，在人质解救危机中，警察的表现是需要认真计划和安排的，否则，事情会变得复杂化。

（二）非人性化（Dehumanization）

非人性化是指犯罪人为了在心理上说明自己确信其犯罪行为的合理性，防止产生对犯罪的罪恶感和被害人的怜悯心，消除犯罪后的罪恶感，而将被害人视为非人，进而否认或抹杀其与自己同属一类的人的性质的心理过程。[1] 当恐怖分子把被害者当作人来对待的时候，在他们内心很容易产生一些抑制动力，阻碍他们对被害者施加暴行。换句话讲，如果恐怖分子要想对被害人施加各种暴行而在内心不承担任何压力，那么他们就会以各种可能的理由拒绝把被害人当作有血有肉的人。非人性化是恐怖分子对被害者实施暴行的一种有效的文饰作用机制。

一旦被非人性化，潜在的被害者就不再被恐怖分子看成是有血有肉的人，而被看作是非人的东西。所谓非人的东西，在不同的恐怖分子的描述中是不一样的。有的恐怖分子把被害人看作是未开化的“野蛮人”；有的把被害人看作是邪恶的“异教徒”；有的则把其他民族的人看作劣等民族；有的干脆把被害人称作为“猪”或者“虫子”。毫无疑问，当被害人被妖魔化、被非人性化以后，恐怖分子就可以以各种非人的方式对待他们而自己心中毫无愧疚。在此，非人性化成了恐怖分子自我免责的必要工具。

非人性化的发生需要具备必要的条件，没有这些条件，一个人很难把另一个同样有鼻子有眼睛的人看作是非人的东西。这些条件包括：(1)社会文化条件。不同的民族、不同的地域的人们可能拥有不同的文化。社会文化是经过长期进化人们与环境互动的结果。文化相对主义认为文化并没有高低优劣之分，但文化种族中心主义却认为一种文化可能比另一种文化优秀。从文化种族中心主义衍生出来的现实政策或对人们思想产生的现实影响可以为非人性化提供动力。

---

[1] 康树华、王岱、冯树梁编著：《犯罪学大辞书》，甘肃人民出版社1995年版。

在广义的社会文化概念之下，政治意识形态、宗教、种族主义都可以成为非人性化的诱发因素。(2)非人性化的怪圈。在有些情况下，非人性化是一种逐步加深的过程。在刚开始的时候，当恐怖分子以非人化的方式对待被害人的时候，如果被害人屈服了，那么，恐怖分子会认为这种非人化的做法是有效的，因此，他们会继续使用非人化的手段对待被害人。但是，如果被害人没有屈服，恐怖分子会更加坚信不能把被害人当作人来对待。因为他们会认为只要是人就会屈服于已经施加的非人性的淫威，而被害人没有屈服只是证明了他们不是人。这样一来，被害人的不屈服为进一步的非人性化提供了理由。这就是非人性化的怪圈。(3)恐怖分子与被害人之间的沟通或了解程度。正如同在人性化机制中表现出的那样，当恐怖分子与被害人之间有一定程度的沟通甚至了解的时候，非人性化发生的可能性也大大降低。当然，在恐怖分子熟悉被害人的情况下，恐怖分子也可能会将被害人作为人质挟持。但是，就一般的情况下，如果犯罪机会等其他条件相同，恐怖分子更可能对缺乏沟通的目标实施暴力行为。特别是当这种沟通由于宗教、种族、政治思想等界限造成的巨大鸿沟变得很困难的时候，由此而产生的陌生感会使恐怖分子采取极端手段消除陌生感所带来的紧张与不安。(4)人性的影响。人性的善恶始终是一个难以解释清楚的哲学问题。如果人性中的确具有邪恶的成分，那么，可以相信，利用外界的某些条件，人性的邪恶会驱使恐怖分子以非人性的方式对待被害者并以此为乐。当然，如果个人的这种邪恶不是人与生俱来的，而是后天习得的，那么，我们就必须追问：到底是什么样的社会环境(包括家庭环境)使个人变成了能够以极端手段戕害他人生命的恐怖分子？在此，人生活的大环境和小环境就是一个必须要考虑的因素。

## 九、责备归因

归因(Attribution)是指人们对他人或自己行为原因的推论过程，是观察者对他人的行动过程所进行的因果解释和推论。由归因所得出的原因是个体的主观解释，而未必是事情的真正原因。但是，这个未必正确的主观解释往往比真实的原因更能影响个体的知觉、情绪情感、意志和行为等方面。例如，某人晋升失败是因为资历不够，但他本人将原因归咎于领导的偏见，之后与领导针锋相对，导致上下属关系紧张。从这里可以看出，主观解释常常比客观、真实的原因更能影响个体的行为。归因可以分为归功和责备两种，归功归因主要是对于成功的取得的原因分析，责备归因主要是对失败事件或者灾难事件的原因剖析。

恐怖分子实施恐怖行为，毫无疑问，恐怖分子自己应当承担行为后果。虽然恐怖行为之后，常常有恐怖组织宣称该恐怖行为是他们所为，但是，恐怖分子往往不会承认对恐怖行为的道义责任。也就是说，如果社会舆论要怪罪的话，恐怖分子认为不要怪他们，即使恐怖行为是他们所为。如果不怪罪恐怖分子，那么应该怪罪谁呢？恐怖分子的责备归因模式可以给我们提供一种理解恐怖分子为什么会无情地实施恐怖行为的原因。

恐怖分子往往把恐怖行为的罪责归咎于以下方面：(1)社会经济因素。恐怖分子会把社会经济上的不平等作为实施恐怖行为的借口。的确，我们这个地球上没有哪个国家真正地、现实地实现了社会经济地位的平等，如果说平等的话，那么至多只是法律规定的权利的平等。现实充满着各种形式的不平等。但是，这些不平等是否可以成为实施恐怖行为的理由呢？毫无疑问，这种理由是荒唐的。尽管如此，任何国家和政府也不能把维持现实的不平等看作是理所当然的，而应当采取和平渐进的方式实现社会正义。(2)政治因素。恐怖分子有时也会把恐怖行为的源起归因于政府对民间政治表达的忽视甚至遏制。恐怖分子认为由于他们在宗教、民族等问题上的意见不能得到政府的重视，因此，他们需要作为表达政治意见的代理人通过实施恐怖行为来引起政府以及更广泛的注意。(3)被害者个人因素。恐怖分子实施某些行为时候，也可能把罪责归因于被害者个人。比如，西方国家有些反对堕胎的恐怖分子往堕胎诊所扔炸弹，对于被炸死的人，他们也许认为这些人罪当如此，因为他们走进了堕胎诊所。所以，对于恐怖分子来说，被害人的错误至少在于在错误的时间出现在错误的地点。

不合理的归因可能源于以下几点：(1)角度不同。个体所处位置的不同，对同一个问题的原因分析可能大相径庭，对行为原因的解释也有明显的不同。例如，某一司法机构的大部分成员都有受贿的行为，对于不处于公权机构的人来说，可能将原因归咎于成员本身。而对于管辖该机构的人来说，可能就会考虑到外界因素和整体环境的风气问题，外加监管到位与否的问题。(2)自我价值保护的倾向。由于个体对于自我卷入的事情的原因分析会带有明显的自我价值保护倾向，就有可能产生不合理的归因结果。如恐怖分子把事件发生的原因归咎于当局政府和被害人，就是典型表现。(3)周围环境的影响。周围人对于某一事件的原因分析都趋于一致，那么个体就很有可能将这个原因放在分析的首要位置。最典型的就是在恐怖分子中会存在一种从众效应，即大多数人的观念有时会主导群体观念，从而形成从众环境。

## 第二节　邪教与恐怖主义

上节阐述了文饰作用的基本原理。在恐怖主义的文饰作用过程中,恐怖分子个人的主观认知并不能单独完成粉饰恐怖主义的任务。实际上,种族主义、邪教等上层建筑对于粉饰恐怖主义发挥着决定性的作用。本节将结合恐怖主义的实际情况具体分析邪教对于粉饰恐怖主义的作用。

### 一、宗教与恐怖主义的特征与趋势

宗教会被恐怖主义利用。宗教被恐怖主义利用之后所形成的恐怖主义是一种不同形态的恐怖主义,可以称之为邪教恐怖主义。邪教恐怖主义是与世俗恐怖主义相对应的。世俗恐怖主义是基于物质的、政治的、民族的等原因而产生的恐怖主义。而邪教恐怖主义是主要在宗教因素的支持下实施的恐怖主义。例如,日本的"奥姆真理教"(the Aum Shinrikyo)就是一个典型的邪教恐怖主义组织。20世纪90年代在德国、奥地利等国家兴起的新法西斯主义、西班牙的"埃塔(ETA)和斯里兰卡的"泰米尔猛虎组织"(the Liberation Tigers of Tamil Eelam)等则可以分别归为由于政治和民族因素驱动的恐怖主义,因而也是世俗恐怖主义。

当然,在现实中,一种恐怖主义的动因中会存在多种因素,特别是宗教和民族因素会掺杂在一起,因此,这种区分并不是绝对的。但就多数情况来看,存在着起决定性的某种因素,而其他因素只是处于辅助的作用。

#### (一)邪教恐怖主义的特征

与世俗恐怖主义相比较,邪教恐怖主义存在着若干特征。

1. 邪教恐怖主义的价值观体系是以宗教思想为基础的。例如,美国加州大学著名的恐怖主义研究专家戴维·拉派波特(David Rapoport)发现起源于犹太教中上帝救世的思想(Messianism)对于邪教恐怖主义具有很重要的影响。[1]正是基于这种上帝救世的思想,恐怖分子认为自己受到上帝的感召可以把人

---

[1] David C. Rapoport, *Terror and the Messiah: An Ancient Experience and Some Modern Parallels*, in David C. Rapoport and Yonah Alexander (eds.), The Morality of Terrorism: Religions and Secular Justifications, New York: Pergamon Press, 1982, pp. 13 – 33.

类从堕落中拯救出来。在他们的眼中,上帝的敕令高于世俗社会的道德和法律,因此,邪教恐怖分子认为他们的价值观也高于世俗的道德和法律,他们的行为可以不受这些道德和法律的约束。“奥姆真理教”东京地铁对旅客进行毒气攻击;1979 年吉姆·琼斯的“人民圣殿教”(People's Temple)组织的集体自杀,这些恐怖行为都超越了世俗的道德和法律,是以自己的价值观体系作为行为依据的。相比较而言,世俗恐怖主义即使有能力这样做,他们也很少毫无区别地实施屠杀行为,因为这种行为可能对实现他们的政治或社会目标具有消极作用。

2. 邪教恐怖主义对于敌我的划定标准与世俗恐怖主义的不一样。世俗恐怖分子一般把自己看作是制度内部的革命性的力量,暴力只是一种改变社会弊端的手段。世俗恐怖分子往往通过精心设计的行动努力赢得潜在的支持者,因此,在他们的行为中存在这样或那样的限制。邪教恐怖主义则把自己看成是一个制度之外的局外人,是彻底脱离于这个制度之外的变革力量。邪教恐怖主义划定敌我的标准就是是否认同该组织的宗教信仰。不认同该信仰的,就不属于同类,就是敌人,也就是暴力行为可以加害的对象。简言之,邪教恐怖主义中,恐怖分子与现实社会之间异化的程度更深,更倾向于用一种教条的方式看待他人。

3. 邪教恐怖主义具有更加激进的行为方式。刚才讲了,邪教恐怖主义与外界的异化程度更高,因此,他们能够以更加非人性化的方式对待外界。像本章第一节讲的那样,在邪教恐怖分子的眼睛里,“异教徒”、“魔鬼之子”、“人类垃圾”等称呼都是标明外在世界中非我属性的东西,这些东西不具有存在价值。因此,他们完全可以以任何激进的方式对待他们。另一方面,邪教恐怖分子把自己看作是接受上帝圣谕实施恐怖行为的,因此,自己完全可以献出生命来完成任务,因为尘世的死亡可以在天堂里得到重生,肉身的丧失可以在上帝那里得到补偿。这样,激进的行为无论是对他人还是对自己具有什么样的杀伤力,都不会在邪教恐怖分子的考虑之中。任何手段,只要有利于实现目标,都可以采取。

4. 邪教恐怖主义具有更大的危害性和杀伤力。由于邪教恐怖分子可以采取任何激进的手段实现他们的目标,因此,邪教恐怖主义对正常国际和国内秩序、生命财产都具有很大的危害性和杀伤力。例如,1995 年国际恐怖分子实施的恐怖行为中只有大约 25% 的行为属于邪教恐怖分子所为,但这些行为造成的伤亡却占总数的58%。在同年,造成8人以上死亡的大型恐怖袭击全部都是由邪教恐怖分子实施的。[1] 从这个角度来看,邪教恐怖主义比世俗恐怖主义的危害性要更大,杀伤力要更强。因此,原子、生化武器等大规模杀伤性武器落在邪教恐怖分子的手中比落在世俗恐怖分子手中所具有的危险性要更大。

(二)邪教恐怖主义犯罪人的心理特点

在邪教恐怖主义的组织中,不同位置的成员对于组织的影响力不同,对外界刺激的反应也有较大差异,所以至少要从邪教领导者和信徒两方面分析心理特点:

1. 邪教领导者的心理特点:(1)错误的认知。邪教宣传的理念是一种反科学的歪理邪说,邪教教主会通过自己的感知形成一套对宇宙、自然、社会以及道德正义的错误认识,并将其统一整理,再以宗教的色彩予以粉刷,误导迷茫无知、缺乏信仰的人佩服崇拜。至此,教主更加坚信自己的认知体系,对这种错误认知更加偏执。(2)可能存在某种人格障碍。人格障碍是指明显偏离正常且根深蒂固的行为方式,具有适应不良的性质,其人格在内容上、本质上或整个人格方面异常,由于这个原因,病人遭受痛苦或使他人遭受痛苦,或两者兼有,或给个人或社会带来不良影响。[2] 邪教教主如果习惯以自我为中心,认为自己是世界的救世主,则有可能具有自恋性人格;如果认为自己的认知都是真理,即过度执着于自己的妄想,则可能存在偏执型或妄想型人格;如果有极强的控制欲,想要把握教众的精神及物质等各方面,则有可能是偏执型或强迫型人格障碍。(3)犯罪动机复杂多重。大多数邪教教主建立、组织邪教并策划、实施邪教恐怖主义犯罪的动机是由多种原因复合而成,不仅仅有恐怖组织想要达成的目的,还有教主本人的控制欲望乃至敛财欲望。

2. 邪教教众的心理特点:(1)偏执的认知。邪教教众接受并坚信教主的错误学说,在错误认知的驱使下甚至可以自残、自杀,可见对错误认知的执着趋于非理性乃至病态。与此同时,在周围邪教教众的群体心理影响下,还可能产生对教主的盲目崇拜,更助长对错误认知的信任度。(2)可能存在某种人格障碍。教徒往往具有较强的依赖性,对现实生活存在的问题采取逃避方式,那么可能是依赖型人格障碍;若行为处事偏激,情绪易激动,则可能是偏执型人格障碍;若经

---

〔1〕 Bruce Hoffman, Inside Terrorism, London: Victor Gollancz, 1988, pp. 93 – 94.

〔2〕 郝伟:《精神病学》(第五版),人民卫生出版社2004年版,第249~254页。

常焦虑、压抑、抑郁、对自己周围的人忽冷忽热并且寻求关爱,则可能是边缘性人格障碍。(3)缺乏正常的情感寄托。许多邪教教众是在感到孤独、无助的时候接触到邪教组织并投身到邪教恐怖主义活动中的,这符合心理学的研究,即个体在高焦虑的情境下,与他人亲近的需求会增加,对情感的渴望更急迫。邪教在个体因无感情寄托而产生的脆弱状态下主动接近,个体很难不进入这个看似温暖的圈子,并力图报答。

邪教恐怖主义的信徒除了以上的心理特点外,还具有与普通邪教教众不同的心理特质。邪教恐怖主义分子兼具邪教和恐怖主义带来的双重心理特质。邪教恐怖分子常常会有以下两种心理特点:(1)压抑感。邪教恐怖分子所在群体的特殊性及恐怖任务的要求,使他们具有高自律性,这种高自律性的表现,是自己的行为受他人的支配,且言行与群体其他成员高度一致。长期的高自律性,会导致邪教恐怖分子在心理上产生压抑感。邪教恐怖分子所在的群体要求在意识形态上绝对一致化。在这样的群体中,作为个人的邪教恐怖分子,一般是不能任意表达自己观点的,他们必须服从在群体中占主流的思想、观念和信仰。作为有思想的个体,他们必然有自己不同于他人或社会、群体的认识。然而,在恐怖主义组织中,他们被假定是无个人思想的个体。这种意识形态的一致性,对邪教恐怖分子来说,一方面是他们所追求的,但另一方面也抑制了他们思想的自由表达。许多观察者注意到,邪教恐怖分子的人格有压抑的方面,这反映在邪教恐怖分子成员在面临死亡的行为中。(2)狂热性。恐怖主义者经常被标签为狂热分子,尤其在会导致自我毁灭的自杀性爆炸的行动中。从心理学的观点来说,狂热的概念隐含一些精神疾病的意义。极端宗教型个体恐怖分子的狂热性,一方面与其对宗教的偏执信仰有关;另一方面与他们对社会现实的强烈不满有关。在整个民族都信仰同一宗教的环境中,个体的社会化过程中在认知与情感活动方面,都深深地打上了宗教的烙印,宗教支配着他们的人生态度、价值观等方面。宗教作为一种信仰,在一定条件下,易于出现极端化倾向而表现出狂热的特征。宗教信仰在外界诱因的刺激下会产生极端化倾向。无论是基督徒,还是穆斯林,宗教的非理性特征使他们在面对令其痛苦的社会现实,(更毋庸说邪教的教义特征,)尤其是痛苦源于对本宗教受威胁的地位的认识的时候,往往会拒斥理性的考问,而求助于神的启示。他们期望借助神明早已安排好的计划,复兴自己的宗教或国家。对现实的不满使他们退回到宗教之中,全身心投入而表现出极端的狂热性。[1]

(三)邪教恐怖主义的发展趋势

宗教是人类社会古老的文化要素之一。如果把古代社会进行暗杀、投毒等活动看作恐怖主义的雏形的话,那么,宗教与恐怖主义的关联就可以追溯到大约一千年以前。在犹太教、印度教、伊斯兰教等宗教中都可以找到与恐怖主义的某些联系。例如,英语单词"zealot"(狂热的人)从词源上出自于一个以该单词(Zealot)为组织名称的犹太教组织,该组织活跃在公元66年到公元73年。当时罗马帝国占领了现在为以色列的那块领土,为了反抗罗马帝国的占领,该组织实施了一系列无情的暗杀活动。该组织的门徒把匕首藏在长袍里,在集市等公共场合突然刺杀罗马军团的士兵或犹太叛徒。该组织还向罗马人使用的谷仓和水井投毒。这些行为不仅要直接对罗马人进行打击,同时也是要震慑更大范围的人们。与此类似,单词"thug"(暴徒)起源于印度教中活跃于7世纪到19世纪中叶的一个教派。该教派为了向他们崇拜的印度教女神卡莉敬献祭祀供品而实施一系列的谋杀,据说在该组织存在的1200年中被杀害的人多达100万人之多。[2]

在19世纪之前,恐怖主义与宗教的联系非常密切,因为宗教理念是恐怖主义唯一可以用来实现文饰作用的手段。但到19世纪,随着民族国家中关于公民与国家概念的确立,以及民族主义、民族自决等思想的出现,在工业革命和进化论等科技变革的推动下,出现了世俗化的浪潮。哲学家尼采振聋发聩地一喊"上帝死了",把人们赋予在生存和行为上的神圣外衣顿时震落。人们不得不用人性的,而不是神性的眼光看待自己的肉身和世俗生活。这样,在世俗化的普遍趋势下,宗教与恐怖主义的联系变得疏远起来。代替宗教位置的是虚无主义、无政府主义、民族主义等各种思潮。这些思潮试图给恐怖主义提供新的文饰作用动力。从那时起,一直到20世纪80年代末期,在一些国家建立了教合一政权之后,宗教在政治舞台上的地位上升。按照著名的反恐怖主义专家布鲁斯·霍夫曼的说法,1980年明确的64个恐怖组织中有两个组织可以看成是邪教恐怖组织,即宗教因素在恐怖组织的目标或动机上具有显著的影响。在20世纪90年代,世界主要的宗教都开始被

---

[1] 赵桂芬:"个体恐怖分子的人格探究",载《中国人民公安大学学报》(社会科学版)2007年第6期。

[2] Bruce Hoffman: *Inside Terrorism*, London: Victor Gollancz, 1998, p. 88.

恐怖主义所利用，以至于邪教恐怖主义开始呈现迅速上升的趋势。[1] 到1994年，按照霍夫曼的统计，被认定的49个恐怖组织中有16个属于邪教恐怖组织；到1995年，56个恐怖组织中有26个被认为是邪教恐怖组织。

从上面简单勾画的线条中可以发现，宗教与恐怖主义的关系在19世纪之前是广泛存在的。到19世纪，随着世俗化的发生，宗教在恐怖主义中的作用下降，两者的关系变得疏远。到20世纪90年代后，宗教又广泛地被恐怖主义所利用，邪教恐怖主义呈现上升的趋势。

## 二、恐怖主义为什么要利用邪教

新的条件下，恐怖主义利用宗教而形成的邪教恐怖主义呈现出迅速的扩张趋势。其中的主要原因在于：

1. 世俗的文饰手段效用降低，恐怖主义需要新的实现文饰作用的源泉

如前所述，20世纪90年代之后，邪教恐怖组织的数量明显增加。与此同时，世俗恐怖组织的数量则明显减少。[2] 世俗恐怖主义是以民族主义、分裂主义、政治意识形态为文饰作用手段的恐怖主义。世俗恐怖主义在20世纪90年代以后的衰微是由多方面因素决定的。其中的一个重要因素是美苏冷战中形成的二元格局被打破之后，在国际政治中，恐怖主义难以依赖政治意识形态、分裂主义、民族主义而成为政治承认的工具。因为长期以来，世俗的国际恐怖主义的泛滥是与霸权主义有密切联系的。美苏冷战的结束虽然并没有彻底终止形形色色的世俗恐怖主义，相反，在有些地区，世俗恐怖主义变得更加猖獗，但从总体上看，世俗恐怖主义呈现减少的趋势。政治意识形态、民族主义、分裂主义难以像冷战时候那样可以比较充分地为恐怖主义提供文饰作用的源泉。这样一来，从某种程度上看，恐怖主义的文饰作用机制上就存在着动力的不足。把政治意识形态、民族主义或分裂主义作为唯一的文饰作用动力，已经不能或不足以为恐怖主义提供强大的文饰作用源泉。因此，恐怖主义必须要在这些世俗的动力源泉之外寻找更强劲的动力。

2. 宗教因素能够为恐怖主义提供文饰作用的动力

价值体系是关于什么是好的、什么是坏的系统看法。虽然道德、法律、哲学也涉及人类社会的一系列价值要素，如正义、自由、进步等，但宗教对这些基本价

---

〔1〕 Bruce Hoffman: *Inside Terrorism*, London: Victor Gollancz, 1998, p. 88.

〔2〕 Bruce Hoffman: *Inside Terrorism*, London: Victor Gollancz, 1998, p. 91.

值要素的看法却是独特的,宗教对这些基本价值要素所形成的独特看法显示出了宗教价值体系的独特性。这种独特性集中表现在于宗教对正义、自由、进步等基本价值要素的体认是以上帝与人的救赎关系为根基的。上帝与人的救赎关系是解释正义、自由、进步的基本起点。这在很大程度上与道德、法律等世俗层面的认识不同。

以正义为例,当道德、法律考查正义这个基本价值要素的时候,无论各种道德学说如何解释正义,但最终都是把正义归结为人与人的关系。例如,罗尔斯所讲的分配正义就是解决如何从财富、收入、权力等角度体现的人与人之间关系的。当把这种正义的观点运用在对外和对内使用暴力的时候,就成为这样的问题,即什么样的战争是正义的(暴力对外的情况)? 以及国家在什么样的条件下对内使用暴力工具是正义的(暴力对内的情况)? 在世俗的解释中,正义的战争是陈述两个国家(或政治实体)之间关系的:正义战争必须以一个国家的道德上的错误为前提,另一方的行为则必须是以改正这种错误为目的,而且该方的行为要接受必要的限制(如《日内瓦公约》中关于如何处理战俘的规定)。同样,在对内使用暴力上,也是以有条件地因而也是有限制地为了矫正和惩治犯罪等越轨行为而实施的。

与世俗的解释不同,宗教的正义是从上帝与人的救赎关系来寻找答案的。在世俗的战争中,战争行为是由世俗政权来宣布的;而对于许多宗教来说,正义的战争只能由神权来宣布。俗世的人们只能以无比的热情、疯狂和仇恨实现战争的目的才可能使自己得到拯救。由于宗教命名的正义战争最后都归结为人与神的关系,因此,各种世俗的战争限制到现实中都不再存在。[1] 妇女和小孩可以成为战士,也可以成为被杀害的对象。敌人的概念并不以战斗员与非战斗员的界限为依据,因此,贫民也可以成为被攻击的对象。这样,在世俗战争看来是为了规范国家与国家之间关系的对抗,到邪教恐怖主义那里就成为考验人与上帝关系的一种较量。当年刺杀以色列总理拉宾的犹太极端分子阿米尔事后就对警察说:“我一点都不后悔。我受令于上帝而独自行动。”

宗教价值观上还有一个重要的方面就是对于生与死的看法。在宗教的解释中,生是上帝给予的,死只是走向天堂或地狱的过程。在生与死的观念中,特别

---

〔1〕 David C. Rapoport, *Terror and the Messiah: An Ancient Experience and Some Modern Parallels*, in David C. Rapoport and Yonah Alexander (eds.), The Morality of Terrorism: Religions and Secular Justifications, New York: Pergamon Press, 1982, pp. 9 – 10.

需要明确的是自杀行为，即主动地结束生命过程的行为。虽然近年来，各种媒体报道的自杀性攻击事件频繁发生以至于人们在思想上存在一种认识，即宗教鼓励自杀，但实际上，从价值观本源上讲，世界主要宗教的教义都谴责自杀行为。但是，另一方面，宗教教义的另一些看法却可以起到鼓励自杀的作用。那就是所有的一神教都承认死后可以获得重生。这样虽然宗教谴责自杀，认为那些自杀的人都会进到地狱中去，但是，在为捍卫上帝的信仰而进行的战斗中，被敌人杀死却可以成为烈士，因此也能进入到天堂获得再生。烈士不是那些自杀的人，而是那些在与敌人战斗中献身的人。因此，尽管宗教反对一般性的自杀，但关于进入天堂而获得重生的思想却客观上鼓励了以上帝名义而战的自杀性的邪教恐怖主义。[1]

3. 邪教可以被恐怖分子用来实现对成员的思想控制

从认识论的角度看，人类对世界的认识是建立在实践的基础之上的。通过实践，人类对世界的认识不断深入。因此，人类的实践活动是人类知识的来源。但是，宗教把人类知识的来源限于上帝的启示。例如，基督教就把《圣经》作为上帝对人类的直接明示。基督徒把《圣经》作为认识世界和解释世界的唯一依据。毫无疑问，这种做法会限制人类的思想。宗教在认识论上的缺陷被恐怖分子所利用。恐怖分子不仅利用宗教限制成员的思想，更为甚者是要控制他们的思想。在“奥姆真理教”、“人民圣殿教”、“上帝之子”等各种邪教中，控制成员思想的做法表现得最为明显。邪教恐怖组织控制成员思想的手法一般包括：(1)对成员进行隔离并操纵他们的环境。(2)控制成员与外界沟通及获得信息的渠道。(3)贬损成员的自我。(4)制造不安与恐惧，同时，当成员归依组织的时候给予安全感。(5)开展各种仪式性的活动，通过群体压力让成员对自己的过去产生罪错感。(6)由内部权威性的头目强调成员精神与肉体上的存在依赖于对组织的认同。(7)通过唱圣歌、研读经书等简单枯燥的活动来强化对组织命令的遵从。(8)举行宗教受浸之类的仪式扩大并强化个人心理上与以前生活方式之间的距离。[2] 从社会学角度分析，恐怖组织利用宗教对其成员进行的这

---

〔1〕 Ariel Merari, *The Readiness to Kill and Die: Suicidal Terrorism in the Middle East*, in David C. Rapoport and Yonah Alexander (eds.), The Morality of Terrorism: Religions and Secular Justifications, New York: Pergamon Press, 1982, pp. 192 – 207.

〔2〕 Louis Jolyon West, Cults, Liberty, and Mind Control, in David C. Rapoport and Yonah Alexander (eds.), *The Morality of Terrorism: Religions and Secular Justifications*, New York: Pergamon Press, 1982, pp. 101 – 107.

类思想控制的手法实际上属于一种再社会化的过程。

4. 国际政治局势的变化对邪教恐怖主义复兴的影响

20 世纪 60 年代至 80 年代世俗恐怖主义纷纷打起各种旗帜为自己的行为寻找合法性。但 20 世纪 90 年代国际政治局势的变化使各种世俗恐怖主义经受到了挫折,有的因此而一蹶不振。这种变化主要表现在美苏冷战的结束和联合国作用的提升。由此而产生的幻灭感使世俗恐怖主义不得不实现新的定位。

美国著名的政治学家塞缪尔·亨廷顿对于冷战后的国际局势提出过"文明的冲突"的说法。他认为与冷战时期共产主义与资本主义意识形态的对立不同,冷战后国际政治的主要特点为文明的冲突。亨廷顿的分析引起了学者广泛的讨论和争议。亨廷顿的理论虽然受到了许多学者的批判,但至少表明了冷战后东西方以共产主义与资本主义为分野的尖锐对立至少从表面上不再存在,改头换面的是各种文明的冲突。综观冷战后的世界政治格局,特别是"9·11"事件以来国际政治的若干特点,亨廷顿的理论也不无道理。以美国为首的基督教文明与以萨达姆等为首的伊斯兰文明之间的冲突就很有代表性地说明了亨廷顿理论的合理性。但是,进一步思考第二次世界大战以来的国际政治形势,我们不能不问:美苏冷战结束了,是否就意味着霸权主义的终结?后冷战时期的所谓文明的冲突到底是为文明进行的冲突,还是利用文明进行的冲突?考察后冷战以来所谓文明冲突的基本脉络,可以发现所谓文明的冲突只不过是文明被霸权主义(包括全球的霸权主义和地区的霸权主义)利用来进行的一种冲突。在广义的文明被形形色色的霸权主义利用来进行冲突的过程中,宗教作为文明的重要载体也被全副武装地推倒了前线。在这样的背景下,邪教恐怖主义的扩张具有一定的必然性。

**思考题**

1. 如何理解"文饰作用"及其基本原理?
2. 试分析文饰作用与恐怖主义的关系。
3. 简要分析邪教在恐怖主义合理化中的作用。
4. 结合心理学相关理论,试分析恐怖分子的心理机制。

# 第五章
# 恐怖主义与大众传播媒介

2003 年 2 月 25 日在北京大学和清华大学的餐厅发生了两起爆炸案。3 月 8 日案件告破,警察在福建抓获了犯罪嫌疑人黄旻翔。该嫌疑人在接受警察审讯时供称:制造爆炸案是为了出名。

严格地讲,该案件不属于恐怖主义案件,但是,该案件与那些使用爆炸、劫机、劫持人质等恐怖主义却存在一个共同点,即希望通过实施犯罪行为扩大行为人或其隶属的犯罪组织的知名度。恐怖主义在追求这个目标的过程中,现代社会的大众传播媒介发挥了很大的作用。恐怖主义为什么要利用大众传播媒介?如何利用?大众传播媒介为什么能够被利用?如何防止大众传播媒介被恐怖主义利用?本章将主要围绕恐怖主义与大众传播媒介之间的关系回答上述问题。

## 第一节 恐怖主义与大众传播媒介的关系

在揭示恐怖主义与大众传播媒介关系之前,有必要简单分析一下大众传播媒介及其影响。

## 一、大众传播媒介及其影响

本章所讲的大众传播媒介包括报刊、杂志、广播、电视、电影以及电脑互联网等用来传播公共信息的介质。大众传播媒介的兴起是现代社会的一个重要特征。由于大众传播媒介在现代社会发挥着重要的作用，因此，社会学家英克尔斯(Alex Inkels)在测量一个国家的现代化水平时把大众传播媒介的发展程度作为一个重要的指标。布热津斯基(Zbigniew Brzezinski)曾经把后工业社会看成是"在文化、心理、社会与经济上由电子技术施加影响而形成的电子技术统治的社会"。传统印刷技术制作的书籍只是记录着人们的思想，因而对人们思想的重新塑造至多也只是发挥着原型传递的功能，但相比较而言，以电视为主导的现代大众传播媒介不仅记录着人们的思想，更以视觉化的影像、以表层的信息和流变的形态冲击并影响着人们的思想与行为。以电视上的商品广告为例，电视广告的连续轰炸不仅可以改变人们在有购买能力和购买意愿下的购买行为，甚至可以在没有购买能力和意愿的情况下激发人们的购买意愿、创造人们的购买能力。因此，如果说传统的书籍只是记录着人们的思想的话，现代的大众传播媒介则左右甚至支配着人们的思想。

电视的力量是如此神奇，以至于人们都希望或梦想在电视上出现，把自己的形象和思想在电视上展示出来，仿佛电视是印证自己存在的唯一渠道。一些歌星、影星或其他公众人物，如果一段时间没有在电视上出现，追星族甚至这些人自己会很失落，仿佛他们不再存在似的。如果套用德国哲学家的名言"我思故我在"的话，与传统社会不同，到了现代社会，人们仿佛变成了"我上(电视)故我在"。此时，电视不仅仅是反映着现实，更是重构了一种存在世界并把这个世界呈现在人们的面前，影响着人们的思想与行为。因此，上电视或看电视就成了一种感知自我、世界、权力的原始体验。通过这种原始体验，人们触摸到了自我、看见了世界、把握了权力。

电视等大众传播媒介的神奇力量，普通人感觉得到，社会名流能够体验到。当然，恐怖分子也能认识到。

## 二、大众传播媒介对恐怖主义的作用

对于恐怖主义来说，大众传播媒介是很重要的。瓦尔特·拉夸尔曾经说过：

"恐怖分子行为本身并不算什么,让它广为人知却是非常重要的"。[1] 詹金斯也曾经一针见血地指出:"恐怖分子想有很多人看,想有很多人听,而不是很多人死。……我认为恐怖主义是一种追求效果的暴力。恐怖分子为了最大限度地广为人知而精心设计戏剧性的场面。因此,从这个意义上讲,恐怖主义是一个剧场。"[2] 无论是在使恐怖主义变得广为人知上,还是构造恐怖主义这个剧场上,大众传播媒介都发挥了不可或缺的作用。具体来讲,这些作用包括:

1. 制造影响、扩大知名度

一个恐怖事件发生后,大众传播媒介会迅速给予报道,这种报道好像是一种免费的广告,使恐怖分子变得世人皆知。大众传播媒介好像是一个放大器,一个恐怖行为经过这个放大器之后变得具有了一种神奇的效果。它使恐怖行为现场之外的人都可以感受到恐怖行为的震撼。大众传播媒介改变了传统社会里人们的那种时间和空间概念,它延展了人们的时间和空间。通过记录和叙述已经发生的恐怖事件,当时不在场的人们可以感觉到恐怖事件好像刚刚发生;通过现场转播正在发生的恐怖事件,遥远的人们仿佛置身于现场。如果把恐怖主义比拟成一个剧场的话,19 世纪的恐怖主义只是一个小剧场,而 20 世纪和 21 世纪的恐怖主义则是空间不断扩大的剧场。

为了更有效地制造影响、提高知名度,恐怖分子还会有意识地操纵大众传播媒介。恐怖分子的操纵手法包括:(1)满足大众传播媒介进行秘密采访的要求。(2)向大众传播媒介提供恐怖组织的政治纲领、宣言、最后通牒等文件。(3)在大众传播媒介没有给予充分合作的时候,以攻击记者人身、设施等手段进行要挟,迫使大众传播媒介按照恐怖组织希望的方式合作。(4)借媒体之手向公众传播虚假信息,操纵公众的情绪和认知。

制造影响,扩大知名度是如此重要,以至于不少恐怖事件的主要动力就是为了制造影响、扩大知名度。例如,1978 年在意大利发生的绑架并杀害意大利总理阿尔多·莫罗(Aldo Moro)的事件就使一个被西方称为恐怖组织的"红色旅"(Red Brigades)顿时成为整个意大利,甚至全世界的焦点。莫罗曾经是一个法学教授,在意大利政府中担任过司法部长、公共建设部长,并五次出任意大利政府

---

〔1〕 Walter Laqueur, "The Continuing Failure of Terrorism," Haper's, November 1976, p. 70.

〔2〕 Brian Jenkins, "Terrorism Found Rising, Now Almost Accepted," Washington Post, December 3, 1985, A4.

总理。他在意大利政坛上享有很高的威望。在 1978 年 3 月 16 日，几个年轻的“红色旅”成员绑架了莫罗。莫罗作为人质一直被“红色旅”控制，直到 1978 年 5 月 9 日被杀害。莫罗被绑架的消息震惊了意大利和西方社会。“红色旅”不仅通过媒体向外界发布公告，同时还发出各种虚假信息，例如，莫罗承认意大利政治中存在腐败。一时间，整个意大利好像是一个围城，人们处于焦躁、恐惧之中。意大利警察和军队在全国进行搜捕，试图找到莫罗和“红色旅”的行踪。罗马教皇、美国总统、联合国秘书长等知名人士也都把目光放在了这个事件上，各种媒体追踪报道事件的发展。这样一来，人数大约只有数十人的极左恐怖组织“红色旅”竟然成为全国甚至世界的中心。

2. 让人们了解、同情甚至支持恐怖主义

恐怖主义可以通过大众传播媒介的宣传引起人们思想的变化。有的人在接受大众传播媒介的信息之后对恐怖主义有了进一步的了解，但也有的人却对恐怖主义抱以同情、理解的态度，甚至有的人会支持或参与恐怖主义。由于大众传播媒介提供的信息不同，人们的社会经历和价值观不同，因此，大众传播媒介的报道对人们的影响是不同的。为了使人们对恐怖主义产生同情、支持甚至归依的效果，恐怖分子往往会使用一些手法增强人们对恐怖主义的认同。例如，恐怖分子提出“杀富济贫”之类的梁山好汉式的口号。

在这方面，美国“共生解放军”(Symbionese Liberation Army，SLA)的例子是非常经典的。1974 年 2 月 4 日这个恐怖组织的成员在美国加利福尼亚绑架了一名女子，帕翠霞 · 赫斯特(Patricia Hearst)和她的父亲兰道夫 · 赫斯特(Randolph Hearst)。兰道夫是一个媒体集团的老板。“共生解放军”要求兰道夫拥有的媒体报道所有的公告，否则，他女儿的性命就有危险。1974 年 2 月 12 日，“共生解放军”宣布他们释放帕翠霞 · 赫斯特的条件是她父亲要做一件善事：给加利福尼亚每个贫困的人提供价值 70 美元的食品。当时加州估计有大约 500 万人处于贫困线之下。这也就意味着兰道夫需要花大约 3 亿多美元完成这项任务。兰道夫支付不了这样的开支，但他拨出 200 万美元实施这项免费食品发放计划。后来，在四个预先确定的地点向成千上万的贫民发放了免费的食品。美国主要的电视公司报道了这一事件，当时至少 8000 万人观看了报道。这样一种杀富济贫的形象在社会上产生了巨大的冲击力，以至于一个记者说当地的媒体被这种行为征服了，甚至变得同情“共生解放军”。而最有戏剧性的是，被绑架的帕翠霞 · 赫斯特后来竟然自愿成为“共生解放军”的一分子。帕翠霞 · 赫斯特也成为一个新闻人物,她在1974年至1976年间,7次被登上《新闻周刊》的封面。这个事件至少3次被搬上银幕。[1]

3. 让社会和政府陷入不安、恐慌和混乱之中

恐怖分子通过一些手法可以让社会和征服陷入不安、恐慌和混乱之中。这些手法包括:(1)刺激政府采取非常严厉的措施对恐怖行为做出反应。一般来讲,当政府采取过激反应的严厉措施之后,交通、通信可能会受到管制、人们日常的生活状态可能被临时的生活状态所代替。此时,人们一方面会感到不安,另一方面也可能对政府产生怨言。(2)通过大众传播媒介向外界发出将要进行攻击的信号或者宣传自己拥有某种威力巨大的毁灭性的武器,特别是当恐怖分子宣称要对民航、核设施、铁路、饮用水源等实施攻击的时候,民众容易陷入恐慌状态,而政府也会忙于证实这些威胁的真实性并做出反应。这个时候,政府往往会面临一种困境:如果对这些威胁都认真作出反应的话,除了在反恐怖上要投入大量的人力、物力之外,还不得不承受由此对国家经济和民众生活造成的消极影响;但如果不认真作出反应的话,一旦某个威胁被恐怖分子付诸现实,那么除了产生直接的消极影响之外,政府的能力可能会受到人们的质疑。人们会问:恐怖分子早就宣称要实施炸弹袭击(或别的什么),警察、政府都干什么去了?这时,政府的威望会受到影响。(3)恐怖分子直接用绑架人质的方式通过媒体的报道来诋毁政府的声望。警察、军队等国家机器就是要保障人民生命与财产安全的,如果人民的安全得不到保障,特别是如果政府首脑或其他国家领导人都被绑架了,那么,就会出现人人自危的状态,政府的声望将会大大降低。

4. 鼓舞恐怖组织的士气

恐怖分子鼓舞士气的目的可以通过大众传播媒介的作用来实现,具体包括如下:(1)媒体夸张性的报道会给人们造成一种错误印象,即恐怖组织力量强大,很厉害。无论从人数上还是从武器装备上讲,大多数恐怖组织都是比较弱小的。然而,大众传播媒介如何竟然使人们产生上述的错误印象呢?其中的关键在于大众传播媒介在报道恐怖事件发生的时候给大众提供信息的方式比较独特。第一,大众传播媒介把恐怖行为浪漫化。无论是在好莱坞还是港台影视作品中都可以找到把爆炸、绑架、暗杀等暴力行为浪漫化的例子。这种影视作品对恐怖行为的浪漫化,实质上传递的是制作者对恐怖行为的同情甚至赞赏。这些

---

〔1〕 James M. Poland, Understanding Terrorism, Prentice Hall, 1988, pp. 58－59.

把恐怖行为浪漫化的作品之所以产生，并且有市场，其中的原因之一在于许多文化中都把暴力行为与男性气概，甚至与民族生殖力、民族精神联系起来。因此，暴力行为在一定意义上成了标志一个民族生殖力的隐喻符号。一些作家、诗人、艺术家(如王尔德、卡夫卡等)同情甚至着迷于实施爆炸类型的恐怖分子。[1] 第二，大众传播媒介报道恐怖事件的时候注重于报道现场的血腥场面，而不是后续的对恐怖分子的惩罚。在西方社会，大众传播媒介的原始动因是盈利，因此，那些最有新闻价值的东西往往是最能刺激人们神经感官的东西。恐怖事件由于它自身的一些特性(如使用暴力因而具有感官的刺激性和戏剧性)很容易成为大众传播媒介报道的内容。但是，相比较恐怖事件刚发生时候的那种场面，恐怖分子被绳之以法之后的场面似乎并没有什么惊心动魄的内容，并不能够刺激人们的神经，抓住人们的注意力，因此，新闻价值也比较低。在这样的机制之下，西方媒体对报道有关惩罚恐怖分子的内容一般都缺乏兴趣。这样一来，人们通过大众传媒看见的只是恐怖分子作案的过程，恐怖分子是否被绳之以法或者如何接受惩罚的信息却得不到。由此产生的后果就是对社会的教育意义被忽视了，同时，人们会觉得恐怖分子可以逃脱法律制裁。(2)大众传播媒介的报道可以国内或国外的其他恐怖组织得到信息，使他们产生协同反应，或者感染那些潜在的恐怖分子，使他们在适当的时候模仿已经发生的恐怖行为。不同恐怖组织之间也许并没有正式的联系，但是，当恐怖事件发生后，随着恐怖组织的纲领、要求等内容被大众传播媒介曝光，其他恐怖组织出于战略或策略上的考虑也许会与该恐怖组织进行接触，他们可能会策划在下一步恐怖行动中进行联合行动，也可能在该组织遭到政府打击的时候给予支援性的行动。这就是说，大众传播媒介对恐怖组织的报道所产生的广告效应会给恐怖组织之间寻求合作创造条件，另一方面，大众传播媒介的这种免费广告还会使那些潜在的恐怖分子受到感染。已经发生的恐怖行为通过大众传播媒介具有了某种示范作用，使潜在的恐怖分子想模仿这些行为。犯罪学家把大众传播媒介的这种作用称为“感染效应”，即某人成功地实施了一种新奇的行为之后，其他人将会努力模仿这种行为。[2]

感染效应在劫机事件中表现得最为明显。例如，1971 年 11 月 12 日，一位苏格兰青年在加拿大劫持了一架飞机。他背着降落伞要求支付给他 5 万美元，否

---

〔1〕 Neil C. Livingstone, *The War against Terrorism*, Lexington: Lexington Books, 1982, p. 64.

〔2〕 James M. Poland, *Understanding Terrorism*, Prentice Hall, 1988, p. 47.

则他就炸毁飞机。这个劫机者后来被机组人员制服了并交给了警察。但这个事件被美国媒体广泛报道。12 天之后,即 1971 年 11 月 24 日,一个类似的劫机事件发生了。一个叫库珀(D. B. Cooper)的男子背着降落伞要求支付 20 万美元和 4 个降落伞。该男子后来在美国境内跳伞了,而且没有被警方找到。同样,美国媒体再次疯狂地炒作这次劫机事件。库珀变成了类似于民间英雄的人物,甚至有歌曲、诗词、短篇小说赞美他的事迹。最为可笑的是,此后在美国、欧洲、日本、拉美和澳大利亚先后发生了 27 起类似的背着降落伞的劫机事件。在这 27 起事件中,有 20 起发生在美国和加拿大;有 2 起事件中劫机犯提出的要求与库珀的要求一模一样,即 20 万美元和 4 个降落伞;7 起事件是在 8 天之内先后发生的。当然,这些人除了库珀逃得无影无踪之外,其他的劫机犯或者被击毙,或者自杀,或者在跳伞后被擒获。后来,人们对媒体提出了批评,认为他们对这类事件的发生负有重要的责任,因为媒体把劫机犯使用降落伞的类型、使用方法等细节都进行了详细的报道。[1]

5. 获取警方反恐情报及有关信息

恐怖事件发生之后,恐怖分子一般都会陷入被警方围困的境地。在此情况下,恐怖分子与外界的信息交流受到很大的限制。无论是向外界发出信息,还是从外界获取信息都变得比较困难。但大众传播媒介在恐怖事件中的介入,却可以缓解信息交流上的困难。如前所述,通过大众传播媒介,恐怖分子可以对外发布各种真实或虚假的信息,操纵社会或政府的反应。另一方面,大众传播媒介的介入,还为恐怖分子从外部获得各种信息提供了主要的渠道。这其中包括三种主要的情况:

(1)泄露警方反恐部署以及相关的真实信息。由于大众传播媒介在报道恐怖事件发生的过程中有意或无意地向民众披露有关警方反恐的若干情况,这些信息对于恐怖分子来说,就是十分重要的情报。他们据此会提出相应的反制措施。这样,反恐行动就因此而变得更加复杂。大众传播媒介在报道恐怖事件中泄露反恐情报使反恐行动节外生枝,这一点是警方和政府部门对媒体批评最严厉的地方。

例如,1974 年一伙重刑犯人绑架了几名人质试图从美国首都华盛顿的一个法院囚室中逃出。当时绑架者没有料想到警方通过单向镜子可以观察他们的行

[1] James M. Poland, *Understanding Terrorism*, Prentice Hall, 1988, p. 47.

动,而且,警方部署的狙击手透过这个单向镜在人质的安全受到进一步威胁的时候可以直接射杀恐怖分子。但是,当地的媒体不知道通过什么渠道知道了这些消息,并立即公开报道了。没有过多久,恐怖分子知道了其中的奥秘,就立即要求用胶带把镜子遮盖起来。这样一来,警方行动中的一个优势就没有了。再例如,1974 年 11 月,一架英国客机在阿拉伯联合酋长国的杜拜市被恐怖分子劫持,劫机者要求释放关押在埃及监狱中的 13 名恐怖分子。经过艰难的谈判之后,政府同意用 13 名恐怖分子换回机上的乘客。就在交换行动要开始之前,一个记者在媒体上宣称:交换行动只是一个圈套,从埃及监狱释放的恐怖分子根本不会登上预定的飞机。劫机者获得这个消息后,立即杀害了一个西德的银行家作为报复。

(2)大众传播媒介提供的虚假信息也会干扰反恐行动。例如,1977 年同样在美国首都华盛顿,由卡阿里思(Hamaas Abdul Khaalis)率领 12 个邪教恐怖分子绑架了 134 名人质。在警方与恐怖分子谈判的过程中,就安排了给人质运送食品。当装载食品的卡车停下后,警察就开始给人质运送食品。恰好在这时,一个在现场的记者报道说装运食品的盒子中藏有武器,这些武器是为下一步特种部队进攻而准备的。这些消息纯粹是无中生有的,但恐怖分子知道后立即采取了相应的措施。后来,警察派出的谈判专家花了好几个小时向恐怖分子说明该报道失实以赢得恐怖分子的信任。[1]

(3)记者在介入恐怖事件过程中或在报道中使用的言辞或评论也会刺激恐怖分子,从而影响预定的反恐行动。在恐怖事件发生后,恐怖组织与反恐部队之间实际上形成了一种相互作用的关系。这个关系既敏感也脆弱,微小的外力介入这个关系都可以打破这种关系的平衡导致产生意想不到的消极结果。例如,在美国纽约发生的一次人质事件中,警方派出的谈判专家经过与恐怖分子的艰难谈判后,恐怖分子同意投降。但是,就在恐怖分子正要走出房门投降的关键时刻,屋里的电话铃声响了。一个记者打来的。他想了解为什么这位恐怖分子要挟持人质。记者的问话把绑架者心头的仇恨又重新点燃,他又回到绑架者的角色状态中去了。后来,谈判专家又花了三个小时才劝使他向警察投降。[2] 再例

---

〔1〕 James M. Poland, *Understanding Terrorism*, Prentice Hall, 1988, p. 62.

〔2〕 Abraham H. Miller, Terrorism and Hostage Negotiations, Boulder, Colorado: Westview Press, 1980, p. 87.

如,在上述卡阿里思案件中,卡阿里思绑架人质之后提出的两个条件:第一,要政府把3名仇人从监狱从释放出来交送给他,这3名仇人属于另外一个教派,他们杀害了他的3个孩子和其他家人。卡阿里思想用宗教的传统解决对仇人的审判。第二,卡阿里思要求政府禁止影院放映《穆罕默德:上帝的使者》这部电影,因为卡阿里思认为这部电影亵渎了先知。卡阿里思给媒体记者打电话让媒体披露和讨论他的要求。更多的记者则主动打电话与卡阿里思取得联系,要求采访他。媒体的介入使警察与恐怖分子之间的谈判过程变得非常复杂。一家媒体把卡阿里思比作"黑色穆斯林"的言论激怒了卡阿里思,因为他的家人就是被"黑色穆斯林"杀死的。卡阿里思要求该媒体立即道歉,否则就杀死人质。后来在警察的干预下,媒体立即为自己的错误表达了歉意。

由于媒体在这个事件中扮演了极其不好的角色,后来,一个人质在获救后这样表达了这样的看法:"作为人质,我们很多人都感到整个事件像是正在上演的一场戏,一场为上电视银屏和世界各地新闻头条而进行的强大宣称。我们这些人质对媒体的不满和愤怒在于媒体和恐怖主义彼此互相勾结。媒体,特别是电视,渴望着提高名声,渴望着大家的认可。记者并不是仅仅报道新闻。他们是在帮助创造新闻。他们并不是客观的观察者,而是主观的参与者:是演员,是编剧,是策划人。"[1]

## 三、对大众传播媒介作用的理论解释

大众传播媒介在报道恐怖事件过程中产生的各种作用长期以来备受关注,警察、政府官员以及不少学者指责大众传播媒介在恐怖事件中没有发挥积极的作用。有的批评集中于大众传播媒介报道恐怖事件的内容,有的则集中于这些报道对各方面(恐怖分子、被害人、普通公众、执法人员等)产生的影响。一些学者提出了理论来解释其中涉及的某些问题。这些理论主要包括:

### (一)感染理论

感染理论的核心思想就是认为大众传播媒介对恐怖事件的报道具有感染性,也就是说,媒体对恐怖主义的报道会激发出更多的恐怖行为。感染理论包含三个基本命题:(1)媒体的报道具有启发效果。阿兰·马祖(Allan Mazur)对这

---

〔1〕 James M. Poland, *Understanding Terrorism*, Prentice Hall, 1988, p. 60.

个命题进行过深入的研究。他的研究起源于这样的一个有趣的现象:媒体对自杀报道会增加实际自杀事件发生的数量。于是,他就想知道:媒体对核电站的报道是否会增加威胁要对核电站进行炸弹袭击的数量。马祖研究了1969年至1980年发生的威胁袭击核电站案件的数量,经过与同一时期电视和报纸对核电站报道的数量比较后,他发现两者之间存在着关系:当报道增多的时候,威胁袭击核电站的案件数量增加;反之,当报道减少时,这类案件也减少。马祖由此认为媒体的报道似乎可以提醒公众什么事情可以引起人们的普遍反应,他断定媒体报道可以启发公众的行为。[1] (2)媒体具有抑制解除的效果。对于一些越轨行为,人们在内心都存在着道德和心理约束机制,这些机制制约着人们,使人们不会轻易地实施越轨行为。但是,媒体对恐怖行为的描述可以解除观众心理和道德上的抑制机制,使他们容易做好从事类似行为的心理准备。(3)媒体可以传授行为技巧。这个命题是以犯罪学的"社会学习理论"为基础的。心理学家斯金纳(B. F. Skinner)的行为主义与犯罪学家萨瑟兰(Edwin H. Sutherland)的差别交往理论是社会学习理论两个知识基础。[2] 萨瑟兰认为犯罪行为就像正常行为一样是通过学习而获得的。一个没有接受过机械知识训练的人不能成为一个好的锁匠,同样,一个没有学习偷窃技术和观念的人也难以成为小偷。一个人选择学习某种行为和观念而不选择其他的行为和观念与他周围的环境有关。环境中存在的强化物通过行为主义的刺激与惩罚机制来促使人们选择对他们自己有利的行为模式。在恐怖主义事件中,当媒体报道的信息不全面或不准确的时候(例如,媒体报道恐怖事件的血腥场面多于后续对恐怖分子的惩罚,媒体把恐怖事件宣扬得富有浪漫色彩等),这些信息就可以成为一种强化物使人们认同或接受恐怖行为模式,同时,当媒体把恐怖事件中的一些行为技巧(也包括恐怖组织的纲领等)披露得非常详尽的时候,认同或接受了这种行为模式的观众就可以在条件成熟的时候实施类似的行为。例如,20世纪70年代初期,美国波士顿的电视台曾经播放过一个虚构的影片,在该片中一个人被浸泡在可燃液体中被烧死了。影片播出后的第二天,一个少年团伙就用同样的方法烧死了一个

---

〔1〕 J. R. White: *Terrorism: an Introduction*, Third Edition, Californian: Wadsworth Thomson Learning, 2002, pp. 259 – 260.

〔2〕 Frank P. William Ⅲ and Marilyn D. McShane, *Criminological Theory*, New Jersey: Prentice Hall, 1988, pp. 118 – 125.

年轻妇女。多年以后，该片导演在接受采访时仍然为当时该节目所产生的暴力后果而感到震惊，并且承认该妇女的不幸遭遇一直萦绕在他的心中使他难以逃脱内心的罪责。[1]

（二）沟通理论：施密德的研究

对恐怖主义与大众传播媒介关系的一项经典研究是由荷兰学者施密德和格拉夫于1982年完成的。在他们出版的著作《作为沟通的暴力》一书中，他们对包括恐怖主义在内的暴力与大众传播媒介之间的关系进行了深入的分析。

施密德和格拉夫研究的目的就是要考察恐怖主义的暴力、西方大众传播媒介与政治之间的关系。他们希望这项研究能够找到和平解决暴力的现实途径。施密德和格拉夫的研究包括如下主要内容：

1. 他们研究了19世纪西方的无政府主义。他们认为，无政府主义的暴力起源于政治挫折。而无政府主义者的挫折又是来源于自己的思想不能被传达出去。因此，无政府主义者就采取了暴力来表达他们的政治见解来迫使政府对他们的要求做出反应。他们发现诉诸暴力可以使大众认识到他们的存在。

2. 他们认为20世纪的资讯手段和大众传播媒介改变了恐怖主义的性质。在19世纪，恐怖分子选择性地使用暗杀手段，他们的暗杀目标集中在具有象征意义的政府官员、军人和企业界人士上；到了20世纪，武器技术的进步和电子媒体的发展增强了恐怖主义的沟通能力。恐怖分子不用再继续限制自己的攻击目标，他们可以随意地选择那些中性目标（如平民），但借助于现代武器和大众传播媒介，他们可以在社会上产生很大的影响。因此，向社会施加影响力，控制社会舆论成为战争和恐怖主义都必须重视的一项战略。

3. 恐怖主义运用媒体的方式取决于不同国家的文化传统。虽然通过大众传播媒介向公众施加影响并控制社会舆论非常重要，但是，在不同国家，由于政治制度和文化传统不一样，恐怖主义利用媒体的方式也不一样。例如，在拉美，由于政府的新闻检查制度很普遍，所以，恐怖分子一般都采取夺取发射台的方式，而中东的恐怖分子则愿意充分利用西方媒体；在西欧，恐怖分子则主要通过媒体赢得社会同情。

4. 在恐怖分子利用媒体的同时，媒体也利用恐怖分子来达到自己的目的。

---

[1] Neil C. Livingstone, *The War against Terrorism*, Lexington: Lexington Books, 1982, p. 63.

一方面，由于恐怖主义并没有明确的定义，因此，媒体可以根据自己的需要有选择性地给那些暴力事件贴上恐怖主义的标签。而且当他们这样做并将这种信息提供给公众的时候，公众也把这种标签当作事实接受下来。另一方面，大众传播媒介通过渲染暴力场面来迎合公众对恐怖主义的内在兴趣。而人们也愿意接受媒体提供的关于恐怖主义的报道，对于人们来讲，这些报道就像是一种很刺激的娱乐活动一样。在大众传播媒介与公众之间的这种互动最终使大众传播媒介愿意报道暴力的而不是非暴力的场面。

5. 西方大众传播媒介总是自我标榜为中立的新闻报道者，所以对于报道恐怖主义，他们从来不会感到有任何道德上的不安。但是，施密德和格拉夫的研究指出：新闻报道的立场依赖于素材的来源。报道一般都反映着素材提供者的立场。媒体的客观是很难保证的，它很大程度上受素材提供者的支配。在反恐怖主义的情况中，媒体的材料往往来源于政府，因此，西方媒体报道的观点往往反映了政府的立场。尽管如此，施密德和格拉夫认为，无论是政府还是恐怖分子都不能彻底控制大众传播媒介。

6. 施密德和格拉夫认为媒体应当承担起对公众的责任。他们批评媒体不断增加关于恐怖主义的报道。他们认为对暴力的报道会滋生暴力。追求媒体报道成为恐怖主义的一个动力。大众传播媒介已经成为利用暴力进行沟通的完美工具。[1]

综合上面的观点，不难发现施密德和格拉夫关于恐怖主义的沟通理论的基本方法是把暴力问题置于大众传播媒介、恐怖主义和政治的三者关系中来考察。其核心观点是认为恐怖主义把暴力作为施加影响力的一种手段。大众传播媒介为恐怖主义实施这种手段提供也可能。与此同时，大众传播媒介也为自身的利益利用了恐怖主义，而且，大众传播媒介对恐怖主义的报道也满足了大众的感官需要。因此，作为一种暴力的恐怖主义，它实际上是在与大众传播媒介与大众的三角关系的沟通中实现的。

### 四、恐怖主义对大众传播媒体的诱惑：独特的新闻价值

上面分析了大众传播媒介对于恐怖主义的作用，在这个问题的另一方面，是

---

〔1〕 J. R. White: *Terrorism: an Introduction*, Third Edition, Californian: Wadsworth Thomson Learning, 2002, pp. 261 – 262.

需要分析:为什么大众传播媒介乐于报道恐怖主义?为此,需要揭示恐怖主义对于大众传播媒介的独特价值。

在商业社会里,竞争激烈,不同类型的媒体之间(如电视、报纸)、同类媒体的不同公司之间都存在着激烈的竞争。要使媒体立于不败之地,就需要赢得读者和观众。如何赢得读者和观众?对于报纸和电视等媒体来说,节目的新闻价值是最主要的生命线。看一看自己身边的那些热门媒体,从电视台到报纸,从畅销书到互联网,几乎所有的热门媒体都用各种各样的新闻把自己打扮得鲜亮耀眼,从国内热点问题到国际局势,从堂堂正正的公共话题到半遮半掩的极度隐私,全部都修饰得无比利索地呈现在公众的面前。这些报道的一个共同特征就是视觉化或感性的渲染多于理性的深入分析。实际上,记者和评论员提供的报道就是要最大限度地增强报道内容的视觉化感性效果。例如,美国"全国广播公司"(NBC)的一位新闻人是这样评论电视新闻的,他说:"电视新闻能够很好地实现的一个功能就是当没有新闻的时候,它能够给你一种感觉,好像有某种新闻一样。"[1]所以,没有新闻的时候,想方设法地挖掘新闻,然后精心包装再呈现给人们,告诉他们这就是最新的消息。这就是现代社会大众传播媒介影响人们思想与行为的一个很重要表现。

在大众传播媒介到处"找焦点"的过程中,很自然地就会发现暴力是最具有新闻价值的东西。虽然关注暴力会受到批评,因为暴力毕竟不是社会生活中积极向上的东西,但是,当人们对于日常生活的例行节奏与话题感到厌倦的时候,能够刺激人的神经、偏离了日常生活轨道的话题就成为最具有新闻价值的材料。暴力犯罪、大灾难、政治危机等就成为大众传播媒介捕捉的焦点。在各种各样的题材中,恐怖主义作为一种极端的暴力形式最为具有新闻和报道的价值。常规的战争往往具有复杂的社会历史背景,而且持续的时间比较长,一般人不容易轻易地把握这些事件,与此不同,多数的恐怖事件就像一个精练了的故事,有开始有结尾,有剧情也有波折,电视、报纸等大众传播媒介都能捕捉到其中的价值,乐于把恐怖主义报道给大众。对于大众传播媒介来说,恐怖事件的新闻价值是如此之大,以至于在有些情况下,电视等媒体会对恐怖事件起到推波助澜的作用。

为了追求具有价值的新闻,大众传播媒介通过报道恐怖事件来抓住读者或观众的注意力。但是,正如同天天吃一种美味的人最终会厌倦这种美味一样,当

---

〔1〕 Neil C. Livingstone, *The War against Terrorism*, Lexington: Lexington Books, 1982, p. 62.

差不多的恐怖事件反复呈现在观众面前而难以使最初的注意力保持下来的时候,媒体就需要找更能吸引人们注意力的东西,同样,恐怖分子也需要以采取更加极端的行为才能获得媒体的报道和大众的关注。这样,在媒体与恐怖主义的相互关系中,媒体无形中具有了一种刺激力,推动恐怖主义暴力的升级。施密德把媒体的这种作用称为"内在的升级需要"(Built-in escalation imperative),即媒体刺激恐怖分子采取更怪异的、更野蛮的行为赢得媒体关注的驱动力。[1]

## 第二节 新闻审查与媒体自律

上一节讲述了大众传播媒介与恐怖主义的关系。这种关系在许多人看来是一种相互利用的寄生关系。例如,瓦尔特·拉夸尔就说:"媒体是恐怖分子最好的朋友……恐怖分子则是我们时代的超级玩家。"[2]既然大众传播媒介在恐怖主义的发生过程中发挥了如此消极的作用,那么,为什么不禁止媒体报道恐怖主义?能不能禁止报道?如果不禁止报道的话,有没有办法解决媒体报道所产生的消极影响?本节将要围绕这些问题进行初步的分析。

### 一、新闻审查的实践

由于媒体在报道恐怖主义事件中容易被恐怖分子利用,所以在一些恐怖主义严重的国家里,媒体对恐怖主义的报道都或多或少地被施加了某些限制。这些限制有三种主要形式:一是政府进行的新闻审查;二是媒体或媒体行业协会实施的自我约束和审查;三是执法机构、媒体组成的联合委员会进行的新闻审查。当然,在这三种形式中,前面两中更为多见,一些发达国家和发展国家中国家都存在某种程度的新闻审查机制。例如,英国在 1988 年就禁止媒体播放有关"爱尔兰共和军"等组织的采访报道。这些组织除了"爱尔兰共和军"在英国被列为非法组织之外,还包括"新芬党"(Sinn Fein)和"新教乌尔斯特抵抗联盟"(UDA)两个被英国政府承认的合法组织。按照当时英国首相撒切尔夫人的话来说,这种禁令就是要剥夺恐怖分子希望在媒体曝光的机会。除了这种正规的

---

〔1〕 Cindy C. Combs: *Terrorism in the Twenty-first Century*, Second Edition, New Jersey: Prentice-Hall, 2000, p. 139.

〔2〕 Walter Laqueur, "The Futility of Terrorism," Haper's, March 1976, p. 104.

禁令之外,政府也会临时性地干预媒体的报道。例如,“英国广播公司”(BBC)的一个评论北爱尔兰极端主义的节目就曾经在政府的压力下取消。

以色列政府也要求所有涉及正在发生的恐怖行为的新闻报道都要送交军方的新闻审查官,由他们决定这些内容是否对反恐行动产生消极影响。

在乌拉圭,“图帕马”(Tupamaros)是一个从20世纪60年代初期到80年代一直活跃在城市地区的左翼组织。它在相当长的时期被乌拉圭政府认定为恐怖主义,但大约在1985年它成为一个合法组织,并在议会占有席位。1967年,乌拉圭政府就曾经关闭了一家报纸,因为该报发表了“图帕马”的公告。到1973年,乌拉圭军政府通过了立法,禁止“通过口头的、书面的、电视的媒体发表所有涉及阴谋反对国家或反对反颠覆行动的个人的信息、评论或介绍,官方渠道的来源除外”。除此之外,新闻媒体还禁止批评政府任何镇压“图帕马”的措施。

与乌拉圭相类似,阿根廷政府也禁止媒体报道确定的两个恐怖组织的消息。1976年4月,政府明确禁止媒体报道任何涉及政治性暴力的采访、评论或讨论。所有与执政党相对立的组织的政治观点在接受政府审查之前都不能公开发表或报道。[1]

此外,俄罗斯、斯里兰卡、黎巴嫩、南非等国家,媒体关于恐怖主义的报道也都受到政府的限制,都要接受程度不同的新闻审查。

### 二、新闻审查:反对意见

虽然不少国家采取了新闻审查制度,但是,对于新闻审查,仍然存在不同的意见。反对新闻审查的人士认为,从最一般的层面上讲,法律赋予的新闻自由和言论自由是公民的基本权利,这些权利是绝对的权利,即不应当受到来自外界的任何干涉。否则,就是公民的言论自由权利或新闻自由权利受到了践踏。此外,从具体情况来看,反对者认为新闻审查可以产生一些消极影响。这些影响具体表现为:

1. 如果媒体对恐怖分子的暴行保持沉默,一部分公众可能就会对恐怖主义缺乏足够的认识,从而会认为恐怖分子并非那么坏。

2. 对于那些想要出名的精神异常的恐怖分子,如果媒体及时报道了他们,出名的目的达到了,他们也许就放弃实施恐怖行为。否则,他们可能会诉诸暴力行

---

[1] James M. Poland, *Understanding Terrorism*, Prentice Hall, 1988, p. 64.

为。比如,一个精神不很正常的人,觉得受到了政府官员的不公正对待,但是向有关部门反应情况后没有得到明确的答复。如果他挟持了小孩作为人质,扬言要杀死他,那么,他的真实动机并不是要杀人,他只是借此引起人们对他境遇的重视,如果媒体介入了,他觉得自己出名了,人们给予了关注,也许人质危机就可以比较顺利地解决。

3. 对于那些政治恐怖分子,如果媒体不去报道他们的行为,那么,他们可能会使他们的暴力行为不断升级,直到媒体报道他们的行为为止。

4. 如果媒体不报道恐怖主义,在人们想要了解情况但没有确凿的消息满足人们要求的时候,各种流言就会产生并传播开来。这样产生的一些后果可能比媒体报道还要消极得多。

5. 在有人质被挟持的困境中,媒体对事件的报道可以给警方施加一种监督性的压力,使他们能慎用武力,避免造成恐怖分子和人质的不必要伤亡。

6. 如果媒体对恐怖主义的报道接受了新闻审查,那么民众会怀疑对于其他事件的报道同样也受到了审查,这样,媒体的可信度就会下降。

7. 如果任由政府不受媒体监督自行处理恐怖主义事件,那么,在没有舆论监督的情况下,政府权力可能会被滥用,政府可以把自己不喜欢的一些事件作为恐怖主义来对待。

8. 压制对恐怖主义的报道可能会使公众产生一种虚假的安全感。但是,当公众不得不直接面对恐怖主义的时候,就会茫然不知所措。

9. 如果媒体对恐怖主义事件保持沉默,公众会感到被剥夺了对重大事件的知情权,从而会对政府产生不信任。

10. 如果新闻自由被中止,对恐怖主义的报道要接受审查或者根本不让报道,那么,就从一定程度上印证了恐怖分子的断言,即国家给予的新闻自由并不是真正的自由。[1]

上述说法正确与否是值得进一步推敲的。有些有道理,有些道理并不充分。退一步讲,即使这些说法有道理,那么,这些道理是否就足以构成放弃新闻审查的充分理由呢?事情并非如此,许多国家在处理新闻媒介对恐怖主义报道方面往往不得不面临的难题是:不限制媒体的报道,会产生一些消极后果;限制媒体

〔1〕 Alex P. Schmid and Janny F. A. de Graaf, *Violence as Communication*, Newbury Park, CA: Sage, 1982, p. 172.

报道,同样也会产生一些消极后果。而最终会采取什么样的解决办法就只能取决于对两方面消极后果的比较,从而采取一个现实的妥协性的方案。当然,在涉及新闻审查方面,一些法律层面的问题仍然需要进一步明确。

### 三、新闻审查的法律问题

#### (一)言论自由、新闻自由权利是绝对的权利吗?

许多国家的宪法或法律都赋予公民享有新闻自由和言论自由等基本权利。例如,美国宪法修正案第一条就是关于公民宗教、出版和表达自由的。但是,法律明确的这些权利是否是一种绝对的权利呢?所谓绝对的权利,有两层含义:一是这种权利不受任何限制;二是当这种权利与其他权利相冲突的时候,这种权利高于其他权利。(1)言论自由、新闻自由并不是不受任何限制的,在一些条件下,无论是言论自由还是新闻自由都会受到限制。例如,就言论自由来说,一个人对他人的评论就不是没有限度的。这个限度就是他对别人的评论不能侵害他人的合法权益,否则,就可能构成诽谤罪;就新闻自由来讲,媒体就不能披露被列为国家机密的消息。最常见的对于新闻自由的限制是在战争时期,媒体往往受到比和平时期更多的限制。在非战争的特殊时期,媒体也会面临着各种限制。例如,美国“9·11”事件之后,美国的媒体被禁止报道总统的行程计划和白宫安全设施细节等内容。(2)言论、新闻自由并不能必然超越其他任何权利之上。在很多情况下,当言论、新闻自由与其他权利或利益相冲突的时候,言论与新闻自由并不必然高于其他权利。例如,当新闻自由与国家安全利益相冲突难得时候,新闻自由就必然要受到限制,因为在这里,国家安全利益维系的是国民的生存权利。作为两种不同的权利,国民的生存权利无疑要高于新闻自由权利。

既然言论自由、新闻自由不是绝对的权利,那么,这种权利是可以被限制的。从上面简单的分析中可以看出,当言论自由、新闻自由权利的使用对他人、组织、国家的权利或合法利益构成潜在的或实际的损害的时候,就可能需要对这些权利的使用进行限制。当恐怖事件发生的时候,媒体对恐怖主义的报道应当适用这种限制。但实际上,媒体认为他们在这样的场境中仍然应当享受新闻自由的权利,那么,在这样的场境中,媒体是否应当享受新闻自由的权利?媒体享受的是权利还是特权?

（二）媒体在恐怖事件现场进行报道是享受权利还是享受特权？

对于上述这个问题，美国的一位安全问题专家米勒（Abraham H. Miller）进行的研究具有很大的启发性。米勒通过研究美国最高法院的案例发现，美国最高法院认为，大众传播媒介在接近恐怖事件现场上拥有比普通公众更多的优先权利。换言之，如果普通公众不允许接近恐怖事件现场，那么，媒体也应当接受同样的限制。要求媒体接受这样的限制并没有侵犯美国宪法修正案第一条所赋予的新闻自由权利。就这样的案例，米勒认为，媒体在恐怖事件发生的现场进行报道并不是在享受宪法赋予的新闻自由的权利，而只是享受执法机构根据具体情况给予媒体的一种特权。[1] 此外，禁止媒体在现场报道既不侵犯媒体的新闻自由的权利，也不妨害公众的知情权，当恐怖事件中人质的生命安全或反恐怖行动的保密性具有绝对重要地位的时候，限制新闻报道只是把新闻自由的权利和公众的知情权在时间上滞后了，而并没有剥夺这些权利。

（三）新闻审查应当以明确规定恐怖主义的概念与性质为前提。

如果恐怖主义的概念没有事先确定清楚，那么，新闻审查就会充满随意性。但是，由于对恐怖主义的认定带有强烈的价值判断的色彩，而且人们对什么情形构成恐怖主义缺乏一致的意见，因此，新闻审查作为一种限制媒体报道恐怖主义中产生副作用的手段，在运用起来的时候就需要特别小心。否则，打击恐怖主义和新闻审查就可能在政治斗争中被滥用。

与明确概念相类似，对恐怖主义的性质也需要清晰的规范。在此，需要明确的恐怖主义性质就是指我们要知道是把国际恐怖主义作为战争对待，还是把它作为国际犯罪来对待？是把国内恐怖主义作为一种普通形态的暴力犯罪来对待，还是把它作为一种特殊形态的暴力犯罪来对待？明确恐怖主义的这种性质是十分有必要的。因为：

1. 如果把与国际恐怖主义的较量看作是一场战争，那么，在大众媒体报道恐怖主义方面，毫无疑问，可以适用战争时期关于对媒体限制的有关法律。媒体违法这些限制那么就可以按照法律的有关规定处以泄露军事机密之类的罪名。但是，如果把与国际恐怖主义的较量看作一场正式的战争（这里排除对战争给予广义上的理解），那么，就必须认真思考与之而来的有关问题。第一个问题就是

---

[1] Abraham H. Miller, "Terrorism, the Media, and the Law: A Discussion of the Issues." In Terrorism, the Media, and the Law, Miller (ed.), Dobbs Ferry, NY: Transactional Publishers, 1980, p. 43.

需要遵守《日内瓦公约》对被俘的恐怖分子要给予战犯的待遇。恐怖分子被俘后的生活、审判甚至引渡等就需要按照国际法和国内法的有关规定来处理。第二个问题就是当把恐怖分子作为战犯对待的以后,为了使同伙作为战犯按照国际法被交换出来,恐怖分子会实施更多的恐怖行为并劫持人质来达到交换战俘营救同伙的目的。这样一来,给恐怖分子以战犯的地位客观上刺激了恐怖行为的升级。第三个问题就是当把与国际恐怖主义的斗争作为战争来对待之后,无形地提升了恐怖组织的地位并鼓舞了恐怖分子的士气。因此,在国际政治中,无论是英国还是美国,他们一般地并不愿意把国际恐怖主义行为看作是战争行为,尽管这样做,在实施媒体控制方面比较方便。

2. 如果把国内恐怖主义看作是与凶杀、抢劫、强奸等暴力犯罪一样的犯罪类型的话,那么,就需要提供足够的正当理由来说明为什么媒体在报道凶杀、抢劫、强奸等案件时候可能享有的特权,在报道同样属于暴力犯罪的恐怖主义的时候就不再享有。同样地,如果把国内恐怖主义作为一种特殊的暴力犯罪,那么,它作为特殊犯罪的理由是什么?显然,当把国内恐怖主义作为与凶杀、抢劫、强奸等一般暴力犯罪不同的特殊形态的暴力犯罪来对待的时候,可以顺理成章地给媒体施加相对多的报道限制。那么,如何令人信服地说明国内恐怖主义是一种特殊类型的暴力犯罪呢?关键在于两点:一是恐怖主义动机与一般犯罪不同。恐怖主义带有政治、宗教、民族主义等目的。二是构成方式上,恐怖主义一般需要存在一种三角关系,即恐怖分子,直接被害人和恐怖行为试图影响的一方(包括国家、组织和个人)。在把恐怖主义作为一种特殊的犯罪类型来认定的时候,西方国家一般并不强调认定恐怖组织的动机,因为他们认为认定动机是没有太大意义的,因为恐怖组织的动机可能是合法的甚至是值得赞扬的。因此,西方国家把认定恐怖组织的关键放在对行为的认定上,而不是对其动机的考查上。[1]西方国家的这种做法除了受西方多元社会价值观影响之外,实际上有一个策略上的考虑,就是要避免一个陷阱,即强调恐怖分子的政治、宗教动机,会强化恐怖分子在被抓获之后要求享受政治犯身份的愿望。当然,西方国家的这种做法,在另一方面也有负面影响,即不利于及早地发现和预防恐怖主义。

---

〔1〕 Cindy C. Combs: *Terrorism in the Twenty-first Century*, Second Edition, New Jersey: Prentice-Hall, 2000, p. 133.

**思考题**

1. 简要分析大众传播媒介对恐怖主义的作用。
2. 简述感染理论、沟通理论如何解释恐怖主义的暴力。
3. 如何理解新闻审查对恐怖主义的作用？
4. 结合有关实例，试分析大众传播媒介和恐怖主义的关系。

# 第六章
# 人质危机与谈判

挟持人质是恐怖分子最常用的手段之一。恐怖分子挟持人质的首要目的并不是为了杀死人质。人质只是恐怖分子达到目的的一种工具,因此,在很多情况下,挟持着人质的恐怖分子会与执法人员(包括警察、反恐部队等)和政府(在国际恐怖主义的情境中可能会涉及外国政府和国际组织)提出自己的要求并讨价还价。本章将着重介绍人质危机的概念、危机中的恐怖分子、人质、解决人质危机需要的谈判技术,以及使用这种技术的特殊警察:谈判员。

## 第一节　人质危机与恐怖分子

### 一、人质危机的概念

人质危机是指一种危急状态,在这样的状态下,一个人或多个人违背他人的意志采取胁迫的手段限制或剥夺他人的人身自由,并且提出明确的要求作为恢复他人人身自由的条件。被限制或剥夺人身自由的人就是人质,而挟持人质的人就是挟持者。在理解人质危机的概念时,应当注意:(1)作为挟持者讨价还价工具的是人质。所谓人质,字面的理解就是作为质押物的人。在日常生活中,有时需要把某种物品质押给别人。法律规定,被质押的只能是物,而不能是人。在奴隶社会和封建社会,奴隶或女人可以成为质押物,但在现代社会,把人作为质押物的行为是违法行为。因此,当挟持者把某种物作为讨价还价的工具的时候,这种情况不属于本概念所指的情形。(2)挟持者要提出要求。如果挟持者没有提出要求,那么被挟持的人就不是人质,这种危急状态也不是人质危机。(3)提出的要求应当是人质被释放的条件。具体地讲,就是满足要求就应当释放人质。当然,要求可以对人质提出,也可以对人质之外的第三方提出。如果挟持者提出了要求,但要求的满足与否与人质的释放没有关系,那么这种情况也不属于挟持人质。(4)要把暗杀、绑架与挟持人质区别开来。暗杀是以直接夺取他人生命为目的的秘密行动。对于绑架与挟持人质两个概念之间的区别,往往被人们忽视。两者的主要区别在于绑架行为中,被绑架者是被藏匿在秘密的地方;而在挟持人质行为中,执法人员知道人质所在的地方。通常情况下,绑架者是为了要求获得赎金而实施绑架的。因此,这种绑架也属于一种挟持人质的情况。[1] 但在某些极端情况下,绑架者并不是为了获得赎金,而只是要从被绑架者口中获取某种信息、剥夺被绑架者的生命或者把被绑架者交给第三方处理,这些情况下,绑架就不属于挟持人质。[2] 绑架与挟持人质的另外两点区别就是在行为的计划性上,绑架一般都是需要详细事前计划的,而挟持人质有的经过了事先的计划,但有的就没有计划,属于突发事件。例如,抢劫银行的犯罪分子看见警察来了后,立即把银行职员作为人质。由于绑架都有周密的事先计划,因此,绑架的对象一般都是精心选定的,同样地,挟持人质中的人质在某些情况下只是偶然性地成为被害人,而不像绑架那样是被精心挑选上的。当然,在有些情况下,人质是被挟持者精心挑选的。例如,挑选某个百万富翁的儿子作人质要求支付赎金。(5)绑架者的要求几种体现着绑架者的行为动机。绑架者的动机不同,提出的要求也会不一样。通常来讲,绑架者的动机有以下几种:(1)在作案现场遭遇警

---

〔1〕 B. Jenkins, I. Johnson and D. Renfeldt, Numbered Lived: Some Statistical Observations from 77 International Hostage Episode. Santa Monica, CA: RAND, 1977; James M. Poland, Understanding Terrorism, Prentice Hall, 1988, pp. 136 – 137.

〔2〕 例如,2003 年 4 月 8 日在湖南怀化开往上海的 1528 次旅客列车上,一名中年妇女从座位上一跃而起,跪倒在巡视的乘警跟前,向其求救。经了解,该女子认识的一名男子在无法说服她去卖淫的情况下,竟强行绑架,要她到浙江去卖淫(详细报道见 http://www.gzdaily.com/content/2003-04/14/content_1028679.htm)。在这种情况下,该女子系被绑架,而不是作为人质被挟持。

察或见义勇为的民众,为了从现场逃跑而挟持人质。(2)为了使恐怖组织或自己扬名天下,通过挟持人质引起大家的注意或同情。(3)为了使政府或组织改变某项政策或规则。(4)为了营救被政府关押的同伙。(5)为了复仇或发泄不满。(6)为了获得赎金。

## 二、挟持者的类型

很多学者和执法人员对挟持者的类型进行了认真的划分。划分类型之所以重要,是因为每一种类型都代表了不同的处理方法。因此,划分类型不是为分类而分类,而是要通过分类找到处理同类问题的办法。下面介绍几种关于挟持者的分类。

### (一)斯查顿(John G. Stratton)的分类

斯查顿把挟持者分为三大类:(1)有精神障碍的挟持者。这类挟持者大多数情况下会从危机之后的媒体报道中寻求心理满足,此外,这类挟持者有时会威胁要自杀。心理学家认为有精神障碍的挟持者常常是那些感到自己外界压迫而感到自卑、感到自我力量渺小的那些人,他们想通过向他人施加强力控制来得到补偿。对于警察来说,这类挟持者是最难通过谈判的方式解决人质危机的,因为他们的行为是非理性的,而且很难预期。(2)刑事的挟持者。这类挟持者主要指已经定罪的重案犯在收监之后挟持人质试图越狱,或者在越狱之后被警方追剿过程中突然挟持人质。(3)政治、宗教、民族等因素鼓动下的挟持者。这类挟持者是典型的恐怖分子。这类挟持者一般都是非常理智的人,但是,由于他们对恐怖主义的执著信念、周密的行动计划、对媒体很强的操纵能力,以及对形势的准确判断能力(例如,他们提出的要求中哪些要求政府会满足,哪些不会满足),这类挟持者是最难轻易降服的。[1]

### (二)斯吉特(Gary Skeet)的分类

加利·斯吉特把挟持者也分为三类:(1)心理性的挟持者。这类挟持者主要包括下面三种人:第一种为有自杀倾向的人。斯吉特认为成功对付这种挟持者的关键取决于警察在视觉和语言上与挟持者进行个人沟通的能力。第二种为精神错乱的人。斯吉特认为这种人通常只能由那些受过良好训练的、能熟悉病

---

〔1〕 John G. Stratton, "The Terrorist Act of Hostage Taking: Consideration for Law Enforcement," Journal of Police Science and Administration, Vol. 6, 1978, pp. 123 – 124.

人情况的警察来对付。第三种为复仇者。斯吉特认为这种人可以通过谈判的方式解决问题的可能性不大,警察谈判员所能做的就是通过谈判消耗他的精力为采用武力制服犯罪分子创造机会。(2)刑事性的挟持者。这类挟持者包括两种:第一种为监狱犯人。这种挟持者只要他们在监狱中还没有逃脱出来,他们就会利用人质讨价还价。这些罪犯通常都是那些计划周密、做事有章法的人。第二种为抢劫犯。这种挟持者的主要目标就是要逃跑,所以,如果在抢劫过程中和与警察僵持的初期,如果他们没有杀人的话,一般通过谈判就可以解决问题。(3)政治性的挟持者。这类挟持者包括三种:第一种是狂热的抗议者。与这种挟持者的沟通在开始的时候非常困难,因为需要很多时间弄清楚对方的要求是什么才能有的放矢地进行沟通。第二种是政治斗士。政治斗士的目标会很明确,这些人训练有素,所以,解决与他们的人质危机并非易事。但因为他们比较理性,因此,如果处理好的话,基本上也可以顺利解决危机。第三种是无政府主义的斗士。与这些人的谈判几乎不可能在现实层面达成任何有意义的结果,所以,与这种挟持者的谈判就是争取部署警力的时间。[1]

## 第二节 人质危机中的人质

人质危机发生之后,警察不仅需要认真分析挟持者的动机、态度和行为,同时,还要分析人质的情况。分析人质的情况,把握他们的思想状态,对于解决危机,以及防止在危机过程中或危机后出现的消极作用都有至关重要的意义。

### 一、人质在危机中的人际关系与心理特征

人是社会的动物,而社会的本质是人与人之间的关系。因此,要了解人就必须从人与人的关系入手。离开了人与人的关系,作为个体的人只是具有生物属性,没有社会属性。社会属性必须要通过人与人的关系来透视。就人质危机来说,要了解危机中每个人的社会心理特征,也应当分析人与人的相互关系入手。对于人质来讲,其人际关系与社会心理特征主要在如下方面:

---

〔1〕 Raymond P. Siljander and Darin D. Fredrickson, Terrorist Attack: A Protective Service Guild for Executives, Bodyguards and Police Officers, Springfield, Illinois: Charles C Thomas Publisher, 2001, pp. 91 - 92.

(一)个人自由的丧失是人质各种社会心理特征产生的根源

当个人自由被剥夺之后,人的自由行动的权利就没有了,自己的身体不能被自己支配,部分地甚至完全受制于人。这个时候,人质首先表现的心理特征是焦虑与恐慌,人质开始担心自己的生命是否会被恐怖分子剥夺。

在人身自由被限制或被剥夺的时候,如果恐怖分子采取一些特殊的做法,例如,把男男女女人质都集中关在一起,或者让他们列成一排站在墙边,不允许他们移动,这些做法会进一步使人质产生低自尊,会使人质感到自己的尊严受到贬损,觉得自己不是人,而像动物,受人支配、任人摆布。

(二)对未来的不确定感使人质容易产生情绪波动

人质由于丧失了自己的人身自由,他们不能主宰自己的命运,感到自己的生命受到了威胁,也许会死、也许能侥幸生存。不能主宰自己的命运、不能在生与死的问题上预知未来,这种困境会使人质的情绪难以稳定下来。他们也许会平静,也许会突然变得歇斯底里。人质的这种心理与监狱犯人的心理有很大的不同。同样都是失去人生的自由,但对于那些已决犯人来说,如果刑期是三年,他们只要数着日子,盼着三年时间过去就行;即使对于那些判处死刑的人来说,纵然有偶尔的情绪波动和歇斯底里,通常最终仍然会平静地走向死亡。因为对于心智正常的罪犯来说,自己所实施的犯罪行为与接受刑罚之间的因果关系可以使他接受不得不面临的现实。但对于人质危机中的人质来说,情况就不同,一是人质不知道恐怖分子什么时候会剥夺自己的生命。人质只知道自己的脖子上已经悬了一把“刀”,但这把“刀”是否会剥夺自己的生命或者何时会剥夺自己的生命,人质都无从所知。二是人质不能解释自己为什么会成为人质。他没有过错就无因地成为人质。如果说真有过错的话,那也许是因为他在错误的时间出现在了错误的地点,或者错误地成为政治人物或百万富翁而被恐怖分子挟持为人质。所以,无因地被挟持、生命的威胁充满着不确定性,这是人质面临的两大难题。这两大难题对人质的心理可以产生很大的影响。

(三)人质与恐怖分子能建立个性化的人际关系,这种人际关系的不稳定性显示出人质所处境地的脆弱性

在通常的社会生活中,人际关系基本上有两种形态:一种是正式的人际关系,如组织中的上下级关系、同事关系;另一种是非正式的人际关系,如组织中的朋友关系、老乡关系以及家庭中的夫妻关系等。两种关系的主要区别在于前者

是由正式的法律、组织原则、章程和规范限定的，而后者则主要通过社会习俗、道德等来约束；前者不允许投入个人的偏好、性感等因素，后者则融入了个人的喜好与情感。这种关系的区别在人际沟通中时使用的称谓、空间距离以及身体语言等方面都可以表现出来。比如，两个好朋友在单位里是上下级关系，那么，一般来讲，在单位的时候，他们彼此之间的称谓应该是“老张”、“处长”、“经理”之类的；而在私下的非正式场合，他们则可以在很近的距离拍着对方的肩膀称兄道弟。如果反其道而行之的话，那么就容易出笑话。

当个人的自由被限制或被完全剥夺的情况下，个人与他人之间的关系通常是一种正式的关系。例如，监狱的犯人与看守之间的关系就是正式的关系，这种关系是制度化的、由法律规定的。与此相似，人质的自由也是被限制或剥夺了，但是，人质与恐怖分子之间的关系却充满了不确定性。在有些情况下，人质与恐怖分子之间的关系是非常正式的；有些情况下却能发展成非正式的关系。例如，第五章提到的 1974 年美国“共生解放军”绑架帕翠霞·赫斯特例子中，帕翠霞·赫斯特后来竟然自愿成为“共生解放军”的一员。这种现象就是“斯德哥尔摩综合征”。在“斯德哥尔摩综合征”中，人质与恐怖分子的人际关系随着时间的推移会发生显著的变化。当然，“斯德哥尔摩综合征”的发生也会产生对恐怖分子不利的影响，例如，当恐怖分子人质与人质存在非正式的关系时，一方面，人质会觉得恐怖分子的政治主张并非没有道理，或者觉得他们提出赎金的要求是被生活所逼迫的，觉得恐怖分子也很值得同情；另一方面，恐怖分子会觉得人质也是活生生的人。这样，如果恐怖分子提出的要求没有被满足，当他们要杀死人质的时候，他们会犹豫的，而且即使他们杀死了人质，他们心理上容易产生罪错感。因此，为了防止这种情况的发生，一些恐怖分子会采取相应的应对措施，例如，在挟持人质的过程中，恐怖分子戴上面罩，既防止自己的身份被暴露，更防止与人质之间建立个性化的人际关系；或者看押人质的恐怖分子之间经常进行轮换。

由此可见，人质与恐怖分子之间关系模式受到诸如时间、地点、恐怖分子个人特征等因素的影响，而最根本的是人质并不能对这些影响因素施加任何控制力量，因此，人质与恐怖分子关系的这种不确定性充分反映人质所处境地的脆弱性。

### （四）人质与家庭和社会的联系被强制性地割断使他们突然陷入孤立的境地，从而容易使他们产生绝望的心理

当人质被挟持之后，虽然人质会希望能向家人传递信息，家人也渴望得到亲

人的消息,但是,相互的联系不得不因为人质自由的丧失而中断。人质不能从外界得到任何感情上的支持。孤立的境地容易使人质产生绝望的心理。

人在孤立而且对未来绝望的情况下最想做的事情就是在自己的生命被剥夺从而从这个世界消失之前能给外界留下一个印记、留下一个线索,使自己的家人最终能够知道事情的真相。比如,当恐怖分子劫持客机之后,飞机上的人质在生死未卜的情况下往往会彼此交换姓名、地址等信息委托他人在自己不能生还的情况下告诉自己的家人。这种做法类似于遭遇海难的人在没有现代通讯手段的情况下给瓶子中塞个字条扔入水中的做法。它所表达的就是人在绝境中仍然想要与家庭、社会和这个世界进行最后沟通的强烈愿望。人来到这个世界的时候都是啼哭着来,所以,走的时候也并不想轻轻地走。遗嘱、遗书和遗言都是人在最无奈的时候给人世最后的挥手。

## 二、斯德哥尔摩综合征

在前面我们提到了"斯德哥尔摩综合征",为了能对这个在人质危机中经常发生的现象有更清醒的认识,有必要对这一现象给予细致的分析。

### (一)定义与起源

斯德哥尔摩综合征是指在人质危机事件中人质对挟持者产生同情、理解、赞扬等积极的情绪反应,同时对警察和政府产生排斥、厌恶等消极的情绪反应的现象。斯德哥尔摩综合征通常包括三个阶段:对挟持者的积极的情绪反应;挟持者对人质情绪反应的积极回应;对警察和政府的消极的情绪反应。[1]

对"斯德哥尔摩综合征"这一现象的认识起源于1973年8月23日在瑞典斯德哥尔摩发生的一个银行抢劫案。在该案件中,一名持枪男子挟持银行的4名女性职员作为人质。在经过与警方长达131小时的对峙之后,人质后来都获救。出乎意料的是,这些人质在危机过程中认为挟持者是保护她们的,她们害怕的不是挟持者,而是警察。事后,人质自己也感到奇怪:自己为什么不恨抢劫者?人质后来接受了心理学家的治疗,但是她们仍然没有对挟持者的仇恨心理。相反,她们对于挟持者能让她们活着充满了感激。更为离奇的是,一位人质后来竟然

[1] Murray S. Miron and Arnold P. *Goldstein, Hostage*, New York: Pergamon, 1979, p. 9.

嫁给了挟持者。[1]

"斯德哥尔摩综合征"虽然起源于这一特定的抢劫案,但是,后来发现在不少人质危机中都存在这种现象。因此,这种现象具有一定的普遍性。

(二)产生"斯德哥尔摩综合征"的关键因素

"斯德哥尔摩综合征"的产生是多种因素作用的结果。这些因素主要包括:[2]

1. 初期的情绪波动。如前所述,人质的心理与正常状态下的心理有很大的不同。在开始阶段,人质表现出来的情绪或行为基本上是:否认、幻灭、逃避现实和憧憬未来。否认就是指人质在最开始的时候会问自己:"这怎么可能呢?"或者自己告诉自己:"这肯定是梦。"否认是许多人在面临沉重压力时候的一种反应。但是,当最后他们意识到这是现实的时候,他们就有幻灭的感觉,这种感觉就像判处死缓的犯人所表现出的那种行将就毙的感觉一样。对于无奈的现实,有些人也会表现出逃避行为,比如,进入昏睡状态,或者使自己不停地忙着干某件事情(例如,不停地重复地数着窗户或人质的数目),或者回忆过去。而几乎所有的人质都会想如果能活下来,一定要好好生活。

2. 时间的推进所产生的影响。时间是影响"斯德哥尔摩综合征"是否发生的一个很重要因素。一般来说,如果挟持者没有殴打、强奸、体罚人质,那么挟持者与人质在一起的时间越长,发生"斯德哥尔摩综合征"的可能性就越大。当然,这一点不是绝对的,时间既不是一个绝对的影响因素,也不是一个充分的影响因素。它的作用需要结合人质与挟持者人际互动,以及其他具体因素才能实现。

例如,1976 年 9 月美国环球航空公司(TWA)的一架从纽约预定飞向亚立桑纳州图森市的飞机被劫持。飞机改变航向飞行大约 3 个小时到达加拿大纽芬兰,为了减轻重量使飞机能飞到欧洲,劫机犯要释放一些人质。但是释放谁呢?一名女劫机犯根据人质的年龄和家庭情况选择了 34 名下飞机的人质。最后剩

[1] Theodore B. Feldmann, "Dealing with Large-scale Hostage and Barricade Incidents: Implications for Negotiation Strategies and Training", Harold V. Hall and Leighton C. Whitaker (eds.), Collective Violence, New York: CRC Press, 2000, p. 339.

[2] Thomas Strentz, "The Stockholm Syndrome: Law Enforcement Policy and Hostage Behavior", in Frank M. Ochberg and David A. Soskis (eds.), Victims of Terrorism, Boulder, Colorado: Westview Press, 1982, pp. 153 – 161.

下来的除了7名机组人员之外，还有54名乘客，这些人质基本上都是单身的、结婚了但没有孩子的或者自愿留下来的(如一名主教)。后来飞机到巴黎之后，警方包围了飞机，经过13小时的谈判，劫机者投降。整个事件前后持续大约25个小时。

在1976年9月和10月有关人员对所有乘客(两名除外)和机组人员进行了访谈。在访谈之前，访谈者假定在纽芬兰下飞机的那些人因为与劫机者在一起的事件短，他们不会形成对劫机者的积极看法；而那些在巴黎下飞机的人质会对劫机者产生积极的看法。换言之，时间是一个影响“斯德哥尔摩综合征”产生与否的决定性因素。

但是，后来的调查结果并没有能证明这个假设成立。最后的结果表明，不同的人质对不同的劫机犯所表达出来的态度都不一样。有的人质被劫机者殴打了，这些人就没有产生对劫机者的积极评价，他们都主张给予劫机者最严厉的刑罚。有些人大多数时间都在睡觉，他们对于劫机者几乎没有什么接触，他们也主张严厉处罚劫机者。另外一些人则表现出对劫机者的极大同情，而不管他们释放的先后。这些人都曾经与劫机者发生过正面的交往，例如与劫机者讨论他们劫机的动机、感受等。这些持同情态度的人质有的准备利用业余时间去旁听审判；有的则开始向劫机者捐款；有的则向劫机者推荐辩护律师；有的则拒绝会见执法人员，因为正是这些人把劫机者关押起来的。在所有这些同情者中有一个女人质明确地表达了她的想法。她说：“在事件结束而且我们都幸存下来之后，我得说他们(指劫机者)让我从地狱中走了一趟，并且给我的父母和我的未婚夫带来了极大的伤害。但是，我活着回来了。我活着是因为他们给了我生路。你知道，如果有的，那么也只有很少的一些人，他们控制了你的生命，但却能把生命在归还给你。在这一切都结束了，我们还活着的时候，他们却戴上了手铐。我走到他们面前，亲吻了他们每一个人，并且说：‘谢谢你让我生还’我知道这听上去很荒唐，但这却是我的感受。”

3. 积极的接触。上面的例子实际上也说明了在恐怖分子与人质之间的积极接触对于“斯德哥尔摩综合征”的产生具有很大的作用。一般来讲，积极的接触需要具备三个方面的条件：一是恐怖分子如果不主动向人质示好的话，至少不能殴打、强奸或体罚人质。二是人质在存在一些微小冲突的时候，责备自己。人质与恐怖分子之间的冲突肯定是会有的，但如何看待这些冲突对于人质与恐怖分子之间的进一步沟通却有影响。有的人质会认为恐怖分子显示武力对于控制局面是必要的,因为人质的不合作才招致了恐怖分子的暴力行为。三是人质意识到恐怖分子人性化层面的东西(如情绪、爱好等)。

4. 恐怖分子的回应。随着时间的推移,当恐怖分子与人质之间已经有积极的接触的时候,恐怖分子如何回应对于“斯德哥尔摩综合征”的产生也有重要的作用。恐怖分子也许与人质进行友好的交谈,但也可能虐待和辱骂人质。恐怖分子的不同反应与他们的人格有很大关系。一般来说,多数人都不会面对面地残忍地把痛苦施加给别人,除非在他的眼中,被他残害的人成了像动物似的非人性化的东西(参见第四章的内容)。特别是当人质与恐怖分子都被困在同一座大楼、同一架飞机、同一列火车里的时候,人质与恐怖分子都容易对方当作人来对待,而不是当作非人的畜生。因此,在这种情况下,人质在保持自己做人的尊严的同时容易同情恐怖分子。但是,对于那些具有反社会人格的人来说,能够产生人性化的种种效应并不能阻止恐怖分子对人质的残害,也不会减少他们内心的不安和内疚。

5. 人质是否处于隔离状态。当人质处于隔离状态的时候,“斯德哥尔摩综合征”是不可能发生的,无论时间多久。人质的隔离状态有时是人质自己自愿行动的结果。有时则是恐怖分子强迫的结果。例如,1970 年,一位美国农学家克劳德·弗莱(Claude Fly)曾经被乌拉圭的“图帕马”绑架了 208 天。为了防止自己认同于“图帕马”的思想,弗莱在被关押期间,写下了 600 页的自传以及 50 页的对《新约圣经》的分析文章。这样,弗莱自己创造了一个世界,把自己与外界隔离开来。在这种情况下,“斯德哥尔摩综合征”是不可能产生的。在另一些情况下,恐怖分子也会主动把人质与自己分隔开来。例如,把人质关在与自己不同的房间,或者在同一个房间的时候给他们戴上面罩、把他们的嘴堵住,让他们面对着墙壁而不是朝向恐怖分子。这些做法都阻断了“斯德哥尔摩综合征”产生的可能性。

### (三)警察如何利用“斯德哥尔摩综合征”解决危机

“斯德哥尔摩综合征”是一个“双刃剑”,一方面,它会使人质认同于恐怖分子并对警察和政府产生不满情绪;但另一方面,它又增加了人质存活下来的可能性。那么警察如何利用好这个“双刃剑”,限制它的副作用,扩大它的积极作用呢?

1. 警察在解决危机的过程中必须把保障人质生命安全作为采取行动的一个主要依据。人质对于恐怖分子来说就是讨价还价的筹码,虽然恐怖分子在与警察对峙的过程中会威胁要杀害人质,但是,在一般情况下,恐怖分子不会轻易杀害人质,因为没有了人质也就意味着他们与警察讨价还价的筹码没有了。相比较之下,警察在解决危机的过程中对于行动方案的选择应当把保障人质生命安全作为重要的依据。否则,人质就很容易对警察产生消极的看法,认为对自己生命安全的危险不是来自于恐怖分子,而是来自于警察。这就要求警察在行动中必须慎用致命性的武力;要关注人质的生命需求(如对食品的需要),一般情况下,警察不应当以阻断对人质和恐怖分子的食品供应为手段迫使恐怖分子就范。

2. 警察在与恐怖分子沟通的过程中可以采取一些技巧诱导"斯德哥尔摩综合征"的产生。这些技巧包括:在人质受伤的情况下,要求恐怖分子检查人质的伤势;与恐怖分子谈论人质的家庭义务(比如人质家里有老人需要赡养,有孩子需要照顾等);提供某种人质的特殊信息(例如,人质中有孕妇的话,可以提供关于孕妇的某些信息);请恐怖分子提供处置人质的消息。这些技巧被称为"使人质人性化"的技术。之所以要采取技巧使人质在恐怖分子看来是有血有肉的人,其中的原因,我们在关于恐怖主义文饰作用的章节中已经讲述。

当然,这些技巧需要灵活运用,否则,不仅不能起到保护人质的作用,相反把谈论到的人质置于更高的风险之中。比如,当恐怖分子与警察的关系处于激化状态,而恐怖分子具有强烈的逆反心理,这时,警察请恐怖分子检查人质伤势之类的要求就是不恰当的。一般来讲,这些技巧的运用是建立在谈判员已经与恐怖分子之间建立起了一定程度的信任关系。此外,运用这些技巧的时候,应当让恐怖分子不知不觉地进入状态,要达到"润物细无声"的效果。如果恐怖分子意识到警察在利用技巧操纵他们的情绪,那么,这些努力就会失败。

例如,1975 年 4 名"爱尔兰共和军"恐怖分子在英国伦敦挟持了当时 54 岁的邮递员约翰·马修(John Matthew)及其夫人。该人质危机持续了 6 天之久。在此期间,政府得知恐怖分子与人质经常收看电视。于是,政府就故意安排了播出了一个节目,在这个节目中,马修的子女和孙子都接受了电视记者的采访。政府实际上就是想通过这个节目传递关于马修的家庭信息,同时也通过这种采访报道给马修夫妇提供支持。在随后与恐怖分子的谈判中,谈判员就强调了马修的家庭背景;强调马修夫妇都像恐怖分子一样属于普通的劳动阶层;强调马修夫人身患疾病,希望恐怖分子能注意她的健康。后来,恐怖分子向警察投降,人质也幸存下来。

## 三、人质在危机中的角色及其对谈判的影响

人质在危机中除了作为一个被动的人质(如持续睡觉的那种人质)之外,还可以扮演其他不同的角色。这些角色有的对于警察解决危机起积极的作用,有的起消极的作用。因此,分析这些角色并探讨相应的措施对于警察解决危机十分重要。

### (一)人质作为警察获取信息的一个渠道

当人质危机发生后,警察首先需要对局势有基本的认识。但是,由于人质危机的突发性,可能刚开始的时候,警察对于基本情况根本不了解,甚至对于恐怖分子的人数、年龄、性别、外表特征等情况都不知道。在警察获取信息方面,人质可以发挥一定的作用。人质可以主动和被动地方式向警察提供人质危机的消息。(1)当人质在被恐怖分子控制的情况下,人质通过可能的手段可以主动地向警察提供信息。当人质被恐怖分子关押起来,受到恐怖分子严密监视的时候,人质的活动余地很小,他们一般难以向外界传递信息。但是,在有些情况下,人质可以寻找机会利用合适的手段向警察提供信息。例如,在一次巴黎发生的土耳其领事馆人质危机中,一名女人质就利用一个机会从窗口向楼下的警察扔下了一个纸条。(2)部分人质被恐怖分子释放,这些人质在摆脱恐怖分子的控制后可以主动地向警察提供消息,也可以被动地接受警察的讯问。人质作为危机的直接经历者,因此,他们可以提供有关事件发生的过程、恐怖分子人数、特征等方面的消息。恐怖分子挟持人质之后,当然一般地,人质不会轻易地被释放出来。但是,警察可以利用某些特殊情况要求恐怖分子释放人质。最常见的特殊情况就是谈判员告诉恐怖分子某个人质生病了,或者强调某个人质受伤了,这些信息对于恐怖分子来说也许觉得无关紧要,但是,谈判员必须要告诉恐怖分子他们对人质生命安全需要承担的责任,可以明确指出如果生病的人质在被他们关押期间死亡了,那么他们不仅负有责任,而且他们需要处理尸体等问题(例如,在夏天,如果人质危机僵持的时间很长,那么处理尸体无疑是一个很麻烦的问题)。这样与恐怖分子进行谈判就有可能使恐怖分子释放个别人质。这些人质对于警察来说,就是宝贵的信息来源。例如,在一次人质事件中,谈判员就告诉占领伊朗大使馆的恐怖分子人质中的一名伊朗妇女是孕妇。该妇女看上去并不像怀孕的样子,实际上她根本没有怀孕。但是,谈判员告诉恐怖分子,作为孕妇,她随时都会出现他们解决不了的问题,这些问题可能会给他们带来尴尬的局面。

后来,恐怖分子释放了这名妇女。还有一次,两名“英国广播公司”(BBC)的电视记者被恐怖分子挟持了。其中一个人质突然精神就像彻底崩溃了,而且出现了严重疾病的症状。恐怖分子一看,慌了手脚。后来,在谈判员的要求下,释放了该人质。但是,实际上,该人质并没有什么大毛病。

人质被恐怖分子释放以后,有的能主动提供自己知道的情况,但有的不能主动提供。因此,应当请有经验的警察耐心细致地讯问人质,从他们那里获取重要的信息。

(二)人质作为恐怖分子与警察沟通的代言人

在人质危机中,警察派出的谈判员是作为一种中间人的角色出现的。虽然从本质上讲,谈判员不应当也不可能在作为中间人的过程保持完全中立,但是,谈判员需要一方面取得恐怖分子的信任,使他们的要求能够传达到警察高层和政府决策者那里,同时,又要站在执法者的立场尽可能以最好的结果解决危机。与谈判员的角色相似,人质也可能被恐怖分子用来作为与谈判员沟通的代言人。恐怖分子这样做的好处在于他们可以因此而赢得时间,使他们在采取必要的措施应对警察之前可以有比较充分的时间思考和准备最佳应对方案。另外,一个对恐怖分子的有利之处就是利用人质传话可以给警察和政府造成更大的压力。当然,利用人质作为恐怖分子的代言人,对于警察来说,也可以产生积极效果,那就是警察可以通过这个代言人来衡量人质的态度及其状况,比如,通过代言人可以衡量恐怖分子对人质的控制程度等。

(三)人质作为恐怖分子的同伙

如前所述,人质可能会认同于恐怖主义或者认为恐怖分子的要求是合理的,因此,人质会给顺利解决危机施加障碍。后面我们将要讲到,在与恐怖分子谈判的过程中,谈判员对于恐怖分子提出的要求可以采取的一项最常用的策略就是拖延,就是要找各种理由使恐怖分子相信暂时还不能满足他们的要求,但还在不断争取满足这些要求。这种策略也许会让那些了解政府内情的人质识破,他们也许会告诉恐怖分子:谈判员说的那些理由不是真的,政府实际上可以满足这些要求。这样,人质就出卖了警察和政府而站在恐怖分子那边去了,成为恐怖分子的同伙。

例如,一伙恐怖分子曾经占领了伊朗驻英国的大使馆,恐怖分子要求政府在“英国广播公司”(BBC)电台和电视台上全文发表他们的宣言和要求。因为恐怖分子的宣言中含有诽谤伊朗霍梅尼政权的内容，为避免引起外交上的不良后果，英国政府采取拖延策略，谈判员告诉恐怖分子政府需要花时间说服“英国广播公司”的老板同意这样做。但是，人质中有一个人是记者，他当即发现这种说法不符合事实，并告诉了恐怖分子，然后还与恐怖分子一起来到谈判员面前，指责他们不合作，在浪费时间。

因此，在这种情况下，警察与恐怖分子进行的谈判将变得异常艰难。警察需要结合具体情况分析人质这样做的原因并找到相应的对策。

（四）人质作为自我解决危机的力量

人质被挟持了以后一般地都会变得惊慌失措，不知道该怎么办。有些人质由于本身的良好素质或者在人质危机发生之前接受过相关的训练（例如，派往某些动荡地区的外交官在接受有关训练后在危机中就可能表现出良好的应变能力），因此，当他们成为人质之后，他们自己会努力找到解决危机的办法。

### 四、人质求生的行为原则

人质被挟持之后如何应变来保证自己的生命安全？对这个问题很难有一个统一的详尽的答案，因为危机的情境不同（包括恐怖分子的人格、行为动机、发生的地点等），每个人的反应也应该不同。但是，就一般的行为原则而言，有些原则也许可以适用于各种不同的人质危机场合。下面介绍美国犯罪学家詹姆斯·坡兰（James Poland）提出的人质求生原则。[1]

詹姆斯·坡兰认为，在人质危机发生的不同阶段，人质需要注意的问题是不同的，但总起来，最关键的是要保持镇静，不能惊慌。

（一）冷静

在人质危机刚刚发生的起始阶段，人质应当避免不必要的或者突然的行为，不要大喊救命，不要制造令人难以忍受的噪音。刚开始的时候，人质最基本的反应是恐惧、不相信眼前发生的事情。人质应当尽快克服恐惧心理，恢复平静并面对被挟持的现实。在开始的阶段，也许有人想与恐怖分子对抗，甚至逃跑。到底是应当与恐怖分子对抗，还是应当接受被挟持的现实等待时机再做应变？这需要依据具体的情况和个人的判断。但如果没有足够的把握制伏恐怖分子或逃

---

〔1〕 James M. Poland, *Understanding Terrorism*, Prentice Hall, 1988, pp. 139 – 140.

跑,最好还是接受现实,坡兰认为这时,人质可以策略性向恐怖分子表明愿意与他们合作的意图。但同时,人质要做好会限制人身自由的各种做法的心理准备,比如,为了防止人质交谈或喊叫,恐怖分子会把他们嘴堵住;或者把他们绑起来甚至注射麻醉剂防止他们逃跑。

(二)面对现实

在经历了最初的恐惧阶段之后,人质应当努力使自己面对被挟持的现实。人质可以采取下列方法调整自己:(1)如果可能的话,做一些健身运动;(2)使用阿Q式的自嘲,想一想有很多人也曾经经历了这种甚至更严峻的磨难,但却幸存下来了;(3)做事形成规律,这样能给自己一种控制周遭环境的感觉;(4)如果被恐怖分子挑选出来,那么要以合适的方式提醒他自己是人,如谈个人的生活、谈孩子、谈家庭等。尽量避免让恐怖分子以非人化的方式对待自己;(5)当被恐怖分子殴打时,不要逞强,要表达自己的痛苦。如果有病的话,就立即告诉恐怖分子;(6)如果被恐怖分子讯问,那么尽量告诉实情,除非涉及国家机密或国家利益,以避免不讲实情招致的人身伤害。

在这个相持阶段,恐怖分子也许采取各种方式恐吓人质。例如,在人质面前装卸子弹,模拟处死人质、威胁处死人质、辱骂体罚人质、大发脾气。但无论如何,人质要保持镇静。随着时间的流逝,形势可能会越来越对人质有利。为了避免不利的后果,人质也可以与恐怖分子进行沟通,但是人质不要假装对恐怖主义表示兴趣,以免被恐怖分子利用。

(三)后期的应变

人质危机的后期往往是以谈判成功恐怖分子投降,或者谈判破裂警察用武力营救人质而告终。人质危机的后期是人质生命处于最危险的时期。根据坡兰的统计,大约75%的伤亡发生在这个阶段。当谈判成功,人质将要释放的时候,恐怖分子也许很紧张,害怕自己被警察欺骗。这时,人质千万不能因为自己马上要获得自由,觉得该扬眉吐气了,于是向恐怖分子发泄不满。这样很危险。如果说谈判没有成功,当防暴警察强行救援的时候,因为救援行动往往都是出其不意、攻其不备,所以人质一定不要恐慌,要保持冷静。这个时候,恐怖分子也会很恐慌,如果人质也慌张,那么,整个现场就会乱作一团,特别是当枪声、爆炸声、突击队员的命令声都出现的时候,现场的慌乱可能导致误伤。在这种情况下,人质不要逃跑,否则容易被当作恐怖分子遭到枪击。最好的办法就是卧倒。

## 第三节 谈 判

恐怖分子挟持人质之后，恐怖分子会提出某种要求。在欧美国家，警察和政府一般会派出具有警察身份的谈判员就恐怖分子提出的要求与恐怖分子进行沟通。这个沟通过程就是谈判。本节就要集中阐述谈判的目的、谈判策略等问题。

### 一、谈判的目的与目标

谈判目的要回答为什么要谈判？对于这个问题，可以从两个角度来分析：一是恐怖分子为什么要谈判？二是警察为什么要谈判。与这两个问题相关，我们需要进一步明确：如果要谈判，那么，通过谈判要达到什么目标？

（一）恐怖分子谈判的目的与目标

前面讲了，恐怖分子挟持人质不是为了要杀害人质，杀害人质不是他们的目的，如果说在人质事件中人质被杀害了，那么这种情况应当看成是恐怖分子与警察或政府之间互动的一个结果，甚至可以看成是事件过程的一个副产品。因为人质事件与暗杀、爆炸等恐怖事件是不一样的，在暗杀、爆炸等恐怖事件中，恐怖分子就是希望剥夺他人的生命或造成财产损失来达到某种目的。

恐怖分子挟持人质只是把人质作为一种满足他们要求的工具，恐怖分子必须提出要求，这个要求通常情况下是向第三方（政府、警察、人质所在的公司、家庭等）提出的。为了使他们提出的要求全部或部分地得到满足，他们就必须要与第三方进行沟通。因此，为了使自己的要求得到满足这是恐怖分子要求谈判的主要原因，也是他的目的。

为了达到这个目的，恐怖分子在谈判中有一些基本的目标：(1)根据政府或警察等第三方的反应调整自己的要求。恐怖分子在挟持人质之前就会事先准备好自己的要求，因为没有这个要求，他们不会挟持人质。但恐怖分子的要求并不是不可改变的，他可以根据第三方的反应，明确或调整自己的要求。比如在前面提到的1975年4名“爱尔兰共和军”恐怖分子挟持一对夫妇的案件中，恐怖分子提出的要求是要政府安排一架飞机，使他们能够乘飞机飞到爱尔兰。但是，当危机持续到第7天的时候，他们干脆放弃了他们的要求突然投降了，因为他们在最后感到被英国反恐部队攻击的可能性越来越大。现实中人质危机的案例表明，恐怖分子毫无弹性地坚持自己要求的情况并不多见。(2)保证自己的生命安全并逃脱法律制裁。虽然现实中挟持人质的恐怖分子的例子也有,但多数情况下,恐怖分子并不打算自杀,相反,他们常常提前为自己逃跑做好充分的准备,或者在自己的要求得到部分或全部满足的情况下要求提供逃跑的工具。人质危机中的恐怖分子与人体炸弹那种表意性的恐怖分子有很大的不同。当恐怖分子提出的其他要求没有满足的时候,恐怖分子最基本的要求往往是寻求政治避难或者要求从轻甚至免于法律制裁。(3)保证在第三方看来人质的生命是安全的。这个目标看上去好像有点似是而非,但却是符合逻辑的。尽管恐怖分子挟持人质之后会一直威胁如果他们的要求得不到满足,他们就要杀死人质,但实践表明恐怖分子并不会在自己的要求没有得到满足,而且这些要求存在满足可能性的情况下故意杀死人质。人质的存在对于要求的满足以及他们自身生命的安全都有重要意义。即使恐怖分子故意或意外地致使人质死亡了,许多情况下,恐怖分子还会努力让第三方相信人质的生命是安全的。(4)让人质危机在媒体上曝光,使更多的人知道恐怖分子的要求与主张。这个目标虽然在单纯为获取赎金的人质绑架案中少见,但在政治、宗教、民族主义的恐怖事件中却比较普遍。

(二)警察的目的与目标

对于与挟持人质的恐怖分子进行谈判,也许有人会持反对意见,认为这种谈判存在副作用,比如,抬高了恐怖分子的身价;会刺激发生更多的挟持人质的案件;会给警察或政府脸上抹黑。这些意见并非完全没有道理,但关键的问题在于,当人质危机发生之后,如果对恐怖分子的要求从一开始就彻底回绝,不留任何余地,那么,就只会立即使恐怖分子陷入无路可走的困境。由此而给人质、警察甚至包括恐怖分子的生命带来的损失只会给警察或政府的声誉在国际或国内造成很大的消极影响。谈判并不就意味着对恐怖分子毫无原则的妥协,更不是对恐怖主义的屈服,谈判只是一种手段,通过这种手段,警察或政府表现出灵活应变的能力,更重要的是,谈判体现了警察和政府对人的生命价值的珍惜。无论是人质、实施营救行动的警察的生命,还是恐怖分子的生命,在能够保存下来的时候,都应该保存下来。即使对那些十恶不赦的恐怖分子,在解决危机之后可以通过正常的法律程序来解决对他们的刑罚。“不战而屈人之兵”这是中国古代军事思想的最高境界。同样地,当人质危机发生之后,如果能够“不战”就可以合理地解决危机,那当然是最佳状态。因此,从警察和政府的角度来看,谈判的目的就是要保全人质的生命,避免或减少人质、警察以及某种程度上恐怖分子的生命损失。

为了实现上述目的,谈判的目标基本上包括:(1)通过谈判赢得时间。谈判作为一种手段,应当给警察和政府认真评估形势、协调相关部门部署应变措施创造更多的时间。人质危机发生的突然性往往使警察和政府在情况不明朗的条件下就要做出反应。为了使随之而来的反应有针对性,就需要收集情报对形势进行认真的评估,对各种方案和后果进行分析,同时对相关部门进行协调并部署后继的方案。而这些行动都需要通过谈判要赢得时间。(2)平息危机现场的紧张状态。人质危机发生后,无论是恐怖分子,还是人质,都处于十分紧张的状态之中。现场的紧张状态会产生一些消极的后果,因此,通过谈判,特别是通过谈判员的技巧使紧张状态缓和下来。(3)帮助恐怖分子更理性地认识形势,并捕捉和利用恐怖分子的弱点。从最一般的层面上看,挟持人质这种行为被认为是一种在解决某种问题上遭受挫折而引起的不良适应状态。如同小孩在自己的愿望没有得到满足时候有的会哭闹、有的不哭闹相反变得很乖,等条件成熟的时候再提出要求一样,成年人在愿望没有得到满足的时候也会有不同的适应形式。有的人看见别人发财之后也许会很勤劳、很发奋,但有的人看见别人致富之后可能怨天尤人;有的则可能以平常心对待这些。因此,同样一个问题,当从不同角度看的时候,每个人的看法会不一样,随之而来的反应不一样,也就是适应结果不一样。人的行为可以从心理学角度看成是对外界刺激的适应形式。有的适应形式是理性的;有的则不是理性的。挟持人质的行为就可以看成是遭遇挫折之后的一种不良适应结果。因此,谈判可以看成是一个帮助恐怖分子点化问题的过程,使他们能够知道问题的症结所在。从具体的层面看,恐怖分子挟持人质之后,对于具体情境的把握也会因为情绪的波动或者本身人格障碍而存在很大的偏差,因此,谈判员也可以帮助恐怖分子更理性地认识具体的情境。这就是"晓之以理";另一方面,在谈判过程中,谈判员可以捕捉恐怖分子的弱点并加以利用。例如,诱导"斯德哥尔摩综合征"的产生减小人质的生命危险,同时可以在谈判员和恐怖分子之间建立积极的互动关系。这就是"动之以情"。(4)向恐怖分子传递在他们看来最难以接受的条件。同样是一种要求,当以不同的方式传递出去的时候,效果会不同。谈判员就是要把那些看上去很难以接受的条件或要求以适当的方式传达给恐怖分子,不仅不应该激怒对方,相反应当使对方保持的开放的对话姿态并建立积极的互动关系。

(三)谈判的基本前提与内在矛盾

并非所有的人质危机都可能通过谈判的方式解决。谈判手段的使用应当满足以下基本前提：(1)恐怖分子挟持人质是而且仅仅只是把人质当作讨价还价的工具。(2)不使用武力有利于恐怖分子与警察到达各自的目的。即使恐怖分子时刻扬言要杀害人质，如果理性地对形势进行分析，发现不使用武力对于双方达到各自目的都很重要，那么，就不能排除用非武力的手段解决危机。

当然，即使上述的基本前提存在，也并不意味着谈判会很顺利地开展。警察与恐怖分子在人质危机中的根本对立使得谈判很难一帆风顺。这种对立集中地表现为人质危机中的两个内在矛盾：(1)恐怖分子把逃脱法律制裁作为最基本的要求，而警察则努力将恐怖分子绳之以法。(2)恐怖分子时刻准备着诉诸武力来达到自己的目的，而警察则努力避免生命和财产损失。[1]

## 二、谈判员

谈判员在谈判中发挥着至关重要的作用，选择什么样的人担任谈判员对于是否能顺利解决危机有极大的影响。此外，谈判员的数量和角色分配也是需要考虑的重要方面。

### (一)谈判员的选择

什么样的人适合担任谈判员的角色？可以从职位、个人品质、素质等方面选择理想的谈判员：

1. 谈判员应当是警察，但不能是高级警务人员，也不能是职位最低的警员，一般地应当为中级职位的警察。之所以如此，是因为谈判员的角色是在决策者与恐怖分子起沟通作用的，如果是高级警察并且承担着决策者的角色，那么，沟通的环节就少了，就不利于利用谈判达到赢得时间的目的；即使不告诉恐怖分子高级警察自己就是决策者，高级警察在沟通的过程中佯装自己需要对上级禀告的做法如果被恐怖分子识破，那么，就很难在恐怖分子与谈判员之间建立积极的沟通关系。另一方面，职位较低的警员难以获得恐怖分子的足够信任。谈判员应当比较熟悉公安及政府部门的基本运作程序和规则。当然，虽然谈判员不应当是解决危机的最高决策者，但谈判员应当在决策中拥有发言权，以避免决策与现实的脱节。

---

〔1〕 Theodore B. Feldmann, "Dealing with Large-scale Hostage and Barricade Incidents: Implications for Negotiation Strategies and Training", Harold V. Hall and Leighton C. Whitaker (eds.), Collective Violence, New York: CRC Press, 2000, p. 337.

2. 谈判员应当头脑灵活、反应敏捷、足智多谋。谈判员必须能够迅速理解恐怖分子话语的真实意图，并迅速判断恐怖分子提出的要求所产生的可能后果，从而觉得如何回应恐怖分子的要求。因此，谈判员头脑要灵活，要善于随机应变；要反应敏捷，正确判断形势并做出回应。

3. 谈判员应当有很强的口头表达能力，并且应当有适当的幽默感。谈判员作为一个沟通者，他必须能清楚地向恐怖分子传递决策者发布的信息，同时，向决策者准确地报告从恐怖分子那里获得的信息。在与恐怖分子沟通的过程中，谈判员在语言表达上出现的错误甚至停顿都会给恐怖分子留下不称职、优柔寡断或者缺乏诚意的印象，从而不利于在谈判员与恐怖分子建立起信任的关系。

此外，谈判员应当有一定的幽默感。因为在与恐怖分子沟通的时候，合适的幽默感会有利于化解现场的紧张，并且能够帮助在恐怖分子与谈判员之间建立积极的互动关系。当然，幽默感的发挥应当适合适宜并且要有限度，否则，就会适得其反。

4. 谈判员应当有耐心，精力旺盛。人质危机持续的时间长短不一定。在国外发生的人质危机一般地都不超过五六天，但是，有的人质危机却长达几十天。由于人质危机过程中，谈判员时刻处于应急状态，因此，谈判员必须在精神与体力上承受持续的工作压力，既要有旺盛的精力，有要有足够的耐心。谈判员不仅要能够接受长时间沟通之后仍然没有任何突破性进展的结果，而且要能够忍受恐怖分子的粗俗语言或空洞废话。谈判员在任何情况下都要避免刺激恐怖分子，不能让他们进入狂乱的非理性状态。

5. 谈判员必须忠诚。前面讲到的“斯德哥尔摩综合征”是涉及人质与恐怖分子之间建立同情关系的一种现象。同样地，当谈判员与恐怖分子面对面沟通的过程中，谈判员也可能受到恐怖分子的影响，产生对恐怖分子的认同或同情，或者对于人质面临的困境的理解超过了一定的限度，以至于影响着他自己的本职工作，影响着他接受、传递或执行上级的命令。因此，谈判员必须忠诚，必须忠于职守。

6. 谈判员应当接受过专业训练并且富有经验。人质危机发生后，解决危机的反恐怖救援小组可能涉及情报、医疗、消防甚至包括军事、外交等部门，因此，谈判员应当在具有在某一部门工作的经验，并且接受过专门的危机谈判方面的训练。虽然很多成功的谈判员事先并没有接受过正规的谈判训练，但是，毫无疑问，解决人质危机的谈判是一个技术性较强的工作，有意识地接受这方面的培训对于谈判员有效的工作是非常重要的。

7. 警察之外的人是否能担任谈判员？原则上，不应当允许警察之外的人担任谈判员，即使他们自告奋勇也不应允许。特别需要指出两点：一是不应当让媒体的记者担任谈判员，因为媒体记者的职业要求与谈判员的角色存在冲突，不利于顺利解决危机。二是不应当让人质危机事件当事人的亲属担任谈判员。人质危机发生后，当事人亲属一般都会急于帮助亲人摆脱危机，可能要求主动去说服恐怖分子。虽然现实中的确能够找到当事人的母亲、妻子等亲属成功地解决了人质危机的例子，但从一般原则上讲，应当避免让当事人亲属担任谈判员，甚至不能让他们在现场出现。这一点就像外科大夫不应当给自己的亲人做手术一样。由于不少恐怖分子之所以成为恐怖分子与他们家庭关系的不和谐有很大关系，因此，现实中可以发现不少情形，当父母、妻子或其他亲属出现在现场之后，恐怖分子的情绪变得激动甚至暴躁，这种情况对于顺利解决危机构成威胁。

8. 谈判员的性别要求。大多数情况下，谈判员应该为男性。但是，有些情况下，女性谈判员可能会比男性谈判员有优势。比如，如果从男性恐怖分子的早年生活、恋爱和婚姻等状况中分析恐怖分子具有某种依恋年长女性的人格特征的话，那么，女性警察作为谈判员可能可以更多地以命令的口吻教育恐怖分子，并且恐怖分子也可能乐于选择投降，从而给人留下“乖孩子”的印象。

（二）谈判小组及其构成

当人质危机比较复杂，比如，恐怖分子数量多，挟持的人质数量也较多；或者人质危机估计难以在短时间内解决或者危机有涉外因素等，此时，一个谈判员自始至终地扮演沟通者的角色，那么，由此可能产生一些不良后果。因此，在复杂的人质危机中，应当由谈判小组共同完成沟通的任务。一般地，谈判小组的数量为两个。这两个小组在谈判过程中轮流参与谈判。谈判小组应当由 4 个人构成。其角色分别为：(1) 首席谈判员。首席谈判员的任务就是与恐怖分子进行对话。(2) 助理谈判员。助理谈判员的任务是就是向谈判小组的其他成员提供支持，具体包括监测谈判过程、参与拟定谈判策略、在首席谈判员由于健康或其他意外原因不能工作的时候承担起首席谈判员的责任。(3) 联络员。联络员的工作主要在谈判小组与危机管理决策者保持联系。在谈判过程中，谈判员的主要注意力放在与恐怖分子沟通上，因此，对于来自危机管理决策层的信息，需要有专门的人员来处理。(4) 心理学家。当大型的人质危机发生的时候，让心理学家参与谈判小组的工作是非常必要的。心理学家的主要工作就是评估恐怖分子以及人质的心理状态，包括谈判谈判过程和内容对人质以及恐怖分子产生的心理影响。

## 三、谈判策略

警察可以采取下列谈判策略处理人质危机场面：

### (一)平息现场的紧张状态

人质被挟持之后，人质与恐怖分子都会感到紧张。当谈判员和其他警察赶到现场之后，这种紧张气氛会再次表现出来。因此，谈判员首先要做的就是应当把现场的紧张状态平息下来。否则，现场的紧张和混乱会导致局面失去控制。

### (二)对现场进行隔离

警察对现场进行隔离就是要清除现场的不相关人员。在隔离现场的开始阶段，包括谈判员在内的各类人员都应当被隔离在一定距离之外。隔离的主要目的在于：(1)防止情绪激昂的警察在未经命令的情况下开枪或走火导致误伤人质或其他人员。(2)避免警察做出仓促的、偶然的对抗行为刺激恐怖分子。在近距离对抗的时候，警察个人做出的手势或对恐怖分子的责骂等行为会刺激恐怖分子。尽快对现场进行隔离可以避免这类情况的发生。(3)防止恐怖分子贸然开枪或炸弹爆炸导致人员伤亡。警察赶到现场之后，恐怖分子可能会开枪阻止警察的逼近并起到炫耀武力的效果。(4)阻止媒体记者及围观的人群与恐怖分子对话。

### (三)了解情况

谈判员需要的信息可以来自于情报机关，也可以来自于后续的与恐怖分子的对话。谈判员了解情况就是要使自己认识危机现状，同时也是要相关信息横向传递给其他部门(如另一个谈判小组)或纵向上达给决策部门。因此，谈判员了解的信息力求准确，格式应当规范。谈判员要了解的信息主要涉及事件、位置、沟通等方面。(1)所谓事件就是关于已经发生了什么的基本情况，包括人质危机的类型(刑事的、精神错乱的，还是政治性的)、发生的时间、谁报警的、报警时间、报警地点和电话、伤亡情况、与恐怖分子已经发生的沟通(什么时间、谁与恐怖分子进行的、通过什么方式、取得了什么结果或做出过什么承诺)、恐怖分子的人数、使用的武器类型、人质数量。(2)位置方面的情况涉及恐怖分子、人质、警察(包括救援分队与现场指挥员)、监视器材、入口、出口等所处的空间位置。(3)沟通方面,谈判员要知道与哪位现场指挥员通过什么方式进行沟通,同样,要知道与哪位恐怖分子通过什么方式联系(高音喇叭、有线电话、手机)。

(四)控制行动节奏,对恐怖分子采取拖延策略

在谈判过程中,仓促地做出决定或开展行动会产生悲剧性的后果。因此,谈判员在整个过程中应当掌握好节奏,不仅要防止决策者匆忙做出草率的决定,同时,更要防止恐怖分子不断施加的压力给自己造成的影响。在对付恐怖分子时,谈判员要使用拖延策略,就是要使用各种方式延缓满足恐怖分子提出的要求。这是谈判中最重要的一个策略。因为谈判的一个重要目的就是要给警察赢得时间,时间越长,“斯德哥尔摩综合征”发生的可能性就越大,越有利于人质的生命安全;时间越长,警察对情况的了解就会越充分,下一步的行动部署就会越到位,因此,谈判员要拖延满足恐怖分子的要求。

## 四、谈判原则:如何回绝恐怖分子

在与恐怖分子沟通的过程中,谈判员与恐怖分子的对话虽然应当努力建立积极互动的关系,但是,建立互动关系的努力并应当超过一些明确的限度,对于恐怖分子提出的要求,谈判员必须回绝。当然,一般来讲,谈判员尽量避免直接对恐怖分子说“不”。

(一)谈判员避免直接说“不”的原因

可以从理论上解释为什么谈判员应当避免直接说“不”。

1. 理论依据。心理学上的“挫折—攻击”理论认为人在追求愿望满足过程中,如果遭受了挫折,如果调适不当,会引起攻击行为。比如,一个人看见商店里摆满的各种商品中有他特别想要的某个品牌最新款式、功能最强劲的手机,但是当他发现该手机的价格大大超过了他的经济支付能力的时候,此时,他满足愿望的追求遭受到了挫折。对于这种挫折,大多数人能够适当地调整过来,人们也许会对自己说:继续攒钱,过一段时间再买;或者对自己说:这个东西虽然好,但对我不太实用,诸如此类,但是,也有人不能适当地调整自己的心理。这些人就容易表现出各种攻击性的行为。当然,这种攻击性行为并不意味着他立即就会在商场对他人实施暴力行为。实际上,这种攻击行为在其他场合以经过转换或伪装了的形式的表现出来,如他的朋友有这种手机,当朋友在他安心工作或休息的时候用手机打电话,他也许会突然暴跳如雷与朋友争吵或者严厉指责朋友的行

为影响了他。这样的行为就是挫折之后的攻击性行为。

从一定程度上,用"挫折—攻击理论"解释恐怖行为是有合理性的。这也是人质危机谈判之所以成立的理论依据。因为正是希望通过谈判帮助恐怖分子点化问题的症结,纠正恐怖分子对引起挫折的事情的错误认知,帮助他们心理恢复到正常的认知状态。既然如此,那么,在谈判过程中,谈判员应当避免对恐怖分子以直接的方式说"不"。

2. 直接说"不"的后果。在人质危机中,也许有人会说:我就要对恐怖分子明确说"不"。很显然,直接说"不"的后果只能增加恐怖分子的挫折感。在人质危机的困境中,不断加重的挫折感只能使攻击行为指向两个方向:对自己和对他人。这两种方向的攻击行为分别导致自杀和他杀。所以,攻击行为如同一个硬币,而自杀和他杀是这个硬币的两面:当他杀最终也不能解决问题的时候,就可能自杀。[1] 因此,在人质危机中,直接对恐怖分子说"不",会增加人质和警察遭受攻击的风险,会增加恐怖分子自杀的可能性。

3. 直接说"不"的转化。避免直接说"不"并不意味着不能回绝恐怖分子的要求。当谈判员不能接受恐怖分子提出的要求的时候,可以通过其他方式表达出来。例如,谈判员可以说"让我看一看,这个要求是否可行?"、"我需要跟上级商量一下"、"我会向有关方面反馈你的要求,但最终是否可行,我不能保证"。

(二)必须回绝的要求

虽然谈判员应当避免直接对恐怖分子说"不",但是,对于恐怖分子的一些要求,谈判员应当以适当的方式回绝恐怖分子。这些要求包括:

1. 交换人质。在谈判过程中,恐怖分子如果提出要求,希望用其他人交换人质。应当给予回绝。任何人,无论是谈判员还是其他警察,还是人质的亲属或其他人,即使他们自愿,也不应当与人质进行交换。比如,恐怖分子对谈判员讲:"你要我相信你,凭什么?你是否相信我?如果你相信我的话,把你的枪放下,像个男子汉那样站到我这里来。"在这样的情况下,谈判员不应当成为新的人质。因为只要恐怖分子杀害人质的可能性存在,那么交换人质所带来的道义和法律上的风险将是任何人承担不起的。

2. 提供武器或弹药。不能给恐怖分子提供武器或弹药,否则,对人质和警察

---

〔1〕 Frank Bolz Jr., Kenneth J. Dudonis, David P. Schulz, The Counterterrorism Handbook: Tactics, Procedures, and Techniques, Second Edition, Boca Raton, Florida: CRC Press, 2002, p. 169.

的生命只会产生更大的危险。有些情况下,恐怖分子是使用发令枪、气枪甚至玩具手枪挟持人质,给他们提供武器只会让他们更加猖狂。

3. 释放被关押的同伙。恐怖分子常常要求释放被关押的同伙。在有些国家,政府曾经满足过恐怖分子的这种要求。例如,1985 年萨尔瓦多总统杜阿特(Duarte)释放了 22 名犯人以换回自己被绑架的女儿。但是,满足恐怖分子的这种要求往往会刺激他们从事更多类似的挟持人质的活动,因此,释放被关押的同伙的要求应当被拒绝。

4. 提供毒品。有些恐怖分子也许是吸毒者,在挟持人质被围困的情况下,可能要警察提供毒品。这种要求应当拒绝,原因之一是法律不允许这种行为,之二是因为吸毒会使恐怖分子陷入更加错乱的状态。原则上,高度白酒也不应当提供。

此外,当恐怖分子提出可以投降,让谈判员去收缴他手中的武器的时候,谈判员应当避免这种行为,因为恐怖分子也许是诈降,即使恐怖分子真想投降,在警察去收缴武器的最后时刻他可能会改变主意。这些情况对于谈判员都构成人身危险。

**思考题**

1. 如何理解人质危机的概念?
2. 简述人质在危机中的人际关系与心理特征。
3. 运用社会学相关理论,谈谈对斯德哥尔摩综合征的理解。
4. 举例并简要分析谈判的目的与谈判策略。

# 第七章

# 爆炸与暗杀

爆炸与暗杀是恐怖主义最常见的两种手段。本章将分别讲述恐怖分子如何使用爆炸与暗杀两种手段制造事端,以及如何预防和应对爆炸与暗杀行为。

## 第一节　爆　　炸

利用炸弹制造爆炸事件是许多恐怖组织擅长的手段。从历史上看,爆炸一直是恐怖主义最基本的手段之一,即使到科技发达的信息社会,爆炸仍然是许多恐怖组织最常用的一种手段。近年来,虽然恐怖组织正积极寻求利用新的手法实施恐怖行为,但一些在世界范围内产生重大影响的恐怖事件却仍然是爆炸这种传统的恐怖主义手法制造的。例如,1995 年 4 月美国白人恐怖分子麦克维用炸弹炸毁了俄克拉荷马城的联邦政府办公大楼,致使 168 人丧生,400 多人受伤。根据美国兰德公司的研究结果,利用爆炸制造的恐怖事件大约占所有恐怖事件的 50%。[1] 下面我们就深入分析恐怖分子实施爆炸事件的有关问题。

---

〔1〕 Bruce Hoffman: *Recent Trends and Future Prospects of Terrorism in the United States*, Santa Monica, CA: RAND, 1988, p. 9.

## 一、恐怖分子为什么热衷于使用炸弹制造恐怖事件?

恐怖分子之所以喜欢用炸弹制造恐怖事件,其主要原因在于:

### (一)爆炸事件更容易获得大众媒体的曝光

大众媒体的曝光对于恐怖主义至关重要。恐怖分子制造恐怖事件往往就是要引起人们对恐怖主义所追求的目标的注意。因此,一种方法越能引起人们的注意,恐怖分子就越倾向于使用这种方法。利用炸弹制造恐怖事件由于具有强烈的视觉效果而富于戏剧化,特别是当炸弹袭击的目标是大家共同关注的对象的时候,这种戏剧化的效果就更强烈。

### (二)爆炸袭击是一种低成本、高收益的恐怖主义行为手段

所谓低成本,体现在实施爆炸袭击相关的各个方面:(1)恐怖分子可以很容易地获得炸弹。恐怖分子并不一定要冒很大的风险去购买具有高技术含量的炸弹,他们可以利用公开的信息,利用廉价的、容易获得的各种原料制造炸弹。例如,1993 年在美国纽约制造世贸中心爆炸案的装置就是用普通的、街上能买到的材料(如尿素硝酸盐化肥和柴油)制作的,费用还不到 400 美元。这次爆炸事件使 6 人丧生,1000 余人受伤,造成经济损失 5.5 亿美元。[1] (2)爆炸袭击只需要极少的人员就可以实施。如果恐怖行为需要多个人的共同协作才能完成,那么,从人力使用上,成本就会上升,而且当实施恐怖行为的人员过多时,被证人目击和被警察发现的可能性就会增加。(3)爆炸袭击不必使恐怖分子停留在现场,换言之,恐怖分子可以利用遥控或定时装置引爆炸弹,从而有利于保全自己并逃脱警察的追踪。(4)爆炸袭击可以造成更多的人员伤亡。在恐怖分子通常使用的暗杀、爆炸、绑架、劫持人质、劫机等手段中,爆炸是杀伤力很大的一种手段。例如,根据美国国务院的统计资料,1968 ~ 1981 年中,在国际恐怖主义事件造成的全部伤亡人员中,70% 以上的伤亡人员是由爆炸或暗杀造成的。[2]

### (三)随机性的爆炸可以引起人们的极大恐慌

如果恐怖分子采取绑架或挟持人质的做法,并不容易在大多数人们中引起恐慌。相比较而言,在某些场所(如大型商场、地铁、飞机、公共汽车)随机性地放置炸弹却可以引起人们的巨大恐慌。

---

〔1〕 [美]伊恩 · 莱塞等:《反新恐怖主义》,新华出版社 2002 年版,第 32、40 页。

〔2〕 United States Department of State:Patterns of International Terrorism:1981.

由于炸弹袭击具有这些优点，因此，恐怖分子常常愿意选择使用这种方式实施恐怖行为。著名的恐怖分子卡洛斯甚至说："恐怖主义就是通常使用具有巨大毁灭力的炸弹，能够给敌人造成不可弥补的损失的行为。"[1]

## 二、炸弹的类型

从安全防卫的角度，可以把炸弹分为三类：

(一)未经伪装的炸弹，即那种凭借肉眼就能辨别的炸弹

排爆专家能够在不用触摸炸弹的情况下就能发现眼前的东西是炸弹，而且知道这个炸弹是如何工作的以及如何解除引信装置。

(二)完全伪装的炸弹，即炸弹的任何部分都不能被肉眼明地识别

改装成手提箱、收音机或者录音机的炸弹就属于这类。对于排爆专家来说，这种炸弹是最危险的。因此，处理这种炸弹的一个基本原则就是：如果你不能断定眼前的可疑物品到底是什么，千万不要触摸它，也不要摇晃或聆听它的动静看它到底是不是一个炸弹。

(三)部分伪装的炸弹

这种炸弹的部分结构可以靠肉眼辨认出来，但是至于这种炸弹如何工作以及如何处理这种炸弹则需要进一步的勘察。

## 三、炸弹的结构

炸弹(除了燃烧弹之外)的主要部分为炸药和引爆装置。炸药有高爆炸药和低爆炸药之分。由于低爆炸药需要有容器来装载，因此，由低爆炸药制成的炸弹还包括容器。

所谓炸药，就是能够迅速分解形成热量和气体的物质或混合物。高爆炸药在爆炸后迅速从固体或液体状态变化为气体状态，能够产生高速度的热浪和气流。通常所见的高爆炸药有硝化甘油、黄色炸药(TNT)等。低爆炸药则不能在短时间内产生高速气浪和热量，它需要有容器来装载它以促使产生爆发效果。

炸弹的引爆装置有三种类型：时间延迟装置、遥控引爆装置和被害人触发装置。时间延迟装置可以将引爆时间推迟到数秒钟、数小时甚至数月之后。通常

---

[1] Carlos Marighella：Minimanual of The Urban Guerrilla.

所见的时间延迟装置有导火线、钟表等。遥控引爆装置就是通过发送和接收无线电信号来引爆炸弹。例如,把传呼机改装成遥控引爆装置,这样只要在其他地方呼叫这个传呼机的号码,就可以通过传呼台发出的信号引爆炸弹。因此,在警察搜寻爆炸物的时候,禁止使用无线电通讯设备以免引发爆炸。被害人触发装置就是通过被害人的某种行为引发爆炸的装置。邮件炸弹使用的就是这种引爆机制。有的被害人引爆装置里装有水银,当炸弹被触动后,移动的水银会引爆炸弹。[1]

## 四、炸弹恐吓

### (一)面对炸弹恐吓需要考虑的问题

现实中经常遇到的一种恐怖爆炸事件的情况是炸弹恐吓,即恐怖分子打电话或发邮件告诉政府官员或公司老板等人,他在某个地方已经放置了炸弹,如果不满足他提出的某个条件,他将引爆炸弹。这种事件就是炸弹恐吓。炸弹恐吓所指的炸弹袭击也许是真的,也许只不过是一场讹诈。但在没有最终证实炸弹恐吓的真实性之前,反恐人员应当严肃对待来自恐怖分子的任何信息。

要对炸弹恐吓做出有效的反应,警察和公司的保安部门应当在事件发生之前进行必要的准备,有条件的应当制定应对炸弹恐吓的预案。在进行准备和制定预案或者对已经发生的恐吓做出反应的时候,需要考虑这些问题:[2]

1. 可能遭受炸弹袭击的地区的保安情况如何?

2. 可能遭受炸弹恐吓的被害人(政府官员、公司老板、演艺明星等)以前是否收到过类似的恐吓电话或信件?

3. 当地恐怖分子活跃的程度如何?以前是否发生过类似的炸弹恐吓事件?

4. 恐吓电话是否与已知的某个恐怖组织存在联系?关于已知的这个恐怖组织的情报是否得到了及时的更新、是否可靠?

5. 恐吓电话是打给谁的?恐吓电话中恐怖分子所讲的原话是怎样的?恐怖分子是否表现出了很熟悉他声称要炸毁的地方或人?

---

〔1〕 Raymond P. Siljander and Darin D. Fredrickson: Terrorist Attacks: A Protective Service for Executives, Bodyguards and Police Officers, Springfield, Illinois: Charles Thomas Publisher Ltd., 2001, pp. 73 – 75.

〔2〕 Frank Bolz Jr., Kenneth J. Dudonis, David P. Schulz, Florida: CRC Press, 2002, p. 41.

6. 恐怖分子打电话时,其语气和措辞有什么特征? 是慢条斯理地,还是语气急促? 有无口音? 恐怖分子打电话时,是否有背景噪音(如街道上的汽车喇叭声、笑声或音乐声)?

7. 被害人最近是否与他人发生过冲突? 如果他是领导的话,他是否解雇了或严厉训斥了手下的工作人员?

根据上述问题,安全部门可以制定一种规范的表格,将这些表格发送到可能接听恐怖分子电话的人,让他们填写表格。这种表格应当包含的项目有:接到电话的时间;电话挂断的时间;恐怖分子讲话的完整内容;恐怖分子的语调;恐怖分子的性别;恐怖分子打电话时的背景声音;恐怖分子对有关问题的回答,如"你为什么要放置炸弹?""你放置的是什么炸弹?""你放置的炸弹看上去是什么样的?"。

(二)对炸弹恐吓的处置

警察部门根据收集到的情报,对炸弹恐吓的事态进行判断,做出进一步如何处置的决定。一般来说,进一步处置炸弹恐吓的工作主要包括:

1. 疏散人员到安全地方。疏散人员是一项费时费力的工作。在有些情况下,把所有人员都疏散出去根本不可能。例如,突然要把医院的病人和工作人员都疏散出去就几乎不可能。决定是否疏散人员取决于对事态的判断,而警察对事态做出判断的一个很重要的前提是要断定恐怖分子是否是认真的。虽然恐怖分子打电话的时候对于对方提出的关键问题往往不会做出完全真实的答复,但是通过电话获得的任何信息都可能为找到正确的解决办法提供线索。因此,在接听恐怖分子电话的时候,应当尽最大可能地保持与恐怖分子的通话时间。

在疏散人员的时候,需要注意的一个事项就是不要告诉现场人员马上有炸弹要爆炸,以避免引起恐慌和混乱。可以找一个适当的借口动员人们疏散。在疏散的时候,要关闭电器的电源和煤气管道,同时要打开所有的窗户以减小炸弹爆炸的冲击。

2. 搜寻炸弹。根据搜寻对象的不同,可以把搜寻炸弹的类型划分为:对建筑物的搜寻、对车辆的搜寻、对飞机的搜寻。根据搜寻工作服务的对象的不同,可以把搜寻划分为为要员(VIP)提供保护而实施的预防性的、清扫式搜寻,以及为普通人在紧急情况发生后做出的应急性搜寻。

第一,搜寻的原则。无论开展何种类型的搜寻,都需要遵循一个基本原则,就是搜寻工作必须从外部往内部搜,从低处往高处搜(如果是搜寻建筑物的地下室,就是要从入口的高处往低处搜)。之所以在搜寻工作中要遵循这个原则,就是要避免让炸弹封锁了搜寻人员的退路。

第二,对建筑物的搜寻。对建筑物的搜寻主要分两个部分:建筑物的外部搜寻和建筑物内部的搜寻。在建筑物外部,搜寻的目标包括灌木丛、垃圾箱、窗户框、排气窗口以及翻新的草坪等地方。对建筑物内部的搜寻主要集中在两类区域:一类是公共区域。在这个区域,公众都能进入。这类区域包括走廊、洗手间、楼梯、前台、储藏室等。另一类则是限制公众进入的地区,一般来说,这类地区只对工作人员开放。尽管这类地区只是对工作人员开放,但恐怖分子仍然可能装扮成修理工、邮差等人员进入这类地区放置炸弹。

第三,对车辆的搜寻。汽车在恐怖分子实施的炸弹攻击中通常扮演两种不同的角色:第一种是在汽车中安置炸弹,炸弹要袭击的对象就是开车或乘车的人;第二种是把汽车作为装载大量炸弹的工具以攻击开车或乘车之外的他人,这种情形也就是通常所说的汽车炸弹。近年来,汽车炸弹袭击事件的发生数量呈现上升的趋势。在中东以及其他许多地方,恐怖分子常常用汽车炸弹实施自杀性的袭击。对这种性质的汽车炸弹,搜寻工作很难奏效。

对于第一种利用汽车实施炸弹攻击的情形,搜寻工作需要注意的事项包括:其一,如果时间允许,应该对核查车辆的背景资料,帮助确定车主或司机是否就是攻击目标以及原因何在。背景调查还能帮助查明谁经常接近该车辆以及怀疑车中放有炸弹的原因。其二,在进入车辆搜寻之前必须搜寻周边和外部区域。搜寻的对象包括搜寻在车门、前盖和后备箱等地方是否有明显的、被别人做过手脚的地方;车身外是否有露出的电线或其他可疑物品、地上是否有脚印或使用千斤顶的痕迹。其三,搜寻汽车外部时一定要十分小心,一定要防止引起车体的移动或晃动。不应当使用千斤顶来撬起汽车查看底部是否装有炸弹。如果没有发现可疑之处的话,可以搜查汽车里面。其四,只要可能,就应当通过遥控的方法打开搜查车里各个部分的通道(如前盖、车门、后备箱等)。首先需要检查的是发动机部位,因为前盖下面的发动机是理想的向隐藏的炸弹供应电力的设备。搜索了发动机部位之后,就可以搜查后备箱、车座等部位。[1]

第四,对飞机的搜寻。对飞机的搜寻可以参照对其他物体的搜寻,需要遵循从外到里、从下到上的原则。对飞机的搜寻需要特别注意的问题就是要搜寻飞

---

〔1〕 Frank Bolz Jr. ,Kenneth J. Dudonis,David P. Schulz,Florida:CRC Press,2002,p.136.

机运载的包裹以及其他物品,如配送的食品、清洁与卫生用品等。应当在地面上完成对包裹、食品、清洁与卫生用品等物品的检查。

## 五、炸弹袭击者的类型

炸弹袭击者主要有四种类型:

1. 业余型

布鲁斯·霍夫曼认为当前恐怖主义变化的一个很重要特征就是业余恐怖分子数量增加。他认为业余型恐怖分子的出现是因为人们可以从书本、从光盘或从互联网上很容易学到恐怖主义的手段和方法。他认为凡是想发泄怨恨、有行动日程、有使命感或是有癖好的人,都可以学到这些东西。只要研读几本很容易得到的关于自制炸弹的手册和行动指南,业余恐怖分子也可以跟从前的职业恐怖分子一样具有很强的杀伤力和破坏力,而且这种恐怖分子更难以被发现和对付。刺杀拉宾的以色列年轻人、1995 年在美国制造俄克拉荷马城爆炸案的白人激进分子都是业余恐怖分子。[1]

利用炸弹制造恐怖事件的业余型恐怖分子常常具有如下特征:①他们喜欢模仿他人、喜欢寻求刺激或引起人们的注意,喜欢动手做各种小试验,他们也许在小时候就开始尝试用容易得到的黑色火药制造简单的爆炸品。②业余型恐怖分子制造的炸弹往往比较简单,没有很高的技术含量。例如,1995 年制造俄克拉荷马城爆炸案所使用的炸弹只是将化肥和柴油混合制成的爆炸品。③业余型恐怖分子使用炸弹攻击的对象往往是那些没有重大价值的目标或者缺乏安全防范措施的目标。

2. 职业型

职业型炸弹袭击者也许是职业恐怖分子,也许是唯利是图的职业杀手。他们与业余型炸弹袭击者的不同之处在于职业型的炸弹袭击者都具有很高的专业水平。他们制造的炸弹复杂,采取行动时都按照严格的时间表,注重前期的准备和对目标的勘察。他们放置炸弹的位置往往也是精心选定的,要取得最大的杀伤效果。

3. 精神病态型

精神病态型的炸弹袭击者不少人都表现出偏执、孤僻、冷漠和精神分裂的人

---

[1] [美]伊恩·莱塞等:《反新恐怖主义》,新华出版社 2002 年版,第 27~28 页。

格特征,尽管不少人可能接受过高等教育,但是,他们的行为往往难以预测。同样难以预测和理解的是他们选择什么目标作为攻击对象,以及选择这种攻击对象的理由是什么。曾经令美国联邦调查局头疼的号"校园航空炸弹杀手"西奥多·卡钦斯基(Theodore Kaczynski)就是这类的人物。卡钦斯基自小性格孤僻内向、不善言辞,但学习成绩非常出色。他喜欢数学和自然科学,唯一的爱好是学做炸弹,被同龄的小伙伴称为"炸弹专家"。卡钦斯基16岁就考入哈佛大学数学系,25岁时就在密西根大学获得博士学位。毕业后,他在著名的加州大学伯克利分校任教。本来事业一片光明的卡钦斯基在工作两年之后出人意料地辞职了,到一个小镇的森林里买了一块地皮,自己设计并建造了一个简易小木屋。从此开始了他长达25年的隐居生活,直到1996年被联邦调查局抓获。卡钦斯基在他近18年的爆炸恐怖活动中,制造了一系列的爆炸事件,导致3人死亡,23人受伤。卡钦斯基炸弹袭击的被害人有公司老板、秘书,有大学教授、保安、学生,这些人之间并不存在明显的联系。在后来他寄给《纽约时报》和《华盛顿邮报》的题为"工业社会及其未来"的长篇声明中,他将自己实施炸弹恐怖事件的动机归结为对科技社会的憎恨。

4. 自杀型

近年来,自杀型的炸弹袭击频繁发生。自杀型炸弹袭击发生数量的增加与邪教恐怖主义的发展有紧密的关系。在本书前面关于恐怖主义文饰作用机制的章节中,我们分析了一些宗教教义一旦被人歪曲可以在恐怖主义文饰作用过程中发挥很大的作用。这些被歪曲的宗教教义可以使人视死如归,那些在自杀型炸弹袭击中死亡的恐怖分子被同伙称赞为"烈士",他们在俗世中的勇敢将在天国得到上帝的褒奖,他们的父母和家人都以此为荣耀。哈马斯(Hamas)就是一个多次制造自杀型炸弹袭击的恐怖组织。自杀型的炸弹袭击者往往将炸弹装载在卡车、小型货车等车辆上,或者干脆把炸弹捆绑在自己的身上。这些人中不少人是只有20岁左右的年轻人。

## 六、炸弹袭击者的动机

炸弹袭击者有的动机复杂,有的动机单纯。总体而言,炸弹袭击者的动机主要包括下面几种:

1. 出于意识形态的目的

一些炸弹袭击者是各种意识形态的坚定信仰者,他们为了捍卫这种意识形态而实施炸弹袭击。炸弹袭击者所信仰的意识形态共同之处是其极端主义的主张，这种极端主义的主张以不同的内容表现出来：(1)政治上的极端主义。政治上的极端主义通常有极左的和极右的。20世纪60年代和70年代在西欧出现的一些恐怖组织就是政治极左主义的，如意大利的“红色旅”。美国的“得克萨斯共和军”等民兵组织就是极右主义的。(2)民族宗教性的极端主义。例如，哈马斯(Hamas)就是这种典型的极端主义组织。(3)生态环境主义的。在一些西方国家，一些人出于生态环境上的原因也会做出炸弹袭击这种极端行为。出于意识形态目的实施的炸弹袭击常常想要表达一种抗议的姿态，因此，他们的炸弹爆炸具有一种强烈的符号意义。

2. 出于追求经济利益的目的

与上述基于意识形态目的而实施炸弹袭击事件不同，有些人之所以制造爆炸案，主要目的是为了获得经济上的收益。例如，为了恐吓商业上的竞争对手针对对方的车辆或房屋实施炸弹袭击。有的为了获得保险公司的赔偿故意制造爆炸案。有的职业杀手为了获得高额佣金用炸弹袭击雇主指定的目标。

3. 为了满足个人的各种心理需要

一些特别的心理需要在特定的条件下会使人做出极端行为。综合分析现实发生的一些爆炸案，可以发现爆炸案常常与下列某种心理需要有关：(1)满足试验性的好奇心。满足试验性的好奇心在年轻的、业余的恐怖分子身上表现得比较突出。他们对爆炸发出的声响感到兴奋，他们很想知道自己眼前的装置是否管用，或者这种装置产生的效果到底如何。炸弹爆炸带给他们的刺激满足了他们的好奇心。(2)为了报复。恐怖分子报复的对象也许是特定的，也许是不特定的。当报复的对象是特定的时候，这个特定的对象会成为炸弹袭击的直接目标。当报复的对象是不特定的时候，例如，具有反社会人格的人报复的对象往往是不特定的，他们在选择袭击目标的时候就充满了不确定性。(3)为了获得别人的承认。获得别人的赞扬或承认是人们一种正常的心理，但是，如何满足这种正常的心理，对于不同人会有不同的方法。绝大多数人会用正常合法的方式满足这种心理，但是，在有些情况下，有些人会用放置炸弹甚至引爆炸弹的方式满足这种心理。这方面的一个经典案例发生在1984年洛杉矶奥运会期间，当时，洛杉矶警察局的一个警察与上司的关系紧张。为了获得同事们的认同，他在一辆运载奥运会运动员的车辆上放置了炸弹，随后他假装恐怖分子打恐吓电话，然后，他又作为警察去处理恐吓事件，找出了炸弹。不明真相的人们把他当成了英雄。类似的事件在1996年美国亚特兰大奥运会的时候也发生过。(4)为了发泄挫折感。人生很难在各个方面都一帆风顺,工作、爱情、婚姻等方面人们经常遇到大大小小的挫折。如何应对挫折感,对于每个人来说都是一个不能回避的问题。有些人能够正确处理挫折感带来的压力,有些人会采取退缩的形式(如吸毒、酗酒)消极应对挫折。有的人则采取激进的方式发泄挫折感所带来的压力。用炸弹袭击就是这样一种激进的回应方式。前面所讲的"校园航空炸弹杀手"西奥多·卡钦斯基就属于这类。

## 七、对炸弹袭击的预防和应对

炸弹袭击是恐怖分子的最常用的手段之一。作为警察和保安人员,应当掌握必要的技能预防和应对炸弹袭击。

1. 分析容易遭受炸弹袭击的目标

炸弹袭击的目标可以是针对人,也可以针对物。就针对人而言,可以针对特定的人,也可以针对不特定的人。就针对物而言,可以针对政府办公大楼、军事设施,也可以针对公共娱乐场所或公共汽车。由于炸弹袭击的目标范围很大,因此,应当根据现有的情报分析容易遭受炸弹袭击的目标。从而有针对性、有准备地开展深入的工作。

2. 加强安全防范措施

炸弹通常是被投掷的,或者是事先安置好的,有些情况下(如自杀型炸弹袭击)是由恐怖分子绑定携带的。因此,安全防范应当加强对重要地点和物品的检查、对来往人员的检查和对建筑物出入口的控制。①对地点和物品的检查要特别防止出现检查的死角,楼梯间、储藏室、汽车底座、汽车后备厢、翻新的草坪、垃圾箱等都应当是特别注意检查的地方。②在办公楼内部,对往来人员的检查可以启用各种身份识别系统防止陌生人员的进入;在公共场所,运用定点安置的录像监控系统扫描来往人员,及时捕捉可以分子。在建筑物的出口和入口,要加强对来往人员和携带物品的检查。

3. 对于可疑包裹,要采取相应的防范措施

(1)当在勘察现场发现可疑包裹的时候,一个重要的原则就是不要触碰包裹,等待明确可疑包裹是否是炸弹之后再作进一步的处理。可以利用X射线探测器、电子鼻或者警犬来识别可疑包裹。在利用警犬来识别可疑包裹的时候,需要注意:警犬并不能识别所有类型的炸药,如捷克生产的一种炸药(Semtex)就

不会散发警犬能够识别的气味。另外,给炸药喷洒浓烈的香水也可以欺骗警犬的识别能力。

(2)如果接收到来历可疑的邮件包裹,需要进一步发现邮件包裹的可疑之处,以防止邮件包裹是恐怖分子邮寄的邮件炸弹。不少邮件炸弹都表现出某些破绽。例如,邮件炸弹包裹由于里面装有炸药和金属,往往看上去比它伪装的物品要沉重,因此,包裹上的邮票比正常情况下要多;恐怖分子为了用邮件炸弹炸死特定的人,往往会在邮件炸弹的信封或包装袋上写上“亲启”、“私人信件”之类的文字;有的邮件炸弹可能有异味或油渍;寄信人地址栏上,邮件炸弹上面也许写的是虚假的地址或“内详”,当时,有的恐怖分子也会把想要炸死的人的名字和地址写在寄信人栏,在收信人栏中写上根本不存在的人或错误的地址,或者不贴上足够费用的邮票,这样,当信件不能送达收信人而被退回的时候,如果恐怖分子想要杀害的被害人打开莫名其妙的信件,那么,恐怖分子的阴谋就得逞了。

4. 谨慎处理恐吓电话

对于可疑人员打来关于要实施炸弹袭击之类的电话,需要做出判断,即这种电话是恐怖分子的警告,还是讹诈。如果说事后证明恐怖分子的确已经放置了炸弹或者将要放置或实施炸弹袭击,那么,这种事前的电话就是恐怖分子的事前警告。如果说事后证明打电话的人既没有安置炸弹,也没有能力或不会安置炸弹或实施炸弹袭击,那么,这种电话就只是讹诈而已。首先确定这种电话是什么类型的电话非常有必要,因为对这两种电话需要采取的对策很不相同:对事先警告之类的电话,公安以及其他部门应当启动紧急预案做出全面的反应,不仅要尽快将恐怖分子绳之以法,而且要搜出炸弹,避免人员伤亡和财产损失。对讹诈之类的电话,公安部门只是需要将犯罪嫌疑人抓获归案。

那么,如何对可疑电话做出判断呢?这就需要对可疑电话所提供的信息进行分析,包括对打电话的人所在背景的声音、语调、措辞等信息进行分析。在接听电话的过程中,应当问对方一些关于炸弹类型、模样、放置炸弹的大致地点等特别重要的问题,通过这些问题可以为下一步搜寻炸弹提供线索,也可以印证打电话的人讲话的可信度。例如,“爱尔兰共和军”在实施炸弹袭击之前有时会给打电话发出事先警告。因此,在接听可疑电话的时候,一定要尽可能长时间地保持与恐怖分子的通话,这样既可以获得足够多的信息,同时也为技术部门确定恐怖分子打电话的地点创造条件。

5. 制定处置炸弹袭击的紧急预案

要减少炸弹爆炸带来的人员和财产损失,不仅需要的预防,同时也需要在炸弹爆炸发生之后做出有效的处置。为了保证事后处置的有效性,有关部门应当制定处置炸弹袭击的紧急预案。紧急预案应当就炸弹袭击事件发生后,领导机构的设置、构成、职责,公安、消防、卫生、交通、通讯、宣传等部门的动员、协调、职责等事项做出明确的规定。同时,也应当规定根据紧急预案而实施的演练和培训。

## 第二节　暗杀及其预防

与爆炸一样,暗杀也是恐怖主义最主要的一种手段。恐怖分子暗杀的对象各种各样,既可以是军政要员,也可以是社会名流,还可以是恐怖组织内部持不同政见者。当然,恐怖分子暗杀的最主要对象还是国家和政府首脑。在过去几十年中,不少国家的领导人就遭遇过恐怖分子的暗杀。例如,印度总理1991 年拉吉夫·甘地遭受恐怖分子的暗杀身亡。1995 年以色列总理拉宾被犹太激进分子枪杀。瑞典首相帕尔梅、埃及总统萨达特等政要也都被暗杀身亡。恐怖分子通过暗杀国家和政府领导人扰乱国家稳定、制造社会影响。因此,研究暗杀现象,发现其中的规律,找到预防暗杀的有效方法是执法部门的重要任务。

### 一、对暗杀的认识误区

在美国,暗杀行为时常发生。自 1835 年以来,针对美国总统的暗杀行为就有 11 次,其中 4 次致使美国总统丧生。此外,美国每年发生针对电影、体育明星、国会领袖、联邦法官或其他重要人物的暗杀预谋行为或实际行为。那么,暗杀者如何选择暗杀目标?他们的动机是什么?他们如何制订他们的暗杀计划?等等,为了回答这些问题,负责美国总统安全保卫工作的美国财政部特工处与美国司法研究所在美国监狱局的帮助下,于 1992 年开始了一项长达 5 年的研究。这项名为"特别案件研究项目"(Exceptional Case Study Project,ECSP)调查了1949 年至 1996 年曾经实施或计划实施暗杀行为的 83 位犯罪分子。该研究的结果揭示出许多人对实施暗杀行为的恐怖分子或暗杀行为存在着认识上的误区。

这些误区主要包括：[1]

1. 存在一个关于暗杀者的统一画像

许多人都持有这样的观点。但是，美国财政部特工处的“特别案件研究项目”表明：实施暗杀的恐怖分子并不与任何一个描述性的画像模式相吻合。虽然不少学者热衷于心理画像技术，但另外也有不少学者对心理画像技术持怀疑、甚至反对态度。就以暗杀为例，上述研究项目的结果发现美国实施暗杀的恐怖分子在年龄、性别、受教育状况、就业经历以及其他人口或社会的特征上存在很大的差别。简单地说，就是不存在精确的关于暗杀者的标准画像。

尽管不存在这样的精确画像，但是，该研究的结果还是表明暗杀者在某些方面存在共同的特征。其主要结果包括：(1)83 名暗杀者年龄跨度较大，最小的只有 16 岁，最大的为 73 岁。(2)近一半的暗杀者具有大学以上的学历。(3)他们多数曾经变换过居所。(4)大约 2/3 的人被认为是孤僻的。(5)几乎没有人曾经因为暴利犯罪或涉枪犯罪被逮捕过。(6)几乎没有人在实施暗杀行为之前在监狱被关押过。(7)多数人曾经使用过枪支，但几乎没有人在使用枪支方面接受过正规的训练。(8)多数人曾经骚扰过别人。(9)多数人性情暴躁，但只有一半的人曾经表现出实际的暴力行为。(10)多数人曾经向其他人表达过攻击公众人物的兴趣。他们常常对好战或激进的思想或组织感兴趣，但很少有人是这种组织的成员。许多人曾经极度消沉或绝望。许多人在他们实施暗杀行为之前的某个时间中曾经试图自杀。几乎所有的人都曾经心怀不满和怨恨，其中大多针对政府官员。

2. 暗杀行为是精神疾病或错乱的一种结果

从龙布罗梭以来，不少学者就把犯罪归结为某种心理或生理状态的一种结果。与此相似，人们常常认为暗杀行为以及其他犯罪是由于精神疾病或错乱导致的。但是，美国财政部特工处的研究结果发现：精神疾病很少对诱发暗杀行为发挥作用。大多数实施暗杀行为的恐怖分子并没有表现出精神疾病的症状，相反，暗杀行为是一种理性活动的产物，因为这些恐怖分子实际上把暗杀行为作为达到他们各自目的的手段。例如，有些人为了引起人们对他们所感受到的问题

---

[1] Robert Fein and Bryan Vossekuil: *Intelligence Threat Assessment Investigations: A Guide for State and Local Law Enforcement Officials*, Washington DC: National Institute of Justice, U. S. Department of Justice, and U. S. Secret Service, January 2000, pp. 12 - 15.

的注意而实施暗杀行为。即使在个别情况下,恐怖分子的确表现出精神疾病的症状,但这并不能阻止恐怖分子开展各种富有理性的暗杀准备和实践,如精心选定暗杀目标、寻找暗杀的最佳时机和地点等。

3. 发出直接威胁的人最可能实施暗杀行为

很多人常常把发出危险信号的人等同于实际的攻击者。但就一般情况而言,事情并非如此。有些人出于各种各样的原因会口头发出威胁的信号,做出威胁的姿态,但其中只有一部分人真的具有这种意图或能力。有的人也只是停留在口头上说说而已。而有的人,他的确构成严重的威胁,但他并不在口头上表达出来。因此,必须把这两种人区别开来:一种是发出危险信号的人;另一个是具有危险性的人。具有危险性的人只有少数人发出危险的信号,而一些发出危险信号的人根本不去实践已经表达的威胁。[1] “说的不做,做的不说”在多数情况下是成立的。上述研究结果发现被调查的83名恐怖分子中只有不到1/10的人直接向暗杀对象或执法机构发出了要采取行动的信息。当然,这并不是说执法人员应当忽视恐怖分子事先向外界发出的威胁信号。事实上许多暗杀计划的破产就是因为对威胁信号做出了迅速反应的结果。执法人员应当关心如何确定、调查和评估那些已经表现出危险迹象的人,即使他并没有向被害人或执法机构发出直接的、威胁性的信号。

## 二、暗杀的基本规律

上述研究揭示了暗杀行为存在三个基本的规律:[2]

1. 暗杀行为是深思熟虑、周密计划的结果

暗杀行为都不是一时冲动的结果。暗杀的念头需要经过数周、数月甚至数年才会形成,并且受大众传播媒体的影响。恐怖分子在暗杀之前都要收集各种信息,他们需要考虑应当选定哪个或哪些暗杀目标。在选定暗杀目标之后,恐怖分子就要制订计划并反复演练,他们会日复一日地问自己这些问题:我应使用什么武器?暗杀目标将在哪里出现?我如何才能接近他?我应当穿什么衣服?我

---

〔1〕 Robert A. Fein, Bryan Vossekuil and Gwen A. Holden: *Threat Assessment: An Approach to Prevent Targeted Violence*, Research in Action, National Institute of Justice, July 1995.

〔2〕 Robert Fein and Bryan Vossekuil: Intelligence Threat Assessment Investigations: A Guide for State and Local Law Enforcement Officials, Washington DC: National Institute of Justice, U. S. Department of Justice, and U. S. Secret Service, January 2000, pp. 16 – 20.

应当带上什么东西？我是否应当留一封遗书以防自己身遭不测？对于有些恐怖分子，思考这些问题几乎占据了他们整个心理空间，从而使他们感到精神充实并结束他们心灵的痛楚。

2. 暗杀是一种达到目标或解决问题的手段

多数恐怖分子把暗杀看成是一种实现某个目前或解决某个问题的手段。有些恐怖分子希望用暗杀这种手段实现的目标各种各样（详见下文）。有些恐怖分子则希望以暗杀这种手段解决他们面临的问题。这些问题包括导致个人痛苦、苦恼的各种生活事件（失业、离婚、失恋、与同事关系紧张等）。当恐怖分子把诉诸暴力看作是解决这些问题的可行手段的时候，暗杀的可能性就会上升。从这个角度上讲，暗杀就是在特定情况下，由某种事件引发的由暗杀者采取的针对暗杀目标的暴力行为。因此，要分析暗杀，就必须分析由此相关的四个因素：潜在的暗杀者、事件、情境和暗杀目标。

（1）潜在的暗杀者。分析潜在的暗杀者就是要收集有关潜在暗杀者的信息，要了解他在过去生活中如何处理难以忍受的压力。面对压力，人们有各种排遣压力的方式：可以休息、工作、健身、睡觉、寻求家人帮助、与朋友联系，等等。但是当这些常规的方式不管用的时候而个人又觉得压力难以承受的时候，事情会怎么样呢？这个时候，人们一般会有四种适应方式：第一，因焦虑而身体上不适。第二，表现出精神障碍或者不能接受现实。第三，自杀或自残。第四，攻击或谋杀他人。

（2）事件。在每个人的生命周期中，人们可能会经历一些重大的生活事件，这些事件对个人后来的行为和思想都会产生巨大的影响。这些事件包括亲人去世、离婚、失业、贫困、工作调动、在公共场合被人训斥或羞辱等。不同的人对这些事件的反应会不一样，让有些人一蹶不振的事件对于其他人来说，可能变成了积极的动力。中国古代名将韩信在公共场合承受他人胯下之辱、越王勾践亡国后卧薪尝胆等典故，都揭示了发生在个人身上的不幸事件也可以激发人奋勇向上。

但是，对于暗杀者来说，生命中重大事件的发生往往会使他们产生不正常的适应方式。上述研究发现超过半数的暗杀者在他们实施暗杀行为之前曾经经历过某种生命事件的压力。因此，在对分析潜在的恐怖分子的时候，需要回答三个问题：什么样的生命事件导致了潜在的恐怖分子认为生命中的压力是难以承受的？他是如何对这种事件给予回应的？在该人今后的生活中类似的事件是否还会发生？

(3)情境。分析情境就是要考察当个人面临的压力达到极限的时候，个人与周围相关人群之间的互动。分析情境就是要分析这个人际互动的力场。在这个人际互动的力场中，最主要的是要看周边的人们是否支持、放纵或者忽视潜在的恐怖分子已经发出的暴力威胁，要看他的家人、朋友、同事、领导是否直接地或者间接地告诉他暴力不适解决问题之道，或者告诉他暴力是违法的。当然，在分析这个人际互动的力场的时候，还应当考察构成该力场的各种人际互动关系的性质，即这种关系是正向的，还是负向的。正向的关系就是两者之间是一种相互接纳的关系，是朋友关系；负向的关系是一种相互排斥的关系，是敌对的关系。此外，还应当考察这种关系的密切程度，即关系的强度。一个密切的高强度的正向关系对个人产生的影响会超过一个疏远的低强度的正向关系对个人产生的影响。所以，这个人际互动的力场中，应当考察的是由潜在的恐怖分子与周围相关他人构成的各个人际互动关系矢量。

(4)暗杀目标。当恐怖分子选定了暗杀目标之后，假设保卫部门已经知道这个需要加强保护的人处于危险状态，那么，保卫部门需要进一步思考三类问题：第一，恐怖分子是否非常了解他要暗杀的目标？恐怖分子是否了解他的工作和生活方式？有关暗杀目标的信息是否很容易被恐怖分子获得？第二，暗杀目标究竟处于什么样的危险境地？换句话说，就是暗杀目标的安全防卫方面存在哪些漏洞容易被恐怖分子利用？改变目标的起居方式和安排是否能够减小被恐怖分子攻击的风险？如果能的话，如何改变？第三，恐怖分子要暗杀的这个目标是否关心自己的安全？他身边的工作人员对领导安全的关心程度如何？他对安全人员提出的建议会做出什么样的反应？有些人对自己的安全缺乏足够的重视。例如，瑞典首相帕尔梅就是在没有安全保卫措施的情况下像普通人那样到电影院看电影时被人开枪打死。而有的人不愿采纳安全人员提出的建议。例如，拉宾遇刺之前就拒绝了保镖让他穿防弹衣的建议。

3. 动机与选择什么暗杀目标直接相关

恐怖分子基于各种各样的动机而实施暗杀行为。一般来说，暗杀的动机有这：(1)为了引发政治动乱。即使在一个民主政体下，领导人的突然死亡也可能导致政权的动荡，而在非民主的政体之下，领导人的更迭没有确立制度化的合理方式，暗杀领导人无疑会带来政治派系内部的争斗和国家政局的动荡。因此，无论在什么情况下，恐怖分子常常会用暗杀这种方式制造混乱。(2)为了获得赎金或赏金。职业杀手可能会为了得到赏金而实施暗杀行为。一些利欲熏心、穷凶极恶的犯罪分子为了获得赎金也会暗杀他人。(3)为了扬名。有些恐怖分子之所以暗杀他人就是想要扬名天下。(4)为了引起更多的人对某个个人的或公共问题的注意。有些人自己被某个私人的问题所折磨,为了引起别人对自己这个问题的注意,获得大家的同情,他会采取用暗杀的方式。同样地,有些人对某个公共性的问题的解决很热心,为了引起更多人的注意,也会铤而走险。如在美国,有人因为坚决反对妇女堕胎就往堕胎诊所扔炸弹,或者直接暗杀诊所的医生。(5)为了复仇。一些人在生活中遭遇到了挫折,他会仇视社会,会把上级或政府官员看成是导致自己苦难的根源。因此,他会用暗杀这种方式回报自己遭受的苦难。(6)为了结束自己的个人不幸。有些恐怖分子知道,一旦自己暗杀他人,自己要么被警察当场击毙,要么被擒获而被监禁。从而结束自己面临的苦难。(7)还有的恐怖分子初始动机是为了迫使暗杀对象与他建立一种特殊的关系。他会发出暗杀的威胁,刚开始的时候,并不想杀死目标,但最后情况的发展出现逆转,恐怖分子最终实施他开始并不真的要实施的行为。

无论恐怖分子的基本动机如何,恐怖分子对暗杀目标的选择与其动机直接相关。一个曾经长期遭受失业痛苦的恐怖分子暗杀的对象很可能是政府官员而不太可能是电影明星。同样,一个雇佣杀手不会故意暗杀雇主指定之外的其他人,但一个要扬名天下的人在暗杀政府总理变得不太可能的时候会转而暗杀电影或体育明星。

暗杀行为的上述规律为下面要介绍的危险评估提供了理论依据。正是由于暗杀行为是深思熟虑和周密计划的结果,因此,预防暗杀和评估危险就需要侦查各种预备性的行为,也就是说,对各种预备性行为的了解可以帮助我们评估危险的程度。同样地,正是由于暗杀被看成是达到目的或解决问题的手段,因此,可以把暗杀行为看成是由暗杀者、事件、情境和暗杀目标等变量决定的一个函数。对这四个变量的考察,可以得出关于暗杀行为发生可能性这个因变量的结果。这个结果可以看成是随着这四个自变量变动而变动的连续变量。

### 三、危险评估:预防暗杀的实用方法

由于暗杀带来的消极后果往往非常严重,因此,执法人员最需要做的就是尽可能早地发现危险并进行干预。为此,美国财政部特工处提出了一种评估危险的方法。这种方法很实用,值得我们了解和学习。

### （一）危险评估的定义和步骤

危险评估（Threat Assessment）是一套侦查和行动活动，以确定、评价和管理对于特定目标构成人身威胁的人。[1] 长期以来，学术界和实际部门的工作者都想找到预测犯罪行为的方法。过去经常使用的预测方法中，常常存在的明显特征是把犯罪危险性看成是个人性的、静态的以及离散的（即有危险或没有危险）。危险评估的方法则是情境性的（即与特定的环境和历史背景密切相关）、动态的、连续的（即以可能和不可能为端点的连续体）。[2]

危险评估有三个主要的步骤：

1. 确定危险人物。确定危险人物是保卫部门把可能对政府官员或其他公众人物构成人身安全威胁的人纳入监控视线的过程。确定危险人物的途径主要有两种：第一，通过危险人物的自我暴露。有些危险人物会向政府官员或其他攻击目标打电话、写信、发电子邮件或当面告诉他们他对他们的特别兴趣。这些危险分子常常告诉他们自己的名字，从而为确定危险人物提供了一条重要的线索。例如，打恐吓电话就是一种常见的自我暴露的形式。危险分子出于各种原因打恐吓电话，他们也许为了事先发出警告，也许为了引起注意，也许为了表达心中的挫折或愤怒，也许为了缓解紧张的情绪。接到恐吓电话后，保卫部门应当立即进行调查。第二，通过知情人的举报。要获得知情人的举报，需要解决两个方面的问题：一方面是要明确举报的标准，即什么样的人应当被举报。被举报的人应当具有这样的行为迹象：已经威胁了他人；向他人显示出对暗杀目标的特别兴趣；向他人提起自己正考虑要“干一番大事”。另一方面是要解决好联系沟通的问题，即一旦有可疑的迹象出现，公众知道向哪个机构哪个部门报告？报告什么内容？解决好这个问题是确定危险人物过程中的关键一步。

2. 评估风险。评估风险就是要根据收集到的信息，就危险分子对保卫部门要保卫的人是否构成威胁，以及构成什么程度的威胁。评估风险的好坏取决于收集到的信息的广度和关联性。就广度而言，关于危险分子的信息应当是多方

---

〔1〕 Randy Borum, Robert Fein, Bryan Vossekuil and John Berglund: Threat Assessment: Defining an Approach for Evaluating Risk of Targeted Violence, Behavioral Sciences and the Law, Vol. 17, No. 3, 1999, p. 327.

〔2〕 Ibid, p. 324.

面的;就关联性而言,关于收集到的信息应当是关于危险分子或者与案件相关的。[1]

保卫部门需要收集的信息主要有五类:[2]第一类是关于案件启动方式的。也就是说,危险分子被纳入保卫部门的视线是因为自我暴露从而引起当局的注意,还是由知情人的举报。如果由知情人的举报而启动案件,那么,就必须首相应当审核举报人及其提供信息的可信度。因为在有些情况下,举报人可能由于主观的偏见或其他因素而无意地歪曲信息;但另一些情况下,举报人为了报复被举报的人或者转移保卫部门的注意力而故意歪曲信息。

第二类是关于危险分子的。关于危险分子的信息包括三个方面:第一方面是确定危险分子个人身份的信息,即危险分子的名字、身体特征、出生年月、身份证号码等;第二方面是背景性的,涉及危险分子的居住地、教育水平、服役和就业记录、犯罪记录、心理健康状况、是否吸毒或酗酒、婚姻状况、个人爱好和专长等;第三方面是关于危险分子当前生活的,包括就业、人际关系,以及是否发生了导致绝望、无助和焦虑的生活事件等。

第三类是与暗杀行为相关的各种预备性行为的。由于危险分子在实施暗杀行为之前要做很多准备性的工作,因此,关于这些前期的、预备性的行为的信息都应当被收集起来加以分析。这些行为包括:第一,对过去发生的暗杀事件的特殊兴趣;第二,对特定目标实施攻击的想法和计划(例如,日记和购买或自制武器等);第三,向家人、朋友、同事等人透露出来的准备实施暗杀行为的征兆;第四,跟踪暗杀目标或者到准备实施暗杀的地方踩点;第五,想方设法接近暗杀目标或其住所。

第四类是关于暗杀者动机的。如前所述,由于暗杀者的动机与暗杀目标的选择有很密切的关系,收集关于暗杀者动机的信息有助于判断哪些人面临的危险比较高。

第五类是关于暗杀目标的。暗杀者的动机决定了如何选择暗杀对象,但是,

---

〔1〕 Robert Fein and Bryan Vossekuil: Intelligence Threat Assessment Investigations: A Guide for State and Local Law Enforcement Officials, Washington DC: National Institute of Justice, U. S. Department of Justice, and U. S. Secret Service, January 2000, p. 27.

〔2〕 Randy Borum, Robert Fein, Bryan Vossekuil and John Berglund: Threat Assessment: Defining an Approach for Evaluating Risk of Targeted Violence, Behavioral Sciences and the Law, Vol. 17, No. 3, 1999, pp. 330 – 331.

即使在某一确定动机的支配下，暗杀对象也许会有多个。暗杀者也许从这多个对象中筛选出一个最适合攻击的目标。例如，一个被解雇的、心怀怨恨的工人可能会选择自己的直接主管、人事部经理和公司总经理作为暗杀对象。在经过一番权衡比较之后，他会从多个对象中挑选出一个最佳的暗杀目标。收集关于暗杀目标的信息，与他们进行接触，可以反过来从他们那里获取关于暗杀者动机的信息。

信息的来源有多种渠道：在有些情况下可以直接地与危险人物进行面谈；间接地可以从雇主、同事、邻居、亲属等人那里获得，也可以从与危险分子有联系的各种机构（学校、旅行社、银行等）那里获得，查看它们的记录。

对于收集来的信息，保卫部门一定要检验它们的真实性，要使信息之间相互印证。对于保卫部门来说，已经得到印证的、实际发生的信息应当比知情人的主观看法更重要。在信息没有得到验证之前，保卫人员应当对收集到的信息保持必要的怀疑态度。

如何验证收集来的信息呢？通常使用的方法包括：与当事人面谈；搜查嫌疑人、住所、汽车等；查阅档案获得背景资料；审查信用卡、电话和旅行等记录；就特殊问题咨询专家。

收集信息和评估工作可以同时进行，因为这两个过程可以相互补充、相互影响：新印证的信息也许有利于评估工作，而评估工作的深入开展也许为收集进一步的信息提出要求。

3. 案件的处置。案件的处置就是当充分的信息收集到以后，完成了评估。那么，就需要根据评估结果做出如何处理该案件的决定。如果认为危险分子并没有构成真正的威胁，那么就要停止调查并结束案件。在结束案件之后，有关信息应当存档，因为如果以后同一名的危险分子再次实施威胁行为或者同一名被保护对象再次受到不明威胁的时候，已经存档的这些信息和结果都将再次发挥作用。

如果认为危险分子的确构成了威胁，那么，就应当制订如何处理案件的计划。这种计划涉及两个方面的内容：一个方面的内容涉及对危险分子的环境进行控制和干预。这种控制和干预需要动员两个方面的力量：一是可以动员危险分子周围身边的人（家庭成员、同事、朋友甚至包括保姆等），使他们能够帮助阻止危险分子接近暗杀目标并降低实施暴力行为的可能性。在此，前面所讲的对危险分子情境中人际互动关系矢量的分析是很有用的，因为这种分析可以帮助确定哪些人能够给保卫部门提供合作。另一个方面要动员各种正式组织的力量。对危险分子的控制和干预需要刑事司法机构(检察院、法院、公安机关、司法局)、卫生、民政、劳动部门等组织的合作。需要特别强调指出的是,安全部门必须要确定危险分子预谋实施暗杀的行为是孤立的个人行为,还是有更深背景的组织行为。因为针对两种不同类型的行为,控制和干预的策略会很不一样。当一个人隶属于一个组织的时候,他要实施的暗杀行为会受到来自于该组织的各个方面的影响。例如,该组织的规范、结构、凝聚力等因素都会对个人的行为产生很大的影响。因此,改变他的行为就要考虑组织对他的影响。[1]

该计划的另一个内容就是要及时向需要保护的官员或他的警卫人员通报事情的进展,并改进和加强该名官员的安全保卫措施。

(二)危险评估中的调查

危险评估是以保卫部门获知的各种信息为基础的,而要获得必需的信息,就要开展调查。那么如何开展实际的调查呢?可以依据上述的规律和步骤,围绕一些实际的问题开展调查工作。这些问题归纳起来有十个:[2]

1. 危险分子的动机是什么?这个问题是一个基本问题,它对于调查人员对其他方面问题的判断能够发挥很大的作用。例如,它可以帮助调查人员推测暗杀对象。

2. 在与其他人沟通的过程中,危险分子表露了何种犯罪意图?危险分子很少直接向要暗杀的对象表达自己的意图,但是,向家人、朋友、同事表露自己的想法、计划和意图的情况却并非少见。因此,调查人员可以询问这些人来获知有关信息。

3. 危险分子是否对暗杀手法、事件、武器或激进组织非常感兴趣?有些危险分子对于已经发生的暗杀事件及其犯罪分子非常感兴趣。他们会不厌其烦地谈论这些事情,探究这些事件导致的后果,他们甚至会努力与有暗杀经验的犯罪分子取得联系。

4. 危险分子是否实施过其他类型的暴力行为(如骚扰或威胁他人)以及各

---

〔1〕 Marisa Reddy Pynchon and Randy Borum: Assessing Threat of Targeted Group Violence: Contributions from Social Psychology, Behavioral Sciences and the Law, Vol. 17, No. 3, 1999, pp. 339 – 355.

〔2〕 Randy Borum, Robert Fein, Bryan Vossekuil and John Berglund: Threat Assessment: Defining an Approach for Evaluating Risk of Targeted Violence, Behavioral Sciences and the Law, Vol. 17, No. 3, 1999, pp. 331 – 335.

种预备性的攻击行为？骚扰和威胁他人以及跟踪他人、表达对他人的怨恨等行为都可以看成是危险性升高的表征。

5. 危险分子是否有精神病史或某种类似精神疾病的症状（如出现被人迫害或接受他人指令的幻觉）？如前所述，精神疾病与暗杀行为是否发生并没有很大的关联，只是在较少情况下，危险分子有精神病史。但与精神病症状相关的吸毒和酗酒等行为可能对危险分子的心理产生消极的影响。

6. 危险分子是否已经做好准备，处于准备就绪的状态？调查人员应当分析实施一个成功的暗杀计划，需要具备什么条件，然后，以此来评价危险分子是否具备这样的条件，评价他是否有能力执行暗杀计划。

7. 危险分子最近是否经历了某种失败，从而导致产生疯狂和绝望的感觉？危险分子经历的失败可能来自于家庭关系、朋友、就业和自我意识四个方面。

8. 危险分子的言行是否一致？调查人员应当从各种不同的渠道评估危险分子所说话的可信度。调查员要把从其他途径获得的关于行为动机、设想、行为的信息与危险分子自己的表述相比较，以印证危险分子所提供信息的真伪，从而来评价危险分子犯罪意图的强弱。

9. 那些了解危险分子的人是否很担心危险分子将要采取暗杀行动？危险分子身边的人可能觉察到已经发生的细微变化，并为危险分子的下一步打算感到惶恐不安。因此，对他们的焦虑及其依据应当深入调查。

10. 危险分子生活环境中的哪些因素会增加或减少他实施暗杀行为的可能性？既然可以把暗杀行为看成是危险分子、事件、情境和暗杀目标这些因素相互作用的结果，因此，考察这些因素就可以帮助预测危险的大小。

**思考题**

1. 如何理解恐怖分子为什么热衷于使用炸弹袭击？

2. 如何预防和应对炸弹袭击？

3. 结合所学知识，试分析暗杀行为及其基本规律。

4. 简要叙述美国预防暗杀的危险评估方法。

# 第八章
# 超级恐怖主义

传统恐怖主义主要是以炸弹、手枪等常规性武器为工具来实施恐怖活动的。20世纪末期以来,以日本的"奥姆真理教"在东京地铁用沙林毒气攻击无辜民众的事件为主要标志,传统恐怖主义正向新的恐怖主义类型转。这种新的恐怖主义类型,有的学者称之为超级恐怖主义,有的称之为非常规恐怖主义,有的称之为高技术恐怖主义。本书采用超级恐怖主义的说法。所谓超级恐怖主义,就是以核武器、生物武器、化学武器等大规模杀伤性武器或者利用电脑及其网络实施的恐怖行为。超级恐怖主义是本章要研究的问题。

## 第一节 恐怖主义的变迁

超级恐怖主义是相对于传统恐怖主义而言的新恐怖主义类型。要理解超级恐怖主义,有必要对传统恐怖主义的特征进行简单的归纳。

### 一、传统恐怖主义的特征

恐怖主义从19世纪直到20世纪90年代,基本上可以看成是一个模式,即传统恐怖主义模式。传统恐怖主义具有如下特征:

1. 左翼或右翼的意识形态。在意识形态上,传统恐怖主义是以极左或极右的意识形态作为指导思想或者以民族主义作为指导思想。

2. 象征性的攻击目标。在恐怖行为的加害目标上,传统恐怖主义往往认真选择具有象征意义的对象,如选择外交官、军人、警察、政治家或者军事设施等作为打击的对象。

3. 操纵大众传播媒体。传统恐怖主义往往为了增强恐怖事件的渲染效果,会有意识地操纵大众传媒。

4. 传统恐怖主义造成的人员伤亡相对较少。

5. 公开性。从事传统恐怖主义的组织一般是执法部门甚至公众熟知的。例如,在 20 世纪 70 年代前后活跃在西欧的意大利"红色旅"、西德的"红军派"等恐怖组织就人们熟知的恐怖组织。

6. 等级结构。传统恐怖主义具有明确的结构特征,即具有等级结构。在传统恐怖组织内部,处在上层的是一小撮发挥着组织和领导作用的恐怖分子首领,处于"金字塔"底层的是大量的恐怖行为的执行者。

7. 职业恐怖分子。传统恐怖主义的参与者往往是全职的,即恐怖分子以从事恐怖活动为职业。例如,"红军派"的首领梅因霍夫、恩斯琳等人就是职业的恐怖分子。[1]

传统恐怖主义的职业化特征是与恐怖主义在 20 世纪末期出现的一种特征相对应的,这种特征,就是恐怖主义的业余化(amateurization),即一些恐怖分子只是把从事恐怖活动作为一种个人乐趣,他们只是在业余时间从事恐怖行为而已,这种恐怖活动在计算机恐怖主义(cyberterrorism)或网络恐怖主义(netterrorism)中表现的比较明显,在计算机或网络恐怖主义中,一些人只是在业余时间利用计算机或计算机网络实施恐怖攻击。

## 二、恐怖主义的变迁趋势

20 世纪 90 年代以来,恐怖主义的形式发生了一些变化。这些变化主要表现在:

〔1〕 Gus Martin:*Understanding Terrorism:Challenges,Perspectives,and Issues*,Sage Publications,2003,p. 387.

1. 恐怖主义事件发生的绝对数量相对下降

按照美国的统计标准，1972 年慕尼黑奥运会恐怖事件之后，一直到 20 世纪 80 年代中期，恐怖事件每年的增长率大约为 12% ~15%，到 20 世纪 90 年代之后，恐怖事件发生的熟练就开始出现下降的趋势。按照美国国务院的统计，1987 年全球的恐怖事件为 666 起，而到 1992 年，全球恐怖事件下降为 364 起，1994 年则降为 321 起。[1]

2. 破坏性增强

虽然恐怖主义事件发生的数量呈现下降的趋势，但是，恐怖主义的破坏性却增强。恐怖主义破坏性增强，一方面表现在致人伤亡的恐怖事件发生的比例增加。另一方面，表现在单次恐怖事件致人伤亡的数量增加。就致人伤亡的恐怖事件所占的比例来说，根据美国兰德公司的记录，导致人员伤亡的恐怖事件在全部恐怖事件中所占的比例，20 世纪 70 年代为 17%，80 年代为 19%。进入 20 世纪 90 年代之后，致人伤亡的恐怖事件在全部恐怖事件中所占的比例呈现上升的趋势。1991 年，14% 的恐怖事件致人伤亡，1992 年这一比例上升为 17.5%，1993 年、1994 年、1995 年分别为 24%、27%、29%。[2] 就单次恐怖事件致人伤亡的情形来看，由于传统恐怖主义往往有选择地攻击那些具有象征性意义的目标（警察、军人、政治家等），传统恐怖主义致人伤亡的数量往往比较有限。当普通平民也被恐怖分子不加区分地作为攻击目标的时候，由于恐怖事件导致的人员伤亡的数量就会上升。例如，在 1995 年，日本奥姆真理教实施的沙林毒气攻击事件中，12 人死亡，5000 多人受伤。

恐怖主义的破坏性之所以不断增强，其中的原因之一在于恐怖分子认为公众和大众媒体对恐怖主义的暴力已经不像原来那样敏感，因此，恐怖主义要像原来那样受到公众和媒体的关注，就要实施更加血腥的暴力行为。否则，就不能达到原来那样的效果。[3]

---

〔1〕 Cindy Combs：*Terrorism in the* 21 *st Century*, Second Edition, Prentice Hall, 2000, pp. 216 – 217.

〔2〕 Bruce Hoffman：Terrorism and Weapons of Mass Destruction, Santa Monica：Rand, 1999, p. 21.

〔3〕 Bruce Hoffman：Terrorism and Weapons of Mass Destruction, Santa Monica：Rand, 1999, p. 21.

3. 民族邪教恐怖主义的扩张

左翼恐怖主义在经历了20世纪60年代的起源、70年代的兴盛之后,进入20世纪80年代末期逐渐消亡,但在80年代和90年代,在欧洲和美国,右翼恐怖主义则开始泛滥。右翼恐怖主义突出表现在新纳粹主义采取的恐怖活动上。20世纪90年代以后,由民族主义和宗教因素驱动之下的恐怖主义开始在恐怖主义舞台上占据主要地位。邪教恐怖主义的扩张,这是恐怖主义在新世纪表现出的最显著的特征。

4. 恐怖主义的组织形式发生了变化

为了顺应国际政治发展的整体趋势,恐怖主义也调整了自身的组织战略,建立专门从事暴力活动的恐怖组织不再是恐怖主义的唯一组织战略。实际上,在最近几十年,像"哈马斯"、"爱尔兰共和军"、斯里兰卡"泰米尔猛虎组织"、西班牙"埃塔"等组织同时具有两个分支性的组织:一支专门从事恐怖活动,另一支则是专门从事非暴力性的政治组织。这种组织分工的战略具有的好处在于:当恐怖组织采取了引起巨大公愤的行动或者出了差错的时候,政治组织可以声称与此没有干系,从而政治组织可以继续为恐怖主义的整体目标而行动。[1]

5. 恐怖主义的行动策略也发生了一定的变化

这主要表现在两点:其一是恐怖分子越来越少地采取劫机的恐怖行动,由于国际社会对劫机行为基本上形成了一致谴责的共识,今天已经没有国家愿意让恐怖分子劫持的飞机着陆而招致公开支持恐怖主义的罪名。其二是恐怖分子在行动上从原来的袭击特定目标转变为滥杀无辜。

## 三、超级恐怖主义:类型与特征

超级恐怖主义可以分为两大类:一类是以使用大规模杀伤性武器为工具而实施的恐怖行为。这一类又可以分为核恐怖主义、生物恐怖主义、化学恐怖主义。核恐怖主义就是以核武器或者放射性材料等为工具或者以核武器、核设施等为攻击目标而实施的恐怖行为。生物恐怖主义就是以生物武器为工具实施的恐怖行为。化学恐怖主义就是以化学武器为工具实施的恐怖行为。超级恐怖主义的另一个主要类别是网络恐怖主义。

---

〔1〕 沃尔特·拉奎尔:"后现代恐怖主义",载中国现代国际关系研究所反恐怖研究中心编:《恐怖主义与反恐斗争理论探索》,时事出版社2002年版,第160页。

上述20世纪90年代以来恐怖主义的变迁趋势反映了超级恐怖主义的若干特征。要全面地分析超级恐怖主义的特征,需要从以下方面着手:

1. 宗教民族主义的思想基础

在思想基础上看,超级恐怖主义往往以宗教和民族主义作为支撑。混杂着民族主义情绪的邪教恐怖主义的增多是过去十多年的突出现象。根据美国兰德公司与英国圣安德鲁斯大学的统计,1968年是现代国际恐怖主义开始出现的一年。但是在该年份中,11个活跃的恐怖组织没有一个能算得上是邪教恐怖组织。1980年才出现了第一个邪教恐怖组织。该年度活跃的64个恐怖组织只有两个算得上是邪教恐怖组织。12年之后,即1992年,邪教恐怖组织在恐怖组织中占了将近1/4,当年48个活跃的恐怖组织有11个被认为是邪教恐怖组织。1994年,49个活跃的恐怖组织中有16个被认为是邪教的,占了将近1/3。1995年,56个恐怖组织中有将近一半(26个)的被认为是邪教性质的。[1] 因此,过去十多年中,邪教恐怖主义呈现上升的趋势。

邪教恐怖主义数量的上升对超级恐怖主义产生了深远的影响。由于传统恐怖分子依靠英雄气概、自愿牺牲个人生命展示自己的理想,而超级恐怖主义需要使用大规模杀伤性武器或进行网络战来实施恐怖行为,因此,只有那些不在乎公众意志的恐怖分子才会考虑使用大规模杀伤性武器。因为公众对使用大规模杀伤性武器的反感程度远远高于常规性武器,因此,传统恐怖分子对公众意见的重视制约了他们使用大规模杀伤性武器。[2] 但是,在邪教恐怖主义中,传统恐怖主义中存在的这种制约因素消失了。邪教恐怖分子不再寻求把普通民众作为自己行为的表达对象,在传统恐怖主义那里,恐怖分子常常需要通过向民众表达自己的政治理想获得尽可能的支持;而在邪教恐怖主义这里,恐怖分子无须从民众那里获得对自身行为的肯定和支持。邪教恐怖分子直接面对上帝。上帝的旨意代替了世俗的授权。神圣的宗教义务使邪教恐怖分子能够超越世俗的政治、道德和文化的限制采取包括大规模杀伤性武器在内的任何手段来实现他们的理想。因此,邪教恐怖主义的泛滥正意味着采取大规模杀伤性武器的超级恐怖主

[1] Bruce Hoffman: Terrorism and Weapons of Mass Destruction, Santa Monica: Rand, 1999, p. 23.

[2] 中国现代国际关系研究所反恐怖研究中心编:《恐怖主义与反恐斗争理论探索》,时事出版社2002年版,第165页。

义的危险空前地提高。

2. 手段的高科技化

在使用的手段上，超级恐怖主义充分利用现代科学技术的成果，把核武器、核材料、生物武器、化学武器和电脑网络等作为实施恐怖活动的工具或目标。现代科学技术是一把"双刃剑"，能给人类带来福音，也能带来灾难。由于大规模杀伤性武器具有威力巨大的杀伤力，由于电脑网络具有很强的隐蔽性而现代社会又高度依赖于电脑网络，因此，超级恐怖分子在不排除利用传统的爆炸、绑架等手段实施恐怖行为的同时，他们也越来越充分地把现代科学技术的成果运用到恐怖主义之中，核武器、核材料、生物武器、化学武器和电脑网络被恐怖分子利用来从事恐怖行动的危险日益增强。

3. 非中心化和非等级化的领导和组织结构

在领导和组织结构上，超级恐怖主义倾向于采用松散化的独立小组形式。传统的恐怖组织不少采取等级机构的组织形式。超级恐怖主义则越来越明显地表现出非等级化、非中心化的领导和组织结构特征。所谓非等级化，就是恐怖组织中等级的层次减少，甚至没有了传统意义上那种扮演着领导者角色的权威人物。非中心化就是相对独立的恐怖小组之间彼此之间并不存在明确的隶属或指挥关系，恐怖组织之间联系松散。

恐怖组织非等级化和非中心化特征的形成，一部分的原因是由于信息时代超级恐怖分子运用电脑网络技术的结果。美国兰德公司的研究报告发现，"新一代恐怖组织的另一个鲜明特征就是它们采用信息技术"，哈马斯等恐怖组织利用互联网制订和协调行动计划、宣传和散布恐怖主义的思想主张。由于利用互联网制订和协调恐怖行动计划，每个小组，甚至每个恐怖分子在网络的终端都居于平等的地位，相互反馈信息，共同商定行动计划，这样一来，每个恐怖小组、每个恐怖分子都像网络上的一个节点。恐怖行动的信息由这些节点制造并在这些节点间传递。这种网络结构没有明确的指挥中心，没有核心的领导、统帅或指挥部。超级恐怖主义的决策和行动分散化。这种结构有时看起来没有首脑，另一些时候却又是有很多首脑。〔1〕

〔1〕［美］约翰·阿奎拉等："网络和信息时代的恐怖主义"，载中国现代国际关系研究所反恐怖研究中心编：《恐怖主义与反恐斗争理论探索》，时事出版社 2002 年版，第 201 ~ 209 页。

4. 对攻击目标不加区分

在攻击目标上,超级恐怖主义会不加区分地把普通民众作为袭击对象。超级恐怖主义由于使用大规模杀伤性武器,其潜在的危害就越来越大。一个核武器、核装置或毒气炸弹所产生的杀伤力远远大于传统恐怖分子使用的普通炸弹。那么,超级恐怖分子为什么能够把普通民众作为袭击对象呢?要理解超级恐怖分子如何能够不加区分地把普通民众作为袭击对象,还必须解释当代宗教性恐怖主义的扩张所产生的影响。(1)邪教恐怖分子关于敌我的界限与传统恐怖分子相比发生了很大的转变。传统恐怖分子在实施恐怖行为的时候,往往在自己、袭击目标和民众之间进行区分。沃尔特·拉夸尔曾经引用了一个例子来说明传统恐怖分子的这个行为特征。在这个例子中,沙皇俄国时期的恐怖分子在执行一次刺杀任务的时候放弃了刺杀企图,因为他担心他扔出的炸弹会伤及旁边无辜的民众。传统恐怖分子的这种做法在现代超级恐怖分子身上已经很少出现。前面讲了,邪教恐怖分子由于把自己看成是上帝的使者,因此,他们对于区分敌我的标准也完全是以是否信仰他们的教义为标准,不信仰他们教义的或者不是他们教派成员的,就是异端,就是敌人。这样,对于普通民众,只要他们不信仰教义或者也不是邪教恐怖组织的成员,就是敌人。邪教恐怖分子可以代表上帝以正义的名义对他们进行惩罚。(2)邪教恐怖分子关于"目的"和"手段"的关系与传统恐怖分子也有很大的不同。著名的反恐专家布鲁斯·霍夫曼认为,传统恐怖分子可以算是实用主义者,他们就是要用暴力手段为更多的人获得更多的利益,而邪教恐怖分子则不是实用主义者,他们仅仅只是为自己和同一门派的信徒。这种性质上的差别使邪教恐怖分子在把暴力看成是目的还是手段上采取了与传统恐怖主义不同的做法:传统恐怖分子把暴力看成手段,把流血看成是追求功利性目的的一种结果,而邪教恐怖分子把暴力本身看成是一种神圣的事情。邪教恐怖主义的目的不是为了实现功利性的目的,而是要消灭上帝的敌人,是杀戮。这样,暴力在邪教恐怖主义那里不是手段,暴力本身成了目的。[1] 因此,为了达到自己的目的,邪教恐怖主义可以把任何"非我"的对象作为达到目的的工具。当普通民众被邪教恐怖分子看作异端的时候,普通民众就成了恐怖分子祭坛上的牺牲品。(3)邪教恐怖分子的异化的自我状态使他们能够决然采取非常

---

〔1〕 Bruce Hoffman: *Terrorism and Weapons of Mass Destruction*, Santa Monica: Rand, 1999, p. 29.

规的暴力手段攻击异于自身的他者。传统恐怖分子往往认为自己是现存社会中的一员，虽然现存社会在传统恐怖分子眼中也是千疮百孔，需要重建，但是，传统恐怖分子并不异于现存社会。与此不同，邪教恐怖分子把自己看成是游离于现存社会之外的局外人。这种异化的自我概念可以使他们采取任何必要的手段打击异于自身的他者。

5. 后果更加严重

在后果上，超级恐怖主义往往会造成更多的人员伤亡和更加巨大的经济损失。前面关于恐怖主义的变迁趋势中讲了，恐怖主义具有越来越强的破坏性。超级恐怖主义所具有的致命性源于各种因素：(1)超级恐怖主义的攻击范围扩大了。相比较原来把攻击范围限定于具有特殊象征意义的对象(军人、警察、政治家、外交官等)，超级恐怖主义把普通民众作为攻击对象，这样超级恐怖主义的攻击范围扩大了，具有更强的破坏性无疑就有了一定的条件。(2)超级恐怖主义选择使用大规模杀伤性武器是超级恐怖主义发挥强大破坏性的物质条件。如果说没有这些物质条件，即使恐怖分子千方百计地想攻击包括普通民众在内的众多对象，恐怖主义也很难产生强大的致命性的后果。工业革命时代的恐怖主义能够产生的效果只能以手枪、炸弹等常规武器的杀伤力为限度，信息时代的超级恐怖主义所能产生的效果却可能超越以前的限度，把恐怖主义的消极后果提高到一个从未有过的程度。(3)现代社会高度的关联性可以放大超级恐怖主义的效果。传统社会的关联性程度比较低，因此，恐怖行为发生之后，其效果往往就只是限定在当地区域中。但是，到了现代社会，不同组织、地区、国家之间都存在紧密的联系。在特定地方发生的恐怖事件会波及其他部门、地区和国家。现代社会越来越强的关联度犹如一个放大器，把恐怖主义的本地效果放大并到其他地方。

下表简单比较了超级恐怖主义与传统恐怖主义的特征(见表8.1)。从中可以发现，在目标选择、伤亡率、组织特征、运用的武器和思想基础等方面，超级恐怖主义与传统恐怖主义相比都有很大的不同。

**表 8.1　超级恐怖主义和传统恐怖主义的比较**[1]

| 恐怖主义类型 | 目标选择 | 伤亡率 | 组织特征 | 武器 | 思想基础 |
|---|---|---|---|---|---|
| 传统恐怖主义 | 外科手术式地打击和选择具有象征性的目标 | 低且具有可选择性 | 金字塔型的等级结构 | 常规武器，低级到中等程度的杀伤力 | 极左或极右的世俗 |
| 超级恐怖主义 | 不加区别地打击象征性的目标 | 高、难以选择 | 独立的小单元 | 非常规武器，高度杀伤力 | 宗教性的 |

## 第二节　大规模杀伤性武器与恐怖主义

大规模杀伤性武器是超级恐怖主义最可能使用的工具之一。因此，研究超级恐怖主义就必须要研究大规模杀伤性武器。为此，我们首先要探讨的一个问题就是恐怖分子会利用大规模杀伤性武器吗？如果可能的话，他们如何利用这些武器？

### 一、恐怖分子利用大规模杀伤性武器的可能性

近些年来，国际社会对于恐怖分子利用大规模杀伤性武器制造恐怖事件的关注程度越来越高。特别是在 1995 年日本的奥姆真理教用沙林毒气攻击乘客的事件发生之后，专家和执法部门对恐怖分子利用大规模杀伤性武器的可能性给予了高度的警惕。

#### （一）持怀疑态度的人

在奥姆真理教攻击行为发生之前，人们对恐怖分子是否会利用大规模杀伤性武器制造恐怖事件持怀疑态度。这方面最有代表性的是著名的反恐专家布莱恩·詹金斯的见解。詹金斯在 1987 年认为恐怖分子利用大规模杀伤性武器实施恐怖活动的可能性非常小。之所以如此，其中一个方面的原因在于制造和使

---

〔1〕 Gus Martin: *Understanding Terrorism: Challenges, Perspectives, and Issues*, Sage Publications, 2003, p. 387.

用大规模杀伤性武器存在技术上的难度,同时,詹金斯认为恐怖分子利用大规模杀伤性武器的回报率很低,因为一旦恐怖分子利用大规模杀伤性武器制造恐怖事件了,政府将回全力反击,而民众也会完全支持政府的反击行为。此外,布莱恩·詹金斯认为恐怖分子是理性的动物,而核恐怖主义是非理性的,因此,核恐怖主义尽管可能发生,但詹金斯认为它不是一个主要威胁。瓦尔特·拉夸尔甚至明确地认为:"我们可以有把握地说,现今存在的这些恐怖组织,无论是从政治原则上,还是从对实现目标的影响上来看,大多数都不会选择使用大规模杀伤性武器。"[1]这种见解在20世纪70年代前后占据主导地位。

(二)持肯定态度的人

与詹金斯的见解相反,瓦尔特·拉夸尔认为恐怖分子利用大规模杀伤性武器的可能性是存在的,特别是由于邪教恐怖主义的崛起使得这种可能性大大上升,因为邪教恐怖主义并不像世俗的政治恐怖主义那样要求获得政治上的回报。邪教恐怖分子利用大规模杀伤性武器的可能性是非常高的。布莱恩·克拉克(Brian Clark)也持相同的看法,他从技术和恐怖主义关系的层面考察了这种可能性,他认为由于随着技术的进步,恐怖主义也进入了一个发展的关键时期,恐怖主义会利用技术进步的成果来追求恐怖主义的目的。他认为由于三个方面的原因使得恐怖分子利用大规模杀伤性武器成为可能:(1)拥有核技术的国家并没有充分保护核废料使得核废料很容易被盗。核技术从这些国家扩散出去的可能性是存在的,特别是在苏联解体之后,苏联的核武器、核材料、核科学家及其技术都处于缺乏足够保护的状态。核技术的扩散使核恐怖主义发生的危险大大增加。另外,许多国家,核电厂的数目不断增加,这样一来,越来越多的核电厂可以被恐怖分子用来作为实施核恐怖的目标,恐怖分子袭击核电厂的可能性增大。(2)化工生产企业中存在很多安全漏洞,因此,化学与生物武器也像核废料一样容易被盗。(3)在运输核材料与危险的化学用品的过程中缺乏适当的保护。所以,克拉克认为,恐怖分子利用大规模杀伤性武器不是可能与不可能的问题,而是何时发生的问题,也就是一个发生时间的问题。[2]

---

[1] Walter Laqueur: *Terrorism*, London: Weidenfeld and Nicolson, 1977, p. 231.

[2] Jonathan R. White: *Terrorism: An Introduction*, Third Edition, 2002, p. 243.

## 二、核恐怖主义

人类拥有核武器以来，只是在第二次世界大战末期真正地两次把核武器运用到实际冲突之中。尽管如此，由核武器所引发的核恐怖主义却长期以来成为以美国为首的西方发达国家最头疼的问题。

核恐怖主义可以以多种方式表现出来：

1. 制造核武器

核恐怖主义制造核武器或核装置来实施恐怖行为。恐怖分子实施这种行为的可能性非常小。因为要制造核武器就需要足够的原材料，国际原子能机构估计制造一个核装置需要25公斤高纯度的铀和8公斤的钚，但是，获得这些原料生产核武器并不是简单的事情。现在拥有核武器和核工业的国家其核材料的供应都受到附属于联合国的国际原子能机构的监督。因此，恐怖分子总是试图在国际黑市上买到这些原料。国际原子能机构指出，1993年以来，全世界共发生的175起偷运核材料的事件中，有18起与铀或钚材料有关。此外，即使获得了核材料，恐怖组织也难以拥有所需要的专家和复杂的技术设备。

2. 攻击核设施

核恐怖主义可以对包括核电站在内的核设施实施攻击。詹金斯把这种对核设施实施攻击的行为也视为核恐怖主义。[1] 对核设施实施攻击，可以用核装置，但更可能用常规武器，甚至用劫持的民用飞机。国际原子能机构统计发现全世界有438个民用核反应堆以及250个核发电厂，这些设施都储存着大量的发射性材料。恐怖分子可以将飞机撞击到这类设施上从而引起破坏性的灾难后果。

3. 实施核污染

恐怖分子将传统炸药与核原料或发射性材料混合在一起，制造裂变炸弹。由于在工业、农业和医药部门广泛地使用放射性的材料，因此，恐怖分子很容易偷到放射性的材料并把它们与炸弹装配在一起，一旦炸弹被引爆，就可以产生放射性的污染。[2]

---

〔1〕 Jonathan R. White: *Terrorism: An Introduction*, Third Edition, 2002, p. 249.

〔2〕 [英]达达利·莱克："核恐怖主义威胁有多远"，载中国现代国际关系研究所反恐怖研究中心编：《恐怖主义与反恐斗争理论探索》，时事出版社2002年版，第150～152页。

4. 核讹诈

除了上述行为外，核恐怖主义还包括以声称要实施核攻击为内容的讹诈和欺骗。

## 三、化学恐怖主义

人类社会使用化学毒剂的历史有较长的历史。恐怖分子利用这种技术手段实施恐怖行为的可能性是存在的。化学恐怖主义值得引起人们的重视。

### (一)化学毒剂的类型及应用

化学毒剂通常都是气体或者液体的。化学毒剂有四种类型：第一类是窒息性毒剂，如氯气；第二类是血液毒剂，如氰化物；第三类为能损害皮肤、眼睛、呼吸器官的糜烂性毒剂，如芥子气；第四种为神经性毒剂，如沙林。化学武器就是以化学毒剂为核心，加上适当的投掷或释放装置制成。第一次世界大战和第二次世界大战期间，化学武器都曾经被运用到战场上。例如，臭名昭著的日本“731部队”就在侵略中国时研制并使用了化学和生物武器。日本侵略军在第二次世界大战期间遗留在中国的大量化学武器直到今天仍然危害着中国人民的安危，并对中国的环境造成了极大的破坏。1983 年至 1988 年，伊拉克在与伊朗的战争中也曾经使用了化学武器。

### (二)制约恐怖分子使用化学武器的限制性因素

虽然，人类制造了化学武器并曾经把它用于战争之中，那么，恐怖分子会不会使用化学毒剂从事恐怖活动呢？对于恐怖分子来说，要利用化学毒剂从事恐怖行为，他们不得不面临一些困难。这些困难主要包括以下几方面：

1. 在化学毒剂之间进行选择的余地比较有限。尽管化学毒剂有上述四大类型，但真正要把化学毒剂制造成具有实战功能的、能够造成大量人员伤亡效果的化学武器，就需要对各种化学毒剂进行挑选。实际上，上述各种化学毒剂中，许多毒剂在制造成武器的过程中却存在困难。例如，把氯气之类的窒息性毒气制造成毒气弹，那么，只有在拥有大量氯气的情况下，才能造成毒气弹，才能产生大规模的杀伤力。例如，美国国防部的模拟演示表明，如果人口的居住密度为每平方公里居住 5 千人的话，如果天气条件较好，在这样的人口密度居住区中，向空气里释放 10 公斤的沙林只能致使 50 人死亡。释放 100 公斤的沙林只能致使 500 人死亡。沙林的毒性是氟氰酸的 500 倍，一个体重为 70 公斤的男人只要通过呼吸吸入 0.7 微克的沙林就会死亡。所以，如果要达到同样的效果，不用沙林，而用氟氰酸，那么就需要更多的毒剂。而芥子气之类的造成外表损伤的毒剂可以尽管可以使人痛苦，但却不足以致命。在上述毒剂中，沙林是一种相对来说比较容易用来作为制造武器的毒剂。[1]

2. 制造化学武器要求有较高的知识水平和物质手段。首先，从技术水平上讲，仅就制造化学毒剂而言，制造化学毒剂的人至少需要具备有机化学硕士以上或与之相当的知识水平。但仅仅有这样的人才还不够制造化学武器。恐怖组织还需要拥有其他专业的人才。就物质手段上讲，要生产化学毒剂，至少要有必需设备的实验室。

3. 资金上需要有足够的保障。制造化学毒剂并把它们装备成化学武器，需要有一定的人才和设备，而这又是以足够的资金为保证的。以奥姆真理教为例，在奥姆真理教恐怖分子于 1995 年 3 月 20 日实施沙林毒气攻击地铁乘客之前，该教一位具有较高知识水平的恐怖分子领导一支 80 人的研究小组进行了长达一年的准备，这项研究开发计划耗资大约 3000 万美元。[2]

4. 用化学武器实施恐怖活动对于恐怖组织会带来更大的风险。这种风险包括：第一，被执法部门发现。由于制造化学武器并非一蹴而就的事情，需要长时间的准备，而且整个研制活动需要许多人物的参与，这样，一方面给恐怖组织的计划和协调带来了困难，同时，也使得恐怖组织更容易被执法部门发现。第二，给恐怖组织的声望带来消极的影响。化学武器会不加区别地致人死伤，因此，无论是受害者，还是一般民众，对恐怖分子使用化学武器都会表示强烈的反感。因此，一个恐怖组织如果要赢得一些民众的支持，从而能够为恐怖组织招募新的人马的话，就需要考虑使用化学武器或其他大规模杀伤性武器所带来的消极影响。

（三）恐怖分子使用化学武器的可能性增加

既然存在着上述的困难，那么，恐怖分子是否就不会使用化学武器呢？实际上，上述的困难并不能使恐怖分子放弃使用化学武器的想法。由于以下原因，恐怖分子在希望使用大规模杀伤性武器的前提下，会考虑使用化学武器：

---

〔1〕 Advisory Panel to Assess Domestic Response Capabilities for Terrorism Involving Weapons of Mass Destruction: The First Annual Report to the President and the Congress, 15 December 1999, available at www.rand.org/organization/nsrd/terrpanel, p. 26.

〔2〕 Ibid, p. 28.

1. 化学武器比核武器更容易制造、运输和使用。前面讲了，要制造核武器就需要足够数量的铀和钚，而这种要求对于多数恐怖组织来说都是难以克服的障碍。即使从黑市买到了这些核材料，恐怖组织还需要组织各种专门性的科学与技术人才联合攻关才能制造核武器。对人才的要求，制造核武器比制造生物或化学武器都要高。

2. 化学武器比生物武器能够产生更加确定的杀伤效果。生物武器和化学武器在产生的杀伤效果上都容易受到一些外界因素的影响，但是，相比较而言，生物武器比化学武器产生的效果更加不确定。生物武器的杀伤范围可能最后远远超过恐怖分子最初确定的范围，而且即使恐怖分子想要限定生物武器的杀伤范围都可能无能为力。

3. 当今世界大约有 26 个国家已经拥有化学武器，此外还有 12 个国家正努力发展化学武器。[1] 掌握了化学武器的国家越多，化学武器就越容易失控，被恐怖组织利用来从事恐怖活动的风险就越大。

4. 使用化学武器的道德风险减小。20 世纪 70 年代，反恐专家一般认为恐怖分子从事化学或生物恐怖主义的可能性高于从事核恐怖主义的可能性。之所以如此，其中的主要原因之一是因为世界大国都拥有核武器，因此，拥有和使用核武器看上去更能被人们接受，相反，人们对使用生物或化学武器则持普遍的谴责态度。这样一来，当时，使用化学武器的道德风险就比较高，但是，一些学者认为加在化学武器身上的道德禁令逐渐失去了效力。[2] 20 世纪 80 年代，两伊战争中化学武器就派上了用场。

### （四）恐怖分子使用化学武器成为现实：从奥姆真理教的行为看

当一些学者对恐怖分子是否会使用大规模杀伤性武器制造恐怖事件持怀疑，甚至否定看法的时候，日本的奥姆真理教用沙林在东京地铁制造恐怖事件的行为明确地给人们敲响了警钟，恐怖分子利用大规模杀伤性武器制造恐怖事件成为不可辩驳的事实。

奥姆真理教创建于 1984 年 2 月，其创始人为麻原彰晃（原名为松本智津

---

〔1〕 Federal Emergency Management Agency（FEMA）：Background：Terrorism，1998，www. fema. gov/library/terror. htm.

〔2〕 Brian M. Jenkins："Is Nuclear Terrorism Plausible?" in Paul Leventhal and Yonah Alexander（eds.）：Nuclear Terrorism：Defining the Threat，Washington，DC：Pergamon-Brassey's，1986，p. 31.

夫)。1955 年 3 月,麻原出生在日本熊本乡下一个贫困家庭。他的双眼先天处于半失明的状态,从 6 岁一直到 20 岁,他都是在熊本县盲人学校度过的。1975 年毕业后,他到东京一家针灸院打工。后来报考东京大学,未被录取。23 岁时,麻原彰晃与松本知子结婚,后来俩人开了一家药房。1982 年,麻原因私自制售假药被捕,药店也随之倒闭。

1984 年,麻原在东京都开设了一个练习瑜伽功的道场,称作“奥姆神仙会”。该会为奥姆真理教的前身。1985 年秋,他花钱让一家杂志社为其刊登了一张颇具轰动效应的照片。照片上,他双腿盘错,“飘浮”在半空中。1986 年 3 月,麻原出版了《惊人的瞬间,我的身体浮在了空中——超人能力秘密开发法》一书。在该书中,他鼓吹自己能将整个身体悬浮在空中,自己具有超人的能力。这些活动为他骗得了许多人的轻信,他们相信麻原有特异功能。其中一些人为了追随麻原彰晃加入了奥姆神仙会。1987 年,麻原去了一趟印度,说是去寻找佛教和瑜伽功的真谛。回国后他开始大肆吹嘘自己,以得到佛教真传的日本人自居,俨然一个教主,并把他的教派命名为“奥姆真理教”。麻原创建奥姆真理教后对信徒称,他进行了 8 年佛教瑜伽功的修炼,并在喜马拉雅山完成了最终解脱;依靠解脱者的智慧和修炼得到的神秘力量,具有先知先觉的功能。

1989 年,麻原彰晃在东京为奥姆真理教取得“宗教法人”资格。此后,奥姆真理教迅速发展。它在日本全国有 22 个支部,在纽约、波恩、莫斯科设立了海外支部,有信徒达 1 万多人。随着奥姆真理教势力的扩展,麻原的政治野心也随之膨胀。他在 1990 年 2 月组建了“真理党”,参加日本的众议院选举。选举前他自认为将以最多票当选,结果只获得 1873 票。麻原等 25 名“真理党”候选人全军覆没。这一惨败经历不但没有减少麻原的权力欲望,反而加深了奥姆真理教反社会、反人类的本性。奥姆真理教曾于 1993 年 7 月利用无害的疫苗病菌进行炭疽武器攻击演练。1994 年 6 月在日本中部松本市施放沙林神经毒气造成 4 人死亡,150 人受伤。在这次攻击中,3 名法官丧生,这 3 名法官正负责审理涉及奥姆真理教的一个案件。尽管如此,日本的警察并没有认真地调查奥姆真理教的情况。直到 1995 年 3 月 20 日,奥姆真理教信徒在东京地铁里施放沙林毒气之后,警方才开始系统而深入的调查。在这次事件中,5500 多人受伤,12 人死亡。事件发生后,警方联系到此前发生的一连串毒气事件,判定这个事件与奥姆真理教有关,接着,警方立刻封锁了富士山脚下的奥姆真理教总部,并从中搜查出大量的用于制造和稀释沙林的化学药品和仪器。[1]

虽然在奥姆真理教之前，就有恐怖组织试图或已经成功地使用了大规模杀伤性武器实施恐怖行为，[2]但是，奥姆真理教是第一个利用大规模杀伤性武器对平民实施攻击的恐怖组织。奥姆真理教的行为具有的一个启示意义就是：传统恐怖主义不大规模袭击平民的禁忌被打破，给恐怖组织施加的制约力量已经减小。

## 四、生物恐怖主义

"9·11"事件发生之后，美国本土出现了对炭疽热的恐慌。2002 年在肆虐许多国家的非典(SARS)疫情甚至被生物一些人怀疑是生物恐怖主义攻击，虽然这种怀疑没有足够的理由。但是，这不得不促使我们思考一个问题：生物恐怖主义会发生吗？

### (一)生物毒剂的类型及评价指标

要实施生物恐怖主义，就需要有生物毒剂。生物毒剂包括具有生物活性的微生物、微生物和动植物产生的毒剂、人工合成毒剂、影响生物功能的调节剂(如激素)等。其中，具有生物活性的微生物包括能够通过呼吸或注射进入人体，在人体内繁殖并致人疾病甚至死亡的细菌、病原体、衣原体、病毒、真菌。与具有生物活性的微生物不同，毒剂和调节剂只是对直接接触毒剂或调节剂的人产生影响，并不能使疾病在人群中传播。这一类的毒剂包括炭疽菌、肉毒杆菌、蓖麻毒素等。其中，炭疽菌在第二次世界大战中被日本侵略军用在中国战场上，致使大量中国军民因感染炭疽热而丧生。

一般可以从下述几个方面评价各种毒剂的效果：(1)易感性，即生物毒剂侵入宿主并存活与繁殖的能力。表示易感性的指标为吸入或注射一定剂量的毒剂后，被感染的人数在总人数中所占的比例。(2)毒性，即微生物致病的严重程度。表示毒性的指标为具有临床病症的人在感染人群中所占的比重。(3)致命性，即生物毒剂致人死亡的能力。表示致命性的指标为在被感染的人群中、在一

〔1〕 刘凤云："虚幻、谎言与野心——论日本的奥姆真理教"，载社会问题研究丛书编辑委员会编：《论邪教——首届邪教问题国际讨论会文集》，广西人民出版社 2001 年版，第 216～234 页。

〔2〕 Bruce Hoffman: *Terrorism and Weapons of Mass Destruction*, Santa Monica: RAND, 1999, p. 3.

定的时间内由于感染的疾病所产生的死亡人数所占的比例。(4)致病性,即微生物使人产生疾病的能力。致病性通常由具有临床症状的人在接触了微生物的全部人口中所占的比重。接触了微生物的全部人口包括被感染了人口与虽然接触了微生物但没有被感染的人口。(5)潜伏期,即接触毒剂到第一次出现临床症状的时间间隔。潜伏期的长短受毒剂剂量大小、毒性、繁殖速度、宿主免疫力等因素的影响。(6)传染性,即已经感染了疾病的人向其他人传播疾病的能力。有些毒剂(如天花、霍乱)具有传染性,感染了这些毒剂的人群会向其他人群传播疾病,而有些毒剂只是使当时在场的人生病或致死,对其他人则不能发挥效力。(7)稳定性,即毒剂在受到诸如空气污染、阳光照射、高温、潮湿等外界环境影响下存活的能力。[1]

(二)制造生物武器的关键步骤

制造生物武器需要经历三个关键性的步骤:获取足够的生物毒剂;保存生物毒剂;投放生物毒剂。

1. 要制造生物武器,首先需要获得足够数量的生物毒剂。恐怖组织获得生物毒剂的途径主要通过以下某种方式:第一,从世界现有的1500个细菌库中购买生物毒剂;第二,从科研实验室、医院或公共卫生机构的实验室中偷取生物毒剂;第三,从自然界中分离并培植生物毒剂;第四,从其他国家或心怀不满的科学家那里获得生物毒剂。[2]

2. 在获得了生物毒剂之后,恐怖组织需要解决的问题是如何对生物毒剂进行加工,以保持生物毒剂的稳定性。有些生物毒剂对外界的各种影响比较敏感,在经过光照、高温等外界作用之后毒性会减低,或者变性或者细菌会死亡。因此,即使获得了一定量的生物毒剂,还必须研究如何在储存毒剂和投放毒剂之后保持毒剂的活性。炭疽菌在它的孢子状态下能保持活性达几十年。对于无孢子方式存在的微生物和多数其他毒剂,就需要找到适当的方法,保持毒剂的活性。

3. 如何投放生物毒剂是制造生物武器过程中需要解决的最后关键问题。生物毒剂的投放方式对生物毒剂杀伤效果会产生很大影响。生物毒剂无论以何种

---

〔1〕 S. Venkatesh and Ziad A. Memish: *Bioterrorism: a New Challenge for Public Health*, International Journal of Antimicrobial Agents, Vol. 21, 2003, pp. 200 – 206.

〔2〕 Advisory Panel to Assess Domestic Response Capabilities for Terrorism Involving Weapons of Mass Destruction: The First Annual Report to the President and the Congress, 15 December 1999, available at www.rand.org/organization/nsrd/terrpanel, p. 22.

形式被投放出去,最终主要以三种途径对人产生影响:经过呼吸系统吸入;经过口腔吞食进入;经过皮肤裂口进入。要达到恐怖主义的目的,恐怖分子需要使生物毒剂以这三种途径之一的方式进入人体。那么,如何才能使生物毒剂最终进入人体呢? 恐怖分子投放生物毒剂的具体途径有如下几种:

第一,通过空气传播。通过空气传播生物毒剂是最具有杀伤力的途径之一。一些生物毒剂通常以干粉、气雾化和干冻的方式存储和投放。干冻的毒剂受度影响较大,以干粉的方式存储和投放生物毒剂只能对当地区域的人员产生的影响,气雾化的生物毒剂则可以使生物毒剂以微小的气雾颗粒的形式通过小喷嘴散发出去,气雾颗粒可以在空气中停留很久,并且可以随风飘移到很远的地方,从而对当地区域以外的人员产生影响。把生物毒剂变成气雾形态进行投放不仅会给反恐带来更大的困难,而且会大大增加生物毒剂的毒性和致命性。例如,如果炭疽菌是以粉末的形态通过未加防护的皮肤致人伤害的话,那么,一般地来说,其致命性为5%,但是,如果炭疽菌被气雾化了,人们通过呼吸系统吸收炭疽菌,那么,其致命性就高达90%。因此,恐怖分子喜欢用气雾化的生物毒剂实施恐怖行为。[1]

第二,通过饮水系统传播生物毒剂。例如,伤寒、霍乱、痢疾等病原体就可以通过饮水系统产生危害。恐怖分子可以通过污染水库、引水渠、蓄水池、出水口等地方传播生物毒剂。虽然恐怖分子要想通过污染水库达到大量杀死人员的目的往往很困难,因为这样做需要很多的生物毒剂,而且用于清洁饮水的氯会杀死致病微生物,但是,通过饮水系统散播生物毒剂的可能性还是存在。恐怖分子这样做至少可以达到引起恐慌的目的。

第三,通过食品传播生物毒剂。恐怖分子可以通过把生物毒剂注射到食品中达到实施恐怖行为的目的。1984年印度的一个邪教组织为了赢得地方选举,达到控制县政府的目的,就把一种食物病毒(沙门氏菌溶液)混在当地10家饭店和1家超市的色拉当中。虽然他们最后并没有达到赢得选举的目的,但造成751人得了肠胃疾病。[2]

---

〔1〕 S. Venkatesh and Ziad A. Memish: Bioterrorism: a New Challenge for Public Health, International Journal of Antimicrobial Agents, Vol. 21, 2003, pp. 200－206.

〔2〕 雷蒙德·齐林斯卡斯:"重新思考生物恐怖主义",载中国现代国际关系研究所反恐怖研究中心编:《恐怖主义与反恐斗争理论探索》,时事出版社2002年版,第139页。

第四,通过人畜间的相互感染传播生物毒剂。一些生物毒剂可以在人畜之间相互传播。例如,炭疽菌、滤过性的脑炎病毒等都可以在人类和动物身上寄生。这样一来,即使从人身上清除了这些毒剂,但动物身上保留的毒剂如果不被消灭就可以传染给人类,而要消灭作为生物毒剂宿主的动物在很多情况下却是极其困难的。例如,西尼罗病毒就是通过蚊子传播给人类。黑死病(即瘟疫)就可以通过跳蚤传播给人类。而要消灭蚊子或跳蚤往往很困难。2003 年曾经在世界范围内造成恐慌的非典(SARS)病毒据初步研究也是在动物和人身上都能存活并致病的一种病毒。

第五,用生物毒剂攻击农业作物和家畜造成恐慌和经济损失。农业和畜牧业在大多数国家的经济生产中都占有重要的位置。当农业作物或家畜被病毒污染以后,一个国家,特别是那些以农业和畜牧业为主的国家,将会遭受严重的经济损失。[1] 用生物毒剂攻击农业作物和家畜对于恐怖分子来说是一种比较理想的选择,这种攻击方式的优点在于:与用生物武器攻击人类相比,攻击农业作物或家畜比较容易实施;攻击农业作物或家畜的道德风险小;采取这种攻击的恐怖分子可以更有效地隐蔽自己,被执法机关发现的风险也比较小。

(三)恐怖组织利用生物武器面临的困难

有记载的恐怖分子利用生物武器实施恐怖行为的事件并不多见。难道说恐怖分子不想利用生物武器实施恐怖行为吗?如果说许多恐怖组织的确希望拥有生物武器并用来实施攻击的话,那么,什么因素阻碍了他们愿望的实现呢?

1. 恐怖组织难以获得生物毒剂。如前所述,恐怖组织获得生物毒剂的渠道比较有限,只能从黑市上购买、偷窃获得、自己研制或者从已经拥有生物毒剂的国家、组织或个人获得。1972 年的《禁止生物武器公约》(BWC)规定,缔约国不得把生物武器或相关知识转给任何组织或个人,不管是直接的还是间接的。因此,恐怖组织从已经拥有生物武器技术的国家获得生物武器是非常困难的。苏联解体之后,人们对恐怖组织是否会雇用俄罗斯生物武器专家或者从没有得到有效保护的俄罗斯生物武器实验室中偷窃生物毒剂,开始表示出严重的担忧。但是,根据一项研究结果,恐怖组织知道向谁购买或怎样盗窃生物毒剂并不是一件容易的事情。俄罗斯科学家似乎并不愿意为了挣高薪而背井离乡,生活在陌

---

[1] Tushar K. Ghosh, Mark A. Prelas, etc.: Science and Technology of Terrorism and Counterterrorism, New York: Marcel Dekker, Inc., 2002, pp. 206 – 212.

生人中间。[1]

2.恐怖组织难以掌握制造生物武器的尖端技术。如前所述,恐怖组织获得生物毒剂是一个基本前提,但仅仅获得了生物毒剂还不够,还必须学会如何繁殖、纯化、储存生物毒剂。当要利用生物毒剂实施恐怖行为的时候,要达到大规模杀伤的效果,仅有少量的生物毒剂是不行的。恐怖分子必须要在现有的毒剂的基础上学会如何培养更多的毒剂,只有生物毒剂的数量达到一定程度,才可能被利用来制造武器。当有了一定数量的生物毒剂之后,就需要对它提纯,纯化毒剂是一件技术要求很高的事情。一些毒剂(如肉毒杆菌)在纯化的过程中会变得非常不稳定。冷战期间,即使是美国从事生化武器研究的科学家也曾经为此大伤脑筋,因为要制造生物武器,就需要把生物毒剂提炼到95%的纯度,但是他们发现当生物毒剂纯化到这个基本标准的时候,生物毒剂的毒性下降了70%~80%。[2] 此外,储存生物毒剂也并非易事。生物毒剂在受到外界日照、高温、潮湿等力量作用的时候会变性。

除了上述技术之外,还有一项核心技术也是恐怖分子难以克服的障碍。这项技术就是将生物毒剂气雾化的技术。刚才介绍了,与干粉或湿土状态的生物毒剂相比,气雾化的生物毒剂杀伤效果最大。气雾化生物毒剂首先要解决的问题就是如何使生物毒剂在气雾化的过程中存活下来。例如,据估计,把湿土状态的生物毒剂气雾化的过程中,90%的微生物会死亡。气雾化接着要解决的问题是如何控制微生物颗粒的大小,因为把微生物加工到只有1微米到5微米大小的颗粒才能取得理想的杀伤效果,而把生物毒剂加工到这样的颗粒,对于恐怖组织来讲本身就是非常困难的事情。[3]

3.恐怖组织难以拥有制造生物武器所需要的多学科人才。制造生物武器不是一个人能够完成的事情,需要多种学科的人才进行联合攻关才可能完成任务。根据最保守的估计,要制造生物武器,至少需要微生物学家、病理学家、气体物理学家和气象学家等专业人才的联合攻关。要拥有具有这样的专业背景,同时又

---

〔1〕［美］雷蒙德·齐林斯卡斯:"重新思考生物恐怖主义",载中国现代国际关系研究所反恐怖研究中心编:《恐怖主义与反恐斗争理论探索》,时事出版社2002年版,第140~141页。

〔2〕Advisory Panel to Assess Domestic Response Capabilities for Terrorism Involving Weapons of Mass Destruction:The First Annual Report to the President and the Congress,15 December 1999,www.rand.org/organization/nsrd/terrpanel,p.23.

〔3〕Ibid,p.25.

能认同于恐怖主义的理念,并且能够在恶劣的条件下工作的专家,对于恐怖组织来说往往是一个难以企及的事情。

4.恐怖组织难以拥有制造生物武器所需要的资金和物质条件。要制造生物武器,至少需要实验室和相应的设备(如用于把干粉毒剂气雾化的高速离心机),而要装备这样的实验室大约需要20万~200万美元。这个数目对于多数恐怖组织来说都是不小的一笔资金。

当然,恐怖组织克服上述困难并非不可能。奥姆真理教就是一个克服了重重困难并拥有生化武器的恐怖组织。但就多数情况来说,当一个恐怖组织拥有了足够的资金,即使它网罗到了各种学科的科学家,有了实验室和相应的设备,那么,当它的组织网络成长到一定规模的时候,它被执法机关发现的风险也会增大。因此,即使恐怖组织制造生物武器并非不可能,但也绝非易事。

## 第三节　网络恐怖主义

超级恐怖主义除了利用大规模杀伤性武器之外,还会利用信息时代的新技术——电脑网络。恐怖分子利用电脑网络实施恐怖行为构成了网络恐怖主义,这种新型的恐怖主义具有与传统恐怖主义不同的特征和手段,对现代社会构成了新的挑战。

### 一、网络恐怖主义的定义

#### (一)定义

网络恐怖主义源于英语中的"cyberterrorism",该词由前缀cyber(计算机的、网络的、数码的)与中心词terrorism合成。该词最早在1997年由巴里·科林(Barry Collin)提出,科林是位于美国加州的安全与情报研究所的高级研究员。[1] 同年,美国联邦调查局的马克·波力特(Mark Pollit)提出了一个操作性的定义,他认为网络恐怖主义就是"出于政治目的的由次国家组织或秘密的个人有预谋地针对信息、计算机系统、计算机程序和数据实施的、导致针对平民的暴

〔1〕 Barry Colin:"The Future of Cyberterrorism, Proceedings of 11th Annual International Symposium on Criminal Justice Issues", The University of Illinois at Chicago, 1996.

力行为”。[1] 美国著名的反恐专家多诺茜·邓宁(Dorothy Denning)认为网络恐怖主义就是“为了实现政治或社会目的针对计算机、网络和存储起来的信息非法实施攻击或威胁要实施攻击,以恐吓或要挟政府或民众。”[2]

因此,正如同恐怖主义这个概念没有统一的定义一样,对网络恐怖主义的定义也不尽相同。

(二)构成要素

网络恐怖主义定义中存在三个关键性的因素:

1. 网络恐怖主义的主体必须是恐怖分子。这也就是说,网络恐怖主义的主体不能是一般的犯罪分子,尽管一般的犯罪分子也可能具有某些与网络恐怖分子类似的特征。例如,仅仅为了显示自己的能力攻击政府或公司的网站,这种黑客行为就不是网络恐怖主义,这种犯罪分子也不是网络恐怖分子。

2. 网络恐怖主义必须使用了计算机或计算机网络等信息技术手段。传统恐怖分子是利用炸弹、手枪、匕首等武器实施恐怖行为的,超级恐怖主义则利用现代科学技术带来的成果。超级恐怖分子或者利用大规模杀伤性武器,或者利用计算机及其网络等信息技术手段。网络恐怖主义利用计算机及其网络也许为了实现同伙之间的情报传递,也许为了招募追随者,也许为了直接地对目标采取攻击行为。离开了计算机及其网络这个关键性的构成要素,网络恐怖主义就难以成立。

3. 网络恐怖主义的动机必须是为了出于政治或社会目的来恐吓或要挟政府或民众。在很多情况下,计算机犯罪也会造成网络恐怖主义能够产生的一些后果,例如,通讯联系的中断、人们上网时缺乏安全感,但是,计算机犯罪和网络恐怖主义最大的区别在于各自行为的动机不同:计算机犯罪更多的是为了实现经济、文化或其他方面的目的。网络恐怖主义则是为了恐吓或要挟政府或民众以实现政治或社会性的目的。例如,犯罪分子通过电脑网络侵入民航部门的指挥控制中心的计算机网络,篡改对民航飞机的指令和其他信息,从而招致飞机的延

---

〔1〕 Mark M. Pollit:A Cyberterrorism Fact or Fancy?, Proceedings of the 20th National Information Systems Security Conference, 1997, pp. 285 – 289. or available at www. cs. geogetown. edu/ ~ denning/infosec/pollitt. html.

〔2〕 Dorothy E. Denning: Cyberterrorism, Testimony before the Special Oversight Panel on Terrorism Committee on Armed Services U. S. House of Representatives by Georgetown University May 23, 2000, www. cs. georgetown. edu/ ~ denning/infosec/cyberterror, html.

误、改变飞行航线甚至飞机坠毁事故。如果犯罪分子是为了实施自杀性攻击达到恐吓或要挟政府的目的,那么,这种犯罪行为就是网络恐怖主义。但是,如果犯罪分子是想通过制造混乱或飞行事故获得商业保险公司的赔偿,那么,侵入计算机网络的行为就只是一般的计算机犯罪。

## 二、网络恐怖主义的特征

与传统恐怖主义相比较,网络恐怖主义具有很多明显的特征:

1. 方便性

网络恐怖分子在实施恐怖行为的时候,可以比较容易地实施攻击行为。传统恐怖分子要实施恐怖行为,一般都要获得手枪、炸弹,而网络恐怖分子仅仅只需要一部电脑和一根电话线就可以完成任务。

当然,网络恐怖主义的这种方便性是建立在计算机知识普及程度比较高的前提之下。当恐怖分子的计算机方面的专业知识还比较贫乏的时候,即使购置电脑和安装电话线很容易,要利用计算机网络实施恐怖攻击仍然不是一件轻松的事情。

2. 匿名性

对于传统恐怖分子,海关、出入境检查站等控制环节都可以为追踪恐怖分子的身份提供线索,但在互联网上,恐怖分子可以通过技术手段使自己处于隐身状态或者以假名登录,因此,网络恐怖分子可以更好地以匿名状态保护自己。

3. 目标多样性

与传统恐怖分子把目标锁定在政府官员、警察、军人等特殊目标上不同,网络恐怖主义往往利用电脑网络对各种电脑或网络进行攻击。其攻击目标既可以是政府的电脑或网络,也可以是公司的或个人的。各种各样的电脑及其网络由于其硬件或软件中存在的弊病都会给恐怖分子的攻击创造机会。

4. 远程性

传统恐怖分子要实施恐怖行为往往需要拿起手枪或炸弹到现场去,在有些情况下,恐怖分子自愿或被迫牺牲自己的生命。网络恐怖分子可以在离攻击目标很远的地方实施恐怖行为。网络恐怖分子甚至可以跨越国际、洲际的物理空间的限制对遥远地方的目标实施攻击。网络恐怖主义的这种远程性不仅给反恐侦查带来了难度,同时也对将恐怖分子绳之以法带来了问题(如引渡问题)。远程性使恐怖分子的生存概率增加。

5. 被害人的广泛性

传统恐怖分子的枪炮往往只是使少数人成为被害人,即使是恐怖分子使用杀伤力巨大的炸弹,被害人的数目也难以与网络恐怖主义的被害人数目相比。例如,“爱虫”病毒使全球2000万互联网用户的计算机受到影响,由此造成的损失达到几十亿美元。网络恐怖主义可以使更多的人受到影响并造成更加严重的后果。〔1〕

## 三、网络恐怖主义的武器

网络恐怖主义的武器是指网络恐怖分子用以对目标实施打击的工具。网络恐怖主义的武器与传统恐怖主义的武器有很大的不同。网络恐怖主义的主要武器包括:

1. 计算机病毒

计算机病毒是一种能够复制、感染或侵入其他计算机程序的程序。计算机病毒必须是能够对自身进行复制的。通过复制,病毒从宿主计算机传播到其他计算机。病毒到了新的计算机后,要发挥作用,必须先运行。

2. 网络蠕虫

网络蠕虫也是一种计算机程序,这种程序当它在计算机系统中“蠕动”的过程中会改变自身的部分信息。网络蠕虫不能对自身进行复制。

3. 特洛伊木马程序

特洛伊木马程序是一种包含着隐藏的计算机命令、能够传播计算机病毒的计算机程序。一个典型的特洛伊木马程序是获取用户的密码以备将来之用的程序。例如,当一个用户要使用密码登录上网的时候,当他输入自己的密码之后,屏幕上反馈的消息告诉他:网络正忙,一会儿再登录。这个时候,存在于计算机中的特洛伊木马程序已经获取了用户的密码并且把它存储在一个文件之中以备将来使用。

4. 逻辑炸弹

逻辑炸弹是一种计算机程序的某个片段,当某个逻辑事件发生之后(如预设的时间条件被满足了),该片段就开始发挥作用。逻辑炸弹可以在计算机中处于休眠状态,直到某个预设的逻辑事件发生才能激活它。比如说,一个公司的

〔1〕 Adam Savino:Cyber-terrorism,http://cybercrimes.net/Terrorism/ct.html.

雇员在公司财务软件中植入一种逻辑炸弹,条件是当公司不给他发放工资的时候就激活炸弹摧毁公司所有雇员的工资资料。这样,当公司解雇了该雇员,他的工资为零的时候,逻辑炸弹就会从休眠状态被激活。

5. 后门程序

后门程序也是计算机程序的某些片段,这些片段能够使程序的作者获得他们没有权利获得的信息。后门程序是计算机程序中隐藏的某种程序,它通常由作者预先以各种计算机命令的形式设计出来,使作者在必要的时候,能够轻易方便地获得他们本身无权得知的信息。

6. 大量的垃圾数据包

与上述的计算机有害程序不同,网络恐怖分子也可以通过发送大量的数据包来使某个网站陷入瘫痪状态。由于计算机网络是通过光纤等介质的网络实现数据交换的,这种通讯介质就像马路一样,当马路上的车辆很多的时候,就容易形成交通堵塞。同样地,当一定通讯速度之内的网络数据交换被大量无用的数据包堵塞的时候,计算机网络的服务就会瘫痪。

## 四、网络恐怖主义的攻击目标

前面讲了,网络恐怖主义的攻击目标与传统恐怖主义的目标相比,也是很不相同的。那么,网络恐怖主义到底攻击什么类型的目标呢?什么因素影响着网络恐怖分子对攻击目标的选择呢?

### (一)攻击目标的种类

网络恐怖主义的攻击目标包括如下几种类型:

1. 粮食与卫生系统。该系统的目标包括粮食加工厂、药厂、婴儿食品生产厂、医疗器械生产厂、医院等。例如,恐怖分子可以通过侵入婴儿食品生产厂的计算机系统改变婴儿配方奶粉中微量元素的含量,从而使服用该奶粉的婴儿因微量元素摄入不足或过量而产生疾病。

2. 金融系统。该系统包括证券交易所、银行、网上交易、自动取款机(ATM)、电子商务系统、国际金融交易系统。以电子资金转账为例,在电子商务系统中,电子资金转账系统具有关键的作用。从 1997 年到 2003 年期间,电子资金转账的价值从不到 50 万亿美元飞涨到近 400 万亿美元,超过了世界上所有国家和地区的经济产出的总和。网络恐怖分子可以把攻击目标锁定为电子资金转账系统从而使国际贸易受阻。

3. 交通系统。该系统包括电梯升降控制系统、飞机制造公司、航班机票预定系统、铁路及飞机等长途客运定时系统。例如，现在火车票和飞机票都可以通过联网的计算机实现预定，网络恐怖分子可以通过侵入计算机系统使很多旅客购买同一张机票或火车票，从而使民航或铁路部门遭受损失。

4. 电脑网络和资讯系统。该系统包括互联网、广播、电视、报纸、杂志、电子邮件等。以攻击电视为例，恐怖分子可以通过攻击卫星转播系统中止正常节目的播出，并插播反动宣传节目以达到蛊惑人心、扰乱视听的目的。

5. 环境及能源系统。该系统包括（风力、火力、水力）发电厂、变电站、污水处理厂、饮用水处理厂、天然气管道控制系统、石油及煤炭生产厂等。在这些目标中，最脆弱的目标是变电站、高压输电线、天然气管道。由于变电站、高压输电线和天然气管道往往分布全国的许多地方，对这些目标进行有效的防卫非常困难，特别是在相对偏远的农村或荒漠地区更是如此。而这些目标对国家的经济和日常生活都起着重要的作用。因此，对这些目标的攻击对于恐怖分子来说是容易的，而且经济、日常生活和人们的生命安全都会产生致命性的后果。

6. 政府及其他机关。恐怖分子可以攻击对政府和其他机关起着重要作用的基本设施。如恐怖分子可以通过电脑网络改变执法机构关于反恐紧急预案中兵力和其他资源动员和配置的记录，也可以改变执法机关现有情报数据库中关于恐怖分子背景资料的记录；恐怖分子可以中止或阻断 110 报警电话的服务使警察不能在最短的时间内获知信息并赶赴案件现场；恐怖分子也可能通过发送病毒程序干扰现场指挥员与上级机关的无线联系。

（二）对攻击目标的选择

网络恐怖分子的攻击目标各种各样，但是对于特定的恐怖分子来说，并不是任何一个目标都会成为他们的行动对象。网络恐怖分子如何选择攻击的目标呢？恐怖分子从如下几个方面选择攻击目标：[1]

1. 关注程度。前面讲过，恐怖主义实施恐怖行为的一个很重要的动因是希望引起人们的注意力，因此，恐怖主义选择一个攻击目标，首先需要考虑的问题就是这个目标是否是人们关注的对象，攻击这个目标是否能引起人们的注意？炸毁一座政府办公大楼或军事设施远远比炸毁一座仓库更能引起人们的关注。

---

〔1〕 Barry C. Collin：Cyberterrorism From Virtual Darkness：New Weapons in a Timeless Battle，www.nici.org/Research/Pubs/98 –5.htm.

这一点,对于传统恐怖主义如此,对于网络恐怖主义同样也是如此。

2. 脆弱性。脆弱性是指目标是否易于进攻。如果目标防守严密,那么,它就不大可能成为恐怖分子的攻击目标;反之,恐怖分子就会利用目标中存在的漏洞乘虚而入。美国兰德公司在一份报告中也指出:"恐怖分子不会袭击已得到周密保护的目标或实际可能有高收益但要冒高风险的行动,而只会在比较传统的目标类型之中去寻找和利用人们迄今尚未觉察到的薄弱环节,并相应调整其攻击计划和战术。这一结论表明,我们难以完全制止恐怖分子的行动,因为在他们的道路上设置的任何障碍都不会让他们停止袭击,而很可能只是让威胁转移到较薄弱的目标上去。"[1]

3. 开放性。如果目标是一个封闭的系统,与外界没有联系,那么,网络恐怖分子就难以侵入这个目标之中实施破坏活动。但是,如果目标不是封闭的,而是有多种路径与外界发生联系,那么,恐怖分子就会循着其中的某个路径侵入系统之中。例如,目标与外界通过宽带或电话拨号的方式与外界存在联系,网络恐怖分子就会通过电脑网络这个虚拟的世界进入目标系统之中。因此,预防网络恐怖分子入侵的一个方法就是控制系统与外界的联系,控制内部网络与外部网络连接的入口和出口。一个系统,其出口和入口越过,其需要防卫的地方就越多。防卫的成本就越高,难度也就越大,相应的风险也就越高。因此,对重要目标的内部系统(如军事机关的内部数据系统),应当切断它与外界的联系。

4. 依赖性。依赖性是指人们对系统的依赖程度。依赖性可以是心理的、经济的,也可以是生理的。例如,乘客要出行就需要铁路、民航的时间控制系统正常运作,需要调度系统正常运作。这也就意味着人们对时间控制和调度系统的依赖程度比较高。对于恐怖分子来说,攻击这些依赖程度较高的系统比攻击依赖程度较低的系统更有价值。对于那些人们依赖程度很低的目标,恐怖分子攻击它们的价值也会很低。

5. 成功的可能性。恐怖分子选择一个攻击目标,他需要考虑进攻这个目标成功的可能性有多大。当然,成功与否并不一定就意味着恐怖分子必须保全自己的性命,对有些恐怖分子而言,实施自杀性攻击与目标同归于尽也可以算得上是成功。网络恐怖分子在选定攻击目标的时候,也必须考虑自己有多大的把握能顺利地侵入目标系统实施破坏性的攻击。

---

〔1〕 伊恩·莱塞等:《反新恐怖主义》,新华出版社2002年版,第52页。

6. 影响力,即恐怖行为的波及范围。一般来说,一个恐怖行为的波及范围越广,影响的人数越多,这个目标具有的影响力就越大。决定一个恐怖行为影响力大小的因素主要包括恐怖分子使用的手段(使用何种武器、武器的致命性如何、后果如何等)、被害人的类型(是国家元首、电影明星,还是军警要员、普通民众。对于普通民众来说,是一般成年人,还是老人、小孩或妇女等)、媒体报道的程度等。需要特别指出的是,现代社会的大众传播媒体对恐怖行为影响力的大小具有非常重要的作用,大众媒体就像一个放大器,可以使本来只具有地方性的影响力的事件成为一个全世界注目的焦点。

7. 物质上的要求。一般来说,网络恐怖分子实施恐怖行为需要的物质上的保障低于传统恐怖分子实施爆炸、暗杀之类的恐怖行为。网络恐怖分子所需要的除了特殊知识技能之外,就是电脑、调制解调器、电话线以及必要的软件等极少的工具。

## 五、对网络恐怖主义的理论解释

恐怖分子为什么会利用计算机及其网络来实施恐怖行为呢？要解释其中的原因,我们可以从三个方面进行分析:

### (一)现代社会的依赖性与网络冗余度

从现代社会的特征看,现代社会越来越成为一个相互关联的共同体,现代社会各个部门、同一部门各个环节之间的依赖性增强。所有发达国家都是由众多的经济、技术网络构成。例如,美国经济就是由无数的公司、工厂和城市中心通过高速公路、铁路、电网和光缆等联系而成。公司、工厂和城市就像结点,而联系这些结点的高速公路、铁路、电网和光缆则像连接结点的连线。随着社会发展水平的提高,结点的种类和数量不断增加,连接这些结点的连线也更加丰富。结点数量的不断增加,连线也越来越稠密,物质、能量、信息沿着这些连线传输的速度也越来越快。

结点与结点之间的紧密依赖会产生一个问题,即一旦一个结点出现了问题,会很容易波及其他结点上去。这种情形就像高速公路上发生汽车追尾事故而致使车辆接二连三地撞击在一起一样。一个结点出现的问题会引发其他结点出现连锁反应。当社会各结点之间的依赖性越强,发生连锁反应的可能性就越大。结点之间发生像多米诺骨牌效应之后,整个网络也许仍然可以迅速恢复原状。网络能否恢复原状取决于该网络的弹性,一个网络的弹性越强,该网络的冗余度也越高,那么,受损结点的后果很容易转嫁到其他未受损的结点。

因此,一个网络的弹性越高,其冗余度也越高,那么,它就越来越不可能成为恐怖分子的目标。所以,恐怖分子在选择攻击目标的时候,必须找到系统内部关键性的结点,在这个结点系统没有冗余度。否则,即使某个目标具有很高的攻击价值,但如果系统在这个结点有足够的冗余度,那么,恐怖攻击产生的冲击力也相对有限。

以美国本土发生的"9·11"恐怖事件为例,"9·11"恐怖袭击并未对美国的金融、经济、通讯网络产生灾难性的后果。因为纽约的世贸中心并不是一个无冗余度的结点。为了防范万一,许多设在世贸中心的金融机构在其他地方都建有数据、信息及计算机设备的备用设施。例如,纳斯达克总部虽然在恐怖袭击中被摧毁,但纳斯达克在美国其他两个州的交易数据中心仍然与各家交易公司联接在一起。所以,纳斯达克的官员后来表示,因为他们的系统非常健全,恐怖袭击之后数小时就可以重新开始交易。因为事先做好了准备,网络有了冗余度,因此恐怖袭击对经济的打击并不是致命的。但是,另一方面,这次袭击对美国人的心理网络产生了严重的打击。[1] 美国人的心理网络的冗余度比物理网络的冗余度要底。在美国人的心理网络中,世贸中心是美国经济的象征,五角大楼是美国军事力量的符号。世贸中心和五角大楼成为美国人心理网络中最关键的结点。如果把美国这个超级大国比拟为超级巨人的话,这两个结点就成为这个巨人两只手中的图腾圣物:一只手拿宝剑、另一只手握金币。这两个图腾圣物在美国人的心理结构中没有替代品。因此,这个心理网络的冗余度很低。心理网络的底冗余度通过大众传媒进一步强化。

(二)计算机网络的放大作用

从计算机及其网络在恐怖主义的作用来看,计算机及其网络具有放大作用。所谓放大作用,是指计算机及其网络本身并不产生直接的杀伤效果,除非恐怖分子用计算机直接向别人的脑袋上砸去,但是利用计算机及其网络发动的恐怖袭击却能产生巨大的杀伤效果,这种效果比直接效果具有高出很多的毁灭力量。这样,计算机及其网络就像一个放大器,把恐怖行为的效果扩增了许多倍。

---

〔1〕 [美]托马斯·霍默—狄克逊:"综合恐怖主义的兴起",载中国现代国际关系研究所反恐怖研究中心编:《恐怖主义与反恐斗争理论探索》,时事出版社 2002 年版,第 173 ~ 175 页。

计算机及其网络的放大作用可以通过两种形式实现：[1] 1. 计算机及其网络技术与常规武器结合在一起产生放大作用。常规武器产生的效果一般来说都是可以控制、可以预见的。但是，当计算机及网络技术与常规武器结合在一起之后，这种复合型武器的效果就充满了不确定性。例如，恐怖分子可以利用数码技术把传统炸弹改造成一种叫作“系统嵌入式的爆炸装置”（Embedded Systems Explosive Ordnance Device，ESEOD）。这种装置利用了信息技术的许多成果：首先，这种爆炸装置中安装了全球定位系统（GPS），当警察部门的排爆小组要移动爆炸装置的时候，就会引发炸弹。其次，这种装置中可以内置红外线、摄像头等装置，以便对外界的声、光或运动做出反应，内置的微型计算机可以根据这些信息做出判断，决定是否需要引爆炸弹。再次，恐怖分子可以通过互联网和无线通讯等技术实现对爆炸装置的远程控制，这种装置甚至可以在预设的与恐怖分子的通讯被反恐机构中断或干扰之后做出引爆的决定。最后，上述系统嵌入式的爆炸装置可以演变为更加厉害的多点独立的、被锁定的“系统嵌入式爆炸装置”。这种系统由两个或更多的“系统嵌入式的爆炸装置”构成，每个“系统嵌入式的爆炸装置”存放在不同地方，但彼此之间可以自动沟通。如果一个这样的爆炸装置对另一个爆炸装置的信号没有做出有效的回应，就可以引爆所有的装置。在现代技术条件下，这样的“系统嵌入式的爆炸装置”可以安放在全球的任何地方，它们相互独立，但又彼此照应。因此，对这种多点独立的爆炸系统做出及时的反应需要相应国家的积极配合，而这一点往往却难以做到。

2. 将计算机及网络技术与常规的恐怖主义攻击结合在一起。这一点与前述的将计算机及网络技术与常规武器结合在一起有所不同。前述的利用复合型武器实施的攻击不再是传统的恐怖主义。但恐怖分子可以在实施常规的恐怖主义攻击之后，利用计算机及网络技术实施后续的攻击。这种后续的攻击主要包括两个层面的行为：第一个层面是控制对前一波常规攻击的报道。恐怖分子可以在互联网上散布有关信息达到制造更大恐慌的目的。恐怖分子也可以对那些紧跟政府宣传口径的媒体实施干扰。第二个层面是攻击指挥（Command）、控制（Control）、通讯（Communications）、计算机（Computer）和情报（Intelligence）系统（即 $C^4I$）。恐怖事件发生后，公安、卫生、交通等部门的应急队伍都要迅速赶到

〔1〕 Barry C. Collin：Cyberterrorism From Virtual Darkness：New Weapons in a Timeless Battle，www. nici. org/Research/Pubs/98 – 5. htm.

现场。但是,恐怖分子可以在事件发生之后,利用信息技术延迟、误导甚至中止对恐怖事件的反应。他们可以切断案发现场当事人的报案电话,也可以干扰现场各部门之间的无线通讯或者侵入政府网站篡改重要信息。因此,一个社会,对信息技术的依赖程度越高,网络恐怖主义发生的可能性就越大。

(三)恐怖主义新的行为方式

从计算机网络对恐怖分子的行为来看,网络改变了传统恐怖分子的行为方式,使恐怖主义在组织、指挥、征召、筹资、宣传等方面都发生了变化,网络使恐怖分子具有更强的隐蔽性。前面讲了,超级恐怖主义的组织结构特征是非中心化。非中心化改变了传统恐怖主义的垂直的、等级结构特征。它将恐怖组织分割成多个相对独立的小单元。这样,即使某个单元被反恐人员渗透,其他单元仍然能继续存在。这种非中心化的组织结构特征在信息时代获得了活力,因为正是计算机网络为恐怖分子能够在必要的时候取得联系并获得信息,正如同互联网上的每个用户既可以生产信息,也可以消费信息一样,恐怖组织的每个小单元也越来越具有更多的独立性,他们可以在决策和行动中本地化,而无须受到严格的从上到下的约束。[1]

在指挥方面,恐怖分子可以通过"暗录"技术将指令录制到数码照片或一段音乐中,在公开的网站上发表这些照片或音乐。其同伙可以下载这些照片或音乐从而获得如何开展恐怖行为的指令。据统计,互联网上大约有140种"暗录"方法,这些方法操作简便,可以使恐怖分子隐匿其指令,执法部门无法追踪、发现他们。[2]

此外,恐怖分子还利用互联网招募新的恐怖分子、筹集资金和开展宣传。恐怖分子的这些行为方式与传统恐怖分子的行为方式相比有很大的不同,恐怖分子利用网络实施恐怖行为,增加了执法部门搜寻、侦查和缉获恐怖分子的难度,使恐怖分子具有更大的隐蔽性。

## 六、网络恐怖主义的历史

在21世纪,网络恐怖主义已成为信息时代恐怖主义手段和方式发展的新领

[1] [美]约翰·阿奎拉等:"网络和信息时代的恐怖主义",载中国现代国际关系研究所反恐怖研究中心编:《恐怖主义与反恐斗争理论探索》,时事出版社2002年版,第200~201页。

[2] [美]托马斯·霍默—狄克逊:"综合恐怖主义的兴起",载中国现代国际关系研究所反恐怖研究中心编:《恐怖主义与反恐斗争理论探索》,时事出版社2002年版,第172~173页。

域,成为非传统安全领域挑战国家安全的全球性问题。可早在20世纪随着计算机技术的开发与运用,恐怖分子就已经开始利用这种新式手段。本小节将通过简述网络恐怖主义的历史发展,给读者更清晰的历史回溯的视角,从而更全面地了解网络恐怖主义问题。

(一)网络恐怖主义的起源

1946年2月14日,由美国军方定制的世界上第一台电子计算机"电子数字积分计算机"在宾夕法尼亚问世后,世界开始进入电子管数字机时代,但是由于体积大、功耗高、速度慢、价格昂贵,最初只能应用于军事与科学计算领域。随着计算机体积缩小、能耗降低、可靠性提高、运算速度提高,开始进入了晶体管时代。1971年世界上第一台微处理器在美国硅谷诞生,开创了微型计算机的新时代。由于在大规模集成电路机时代之前,计算机技术在硬件与软件方面的限制与缺陷,这种技术还未被恐怖分子所青睐。但是,随着微型计算机与互联网的出现,个人可操作性增强,人际互动性提高,恐怖分子才能够利用此手段实施有目的性的恐怖活动。

综合国内外学者资料,可以追溯到的最早的网络恐怖主义袭击是由意大利的"红色旅"发起的。1976年到1978年间,意大利著名恐怖组织"红色旅"用计算机炸弹攻击了意大利的8个计算机中心,造成上百万美元的损失。20世纪80年代,"红色旅"又对电子商务、计算机和武器制造业发动了27起攻击,他们在宣言中把对计算机系统和设备的摧毁指定为"对国家的心脏予以打击"的一种手段,这也与他们在现实中用手枪打碎政府官员的膝盖骨如出一辙。[1]

1986年4月27日,一群黑客扬言干扰美国Home Box Office(HBO)的电视台信号,并高调声称2500美元可以攻陷全球所有卫星,而事实上他们确实有攻陷卫星信号的能力。[2] 从这次黑客事件开始,人们的视线才渐渐由单纯追求技术转到反思技术的缺陷和研发防控技术。

直到"莫里斯蠕虫"事件的发生,全世界才意识到黑客的可怕。在1988年,美国康乃尔大学一年级研究生罗伯特·莫里斯,利用了Unix系统中的缺点,用Finger命令查联机用户名单,然后破译用户口令,用Mail系统复制、传播本身的

---

〔1〕 Matthew J. Littleton, "Information Age Terrorism," Master's thesis, Naval Postgratuate School, 1995, pp. 75 - 76.

〔2〕 Bob Schmit, "An Internet Answer to Repression", Washington Post, March 31, 1997, p. 21.

源程序,再编译生成代码,直到达到耗尽所有资源。短短 12 小时内,已有 6200 台采用 Unix 操作系统的 SUN 工作站和 VAX 小型机瘫痪或半瘫痪,不计其数的数据和资料毁于这一夜之间,同时也使全世界损失了上亿美元。[1] 这场灾难不仅仅使政府开始关注网络黑客行为并研究网络立法,而且使国际恐怖分子认识到了"黑客攻击"这种新型的攻击武器。

(二)20 世纪 90 年代的"网络恐怖袭击"事件

一个黑客或许可以出于多种原因而发起黑客攻击,但是一个网络恐怖组织则大多由于政治性或宗教性目的而实施有影响力的网络恐怖袭击。在 20 世纪 90 年代,随着互联网与微软技术的日益发达,网络的功能也日趋强大,这时的恐怖组织也逐渐掌握在网络社会中实施黑客攻击行为。

1996 年 8 月,一群黑客篡改了美国司法部的主页,10 月篡改了中情局主页,12 月又篡改了美国空军的主页。美国审计总署的报告称,黑客仅在 1995 年一年当中就试图入侵美国国防部的电脑系统多达 25 万次。其中 65% 的入侵成功了。1998 年 6 月 3 日,著名黑客组织"milw0rm"入侵了印度的核研究的一个主要机构——巴巴原子能研究中心(BARC),因为其反对核武器的和平主义行为而名噪一时。在整个入侵过程中,这个由来自美国、英国和新西兰的十几岁孩子组成的团队居然访问到 5M 与印度核武器计划相关的绝密文件,并删除了两台服务器上的所有数据,以此抗议该中心的核研究。这类黑客组织虽然实施的行为是单纯的和平行为,但是这种"网络袭击"的威胁程度不亚于一支大规模军队。

1998 年,"泰米尔游击队"在两个星期内通过每天发送超过 800 封电子邮件淹没了斯里兰卡大使馆。电子邮件内容可以译为"我们是互联网黑老虎,我们这样做正是为了扰乱你的通信"。情报局将这起网络恐怖袭击定性为恐怖分子对一个国家的计算机系统的第一次已知的攻击。[2] 在 1999 年科索沃冲突中,北约官方的计算机被潮水般的电子邮件炸弹攻击。企业、社会团体和学术机构也收到带有病毒的电子邮件,此外,网页篡改也很常见。据官方消息称,攻击来源则是一系列的东欧国家。

---

[1] A Report On The Internet Worm, by Bob Page, University of Lowell.

[2] Mudawi Mukhtar Elmusharaf, *Cyber terrorism: The New Kind of Terrorism*, Computer Crime Research Center April8, 2004.

正是由于网络的全球性与开放性,才使一次网络恐怖活动造成的危害与影响比传统的恐怖活动强烈。但是在 20 世纪 90 年代,由于历史环境与网络发展的局限,传统的黑客与网络恐怖分子的交集并不太多,所以分清一个网络攻击是黑客所为还是恐怖分子所为并不难。但是随着 21 世纪计算机技术个人化与全球化网络的建立,鱼龙混杂的网络袭击中就包含着更复杂的因素,这样便给网络恐怖分子提供了广阔的战场,政府机构的防控也显得滞后。

### 七、21 世纪的网络恐怖主义发展

2000 年 5 月 1 日,全球因特网感染了"我爱你"蠕虫病毒(Love Bug worm),该病毒的目标是让少数受害者开启邮件的 VBS 附件,便可制造成千上万的中毒邮件并以此瘫痪邮件服务器,同时感染电脑上的重要档案。"我爱你"蠕虫病毒摧毁了 4500 万个电脑网络,连美国国防部和英国议会的网络系统也未能幸免。美国计算机经济协会称,这是迄今为止出现的最为严重的恐怖袭击事件,仅蔓延前 5 天就造成了 67 亿美元的损失。[1] 这是目前为止,最严重的一次个人黑客袭击,但是其与网络恐怖主义袭击相比,也只能甘拜下风。

在"我爱你"蠕虫事件和随后的冲击波病毒事件后,美国国土安全局主管阿米特·约兰在国家网络安全峰会上指出:"到目前为止,黑客们进行网络攻击所采用的手段都并不先进,美国政府能够及时做出应对或预防,但是我们不会总是这么幸运。"美国国土安全局部长汤姆·莱奇也在会上指出目前美国的网络系统及基础设施在不久的将来必然会成为恐怖分子的目标。并强调在今年上半年共报告了 76000 多起受到网络攻击的事件,这要大大超过去年同期,也标志着网络安全问题日益成为一个焦点问题。

从美国官方视角来分析,最危险的恐怖组织 Al-Qaeda(基地组织)被认为是第一个攻击美国的网络恐怖组织。据美国官方数据表明,该集团曾通过网络系统,控制了美国的能源设施,配水,通讯系统和其他关键基础设施。[2] 早在 1996 年,"基地"组织头目本·拉登就在阿富汗山区的指挥部配备了电脑和通讯设备,并设计了通信网络以实现信息交换。而在 21 世纪,美国不断推行的霸权主义政策下,各国恐怖分子和黑客均为反对美国强权政治而发起各种网络袭击。

---

〔1〕 The Love Bug:A Retrospect :http://rixstep. com/1/20040504,00. shtml.

〔2〕 Wright Looming Tower(2006),page. 133.

据统计，恐怖分子在网络中建立了100多个主页进行恐怖主义宣传。拉登的“基地”组织从2001年3月开始使用www.alneda.com作为其官方网站的域名。在此后的几年内，www.alneda.com一直是“基地”组织领导人向散布在全球的组织成员发布最新讲话的渠道。随着时代的发展，“基地”前网络总管优素福·阿伊里开发“圣战之声”取代了原网站。并且，网络不仅仅用于实施网络袭击行为，更为恐怖的是它开始作为一种方便的宣传手段，广泛宣传其“圣战”思想，传授年轻恐怖分子最先进的武器制作方法与技巧。

虽然美国是遭受网络恐怖主义袭击最多的国家，但其他区域的冲突也伴生不断的网络恐怖袭击事件。据美国官方网站显示，新世纪的恐怖组织都已经建立起关于网络战争的恐怖部队。例如，哈马斯的激进分子们早就在聊天室进行活动计划，协调组织在加沙、约旦河和黎巴嫩的活动，使以色列安全部门很难进行破译和追踪。[1] 而欧洲大陆上也危险重重，网络恐怖袭击最严重的事故之一就是罗马尼亚的网络恐怖分子非法获得了计算机控制南极研究考察站的生命支持系统，此举严重威胁到在南极科考站58名科学家的生命安全，这也预示着网络恐怖袭击与传统恐怖袭击的结合度在不断地提高。

## 八、网络恐怖主义的现状

网络时代的日益发展给世界带来最便利的科学技术与沟通手段，并为21世纪的经济发展提供了全球化平台。随着全球网络的一体化，足不出户便可深知天下大事。可见，网络社会已然改变了人们的生活方式，甚至改变了传统的军事打击方式。美国21世纪国家安全委员会在1999年发表的《新世纪国家安全报告》中，首次将网络攻击武器定义为大规模破坏性武器，并将其与专指核、生、化武器的大规模毁灭性武器相提并论。本世纪是网络技术突飞猛进的时代，所以必然面临着大量网络恐怖主义袭击的威胁。而且传统的恐怖组织与新兴攻击手段相结合，必然导致一系列新问题。21世纪初的网络恐怖主义现状分为以下三个方面。

### （一）以个体攻击为主，缺乏组织集群性

相对于传统的恐怖组织倾向于集群性的攻击而言，网络恐怖分子则更喜好

---

〔1〕 John Arquilla, David Ronfelft, and Michele Zanini, "A Networks, Netwar, and Information-age Terrorism, in Countering the New Tew Terrorism", RAND, 1999, p. 65.

一种自由的独立战斗,这种个体化的网络攻击具有极强的灵活性与随意性,可以利用最少的个人资源耗费最大的社会资源。1999 年兰德公司在一项题为《对付新的恐怖主义》的报告中把新兴的网络恐怖组织简称为“SPIN”,即分散、多中心、思想自成体系的综合网络。美国学者约翰邓可奎拉和戴维·伦菲尔德也将网络恐怖组织的特点分析为:“行为者一般是分散的、通常是小型的组织构成,以因特网式的方式通信协调和进行活动,没有准确的中央领导人或司令部。决策往往可能是有意地分散做出的。”[1]

在 20 世纪末期与 21 世纪初期,全球大约有 6000 多个黑客组织,其中 300 个左右每个月都有活动,而真正具备恐怖主义组织性的组织是较少的,而这种以个体攻击为主的网络袭击方式占据了大多数网络袭击事件。著名的流浪黑客阿德里安·拉莫就是个体攻击的代表,2001 年 9 月,他成功侵入雅虎网站,并篡改了这家网站的“至少 1 条新闻的内容”,在篡改后大部分民众居然信以为真。2002 年,他入侵《纽约时报》的电脑系统后,掌握了该报员工大量的个人隐私材料。同样,在 2002 年 7 月 11 日,《今日美国报》网站遭黑客袭击,新闻首页全部被换成“五角大楼外形被判不合美国宪法”、“以色列遭伊拉克导弹袭击”、“布什任命宣传部长”等假新闻,引起极大轰动。从而也宣告网络恐怖袭击新闻网站的开端。

在现实社会中,个人的力量毕竟是有限的,所以人们形成组织和群体,旨在获取强度更大的力量。在网络社会中,尽管个体实施各类网络袭击行为确实有方便与快捷性等特点,但是集群组织后的网络恐怖分子无疑是更加恐怖的。从目前发生的大多数个体网络袭击而言,网络恐怖分子并未形成组织性集群,或者说集群性规模很小,尽管在一定程度上能够造成危害不小的损失,但是与有组织的网络恐怖主义攻击相比,威力与效果相对较弱。

(二)以程序攻击为主,未形成高科技威胁

网络科技日新月异,正如黑客群体中经常强调的“科技就是生命”一样,网络恐怖分子所掌握的科技水平也决定了网络攻击的效果。从“9·11”事件后直到今日,在网络攻击领域仍然是以传统的计算机程序攻击为主,主要包括计算机病毒、网络蠕虫、特洛伊木马程序、逻辑炸弹、后门程序以及垃圾数据包。这些传

[1] [美]约翰·阿奎拉、戴维·伦菲尔德:《决战信息时代》,宋正华等译,吉林出版社 2001 年版。

统网络攻击方式的共性是以复制、传染、传播计算机病毒或恶意程序等,对世界各国的商业与传播业也造成过不小的损害。

综观世界,几乎发生在20世纪末到21世纪初的网络攻击都是以程序攻击为主。1983年,凯文·米特尼克因使用大学里的电脑擅自进入今日互联网的前身ARPA网,并通过计算机复制程序进入了美国五角大楼的电脑,最后被判在加州的青年管教所管教6个月。1995年,来自俄罗斯的黑客“弗拉季米尔·列宁”在互联网上通过入侵银行电脑系统来获得存款,1995年,他侵入美国花旗银行并盗走1000万元,之后,他把账户里的钱转移至美国、芬兰、荷兰、德国、爱尔兰等地。1999年,梅利莎病毒使世界上300多家公司的电脑系统崩溃,该病毒造成的损失接近4亿美金,它是首个具有全球破坏力的病毒,该病毒的编写者戴维·史密斯在编写此病毒时仅30岁。2000年5月的“I LOVE YOU”病毒造成了近百亿损失。2001年出现的Morris蠕虫、悲伤心情蠕虫、Sircam蠕虫、红色警戒蠕虫、Nimda蠕虫、klez蠕虫等,都属于传播性极强的计算机程序攻击方式。2003年的网络攻击仍然以“冲击波”蠕虫、Welchia蠕虫、太上蠕虫、清醒蠕虫为主。2004年蠕虫攻击发展迅猛,出现了世界末日与震荡波蠕虫等,时至2006年,病毒与蠕虫已经完全成为网络攻击的代名词。

从2008年开始,各国网络专家群策群力,着手大范围地修补系统漏洞与训练防控技术,已经初步具备防控MAC、ARP、DHCP、STP攻击的方法,并加强了防火墙与安全软件的漏洞监控功能,但是对付网络恐怖主义,这是一场漫长的攻防战,只有技术不断更新与进步才能有成功防御的可能性,因为根本无法发现攻击来源,所以防控工作时滞后的。而在网络恐怖分子方面,他们也希望能够吸收高级科学技术的优势,去实现更强有力的攻击。在目前这个阶段,仍然是以程序攻击为主。

(三)以传统目标为主,逐渐转向军事机构

无论是网络黑客,还是恐怖分子,都需要明确的打击对象与攻击目标,随着网络恐怖主义技术的先进,他们开始不满足于攻击传统目标,而逐渐转向在军事机构和安全机构领域,这样实施一次网络恐怖袭击就可以获得更多机密与情报,获得最大的期望效果。从经济学视角分析,网络恐怖分子是“理性人”,他们实施的网络袭击行为也是经过理性思考的结果,在成本与风险一定的情况下,效益与结果越大,那么他们实施袭击的可能性就越高。

20世纪末的网络恐怖主义攻击主要集中在传媒新闻业、工商业、金融系统、交通系统与政府机关等传统领域。根据《信息周刊》(Information Week)介绍的计算机病毒,绝大多数都是依靠攻击微软互联网信息服务软件的网络服务器,即对IT各公司与新闻传媒业造成损害,进而通过电子链接影响一般用户。而21世纪初,单纯指向传统目标的网络恐怖袭击事件减少,而针对军事机构的网络袭击大幅度上升,并且开始出现专门针对军事安全机构的组织。例如,著名的巴基斯坦"G-Force"黑客组织,从2002年开始的十年间,不间断对美国国防部、宇航局以及科学实验室的网络系统发动攻击,并且一改传统方式,采用绑架IP地址的方式,通过其他国家和地区的网络地址来进攻目标国的网站,具有超强的隐蔽性和迷惑性,造成大量军事资料和机密文件被盗,使得美国国家安全遭受巨大的损失。不仅如此,2001年,英国著名黑客加里·麦金农伦在两年间,利用黑客技术侵入了美国五角大楼、美宇航局、约翰逊航天中心以及美陆、海、空三军网络系统。2002年被指控侵入美国军方90多个电脑系统,造成约140万美元损失,美方称此案为史上"最大规模入侵军方网络事件"。2009年,韩国总统府、国会、国情院和国防部等国家机关遭到黑客组织的攻击。7月9日韩国国家情报院和国民银行网站无法被访问,这是韩国遭遇的有史以来最强的一次黑客攻击。

从以上各例可以发现,世界各国军事机构在21世纪初面临着严重的威胁,新闻传媒业、工商业、政府机构等传统目标也仍是攻击目标之一,面对这严峻的网络恐怖主义,国际网络反恐防控措施也应适当注意从防控传统目标转向全方位、多角度防控。

## 九、网络恐怖主义的发展趋势

今后的数十年是互联网时代的高速发展阶段,同时也是网络恐怖主义的活跃期。随着信息社会与网络空间在人们生活中逐渐起到举足轻重的作用,网络恐怖主义的嚣张气焰只会有增无减。法国社会学家迪尔凯姆(Eacute; mile Durkheim)曾经在评价机械社会向有机社会转型的过程中,把机械社会中犯罪现象称之为正常现象,而把有机社会中的犯罪称之为病理现象,即在社会转型或大规模变迁时,犯罪是必然出现的。正如现代社会进入网络社会而言,网络恐怖主义的出现也是必然的。据国内学者分析,网络恐怖主义的发展也将面临三个阶段:(一)简单无组织阶段。此阶段的网络攻击基本等同于黑客活动,组织性与行动策划还不成熟,多数是个人行为;(二)高级有组织阶段。这时网络恐怖分子具备一定的组织集群性,有较明确的目的性,攻击手段和技术有很大的提高,可以入侵较大系统的网络;(三)综合协同的阶段。这个阶段是网络恐怖主义最终成型的阶段,网络恐怖分子具有严明的纪律性,组织规模庞大,整体的网络协调和防御能力极强,攻击动机明确,拥有先进的黑客技术。[1]

所有的网络恐怖组织为了获取更大的攻击效应,都会朝向综合协同的阶段发展。在21世纪初的恐怖主义中,开始显露出一些新的趋势。

(一)组织集群性加强,逐渐形成规模化

传统的恐怖组织结构是非常严密的,比如"红色旅"的细胞结构与纵队小组,形成了单线生殖的活动形式,极具隐秘性与生命力。而20世纪末的网络恐怖组织基本是以领导为核心,逐步扩散到最外围的支持势力,这种组织尽管存在着力量集聚的优势,但是耐打击程度低,极易全军覆没。自21世纪以来,恐怖组织逐渐由传统的等级制向网络化过渡,尽管有不平衡的因素在其中,但逐渐采用网络组织原则的恐怖组织开始活跃起来,如巴勒斯坦的哈马斯、埃及境内的"伊斯兰集团"和本·拉登的"阿拉伯阿富汗战士"组织等。这些恐怖组织都采用了各种各样的网络组织结构,如链式结构、拓扑结构、全连接结构等。[2] 查尔斯·尼森教授曾经对恐怖组织结构与网络结构的关系问题做过研究,发现大多数网络恐怖组织都是采用混合式的结构,这种网络没有等级制,行动活动具有一定程度的自由性,很多活动使以"细胞"结构为基础。[3]

正是网络社会中的恐怖分子组织集群性大大加强,造成了攻击效果的提升。在广大的亚非拉美地区,也兴起了以宗教为联结纽带的网络恐怖组织,这些服务器终端遍布全世界,在统一的精神领袖的领导下,不断完善其组织性,以造声势造成大规模的影响力事件来获得政治诉求。这也显示了网络攻击的另一种形式:舆论宣传。不同于直接网络袭击,网络宣传或网络传教具有的影响性更大,网络恐怖分子通过各种通讯工具和通信网络将政治目标和宗教思想进行广泛传播,吸引更多的同情者与支持者,也不断吸纳具有极端思想与反社会的人才,使网络恐怖组合成规模化增长。例如,日本有名的"奥姆真理教"就是极端邪教的代表,这个组织汇聚了一批高级知识分子,其中不乏日本早稻田大学的高材生,

---

〔1〕 刘建:"网络恐怖主义的兴起及其发展趋势探析",载《外交学院论文集》2012年。

〔2〕 美国兰德公司:《反击新恐怖主义论》,军事科学院外军部译,军事科学出版社2001年版。

〔3〕 David Helpperin, "The Internet Security: Emerging Issues," Information Age Anthology, Vol. II.

开创网站，初期利用麻原彰晃的神迹骗取人们支持，后期则大肆在网络上进行邪教思想传播，可以说在日本形成了不小规模的恐怖集团。

（二）技术武器更先进，网络功能多重化

未来的十年间，计算机病毒与蠕虫等传统程序攻击方式依然存在，但是随着全世界技术的日新月异，网络恐怖主义的技术武器将会更加先进。FBI 当局在 2011 年发表文章提醒美国面临着严重的威胁，其中技术威胁占据绝大部分。首当其冲的是负责监控与数据采集的 SCADA 系统、相关的数字控制系统 DCS 和可编程逻辑控制器 PLC，这些在 20 世纪 60 年代就存在的专业系统在早期并未联入互联网，但是 21 世纪这些系统几乎可以被任何网络访问，这些系统几乎不具备任何安全性，正如一位匿名黑客所讲"SCADA 控制系统是一个标准系统，可以从供水到燃油管路各个方面，我想控制它简直易如反掌"。〔1〕

曾在 20 年前，FBI 专家就警告说："网络爬虫、网络蜘蛛和计算机病毒可以穿越互联网的任何角落同时进行重复的任务。"这也应验了 20 世纪末的大量的计算机病毒、蠕虫程序攻击的泛滥。而如今，更需要担心的则是恐怖分子掌握高新科技，并学会使用机器人与克隆技术，这对于人类的明天可是巨大的威胁。这样网络恐怖主义就会与现实恐怖主义紧密相连，形成毁灭性的力量。目前为止，全球研发的机器人大多担任良性功能，但是机器人技术被网络恐怖分子盗用的可能性不小。〔2〕

如果说机器人恐怖攻击的可能性较小的话，那么电磁脉冲炸弹（EMP）和高能无线电频武器（HERF）就完全将传统病毒与蠕虫程序比下去了。这些高新武器可以破坏计算机主板，以及永久删除在内存中的数据备份，同时使用 HERF 电磁辐射，便增加了热力、机械与电气目标的攻击范围。这只是 2011 年面临的新威胁，但随着科技的发达，未来的电子、生物、核技术与网络技术再相结合，国际安全形势将会陷入被动局面。

乌尔里希·贝克在《风险社会》中提到人类的技术进步必然导致技术风险与制度性风险，人们必须开始反思现代化带来的负面影响。诚然，网络不仅具有

---

〔1〕 William Graham, Chairman, Critical National Infrastructures, "Report of the Commission to Assess the Threat to the United States from Electromagnetic Pulse (EMP) Attack," EMP Commission.

〔2〕 http://www.fbi.gov/stats-services/publications/law-enforcement-bulletin/november-2011/cyber-terror.

技术上的威胁,还孕育着多重化的功能,其中以宣传、教育、培训功能最多,也最难防范。例如,“基地”及其外围组织从因特网上招募人员、筹集资金、协调行动、进行宣传,至今“基地”组织的绝大部分活动都在互联网上进行。其中在“基地”组织“先知的利剑”网站上,有详细介绍的“绑架指南”,对如何实施袭击有详细说明,对爆炸物的介绍尤其详细,其中包括汽车炸弹的制作、爆炸装置的威力,甚至生化武器的制造等,这才是网络可怕的负面作用,这些信息一般隐匿在体育论坛、色情广告、网络游戏中,也有公之于众的可供人们随意查询浏览的。可见,网络功能的多重发展对世界是把“双刃剑”。

(三)黑客恐怖主义化,形成恐怖化合力

早在20世纪末,黑客、计算机激进分子、计算机犯罪分子就已经在信息领域泛滥,随着网络恐怖主义的出现,成为危害网络领域的四大害虫。黑客行动大多出于个人原因而实施攻击行为,计算机激进分子则渴望一定的政治诉求,计算机犯罪分子则偏重于获得经济财富。由于对于网络恐怖主义的定义,各家众说纷纭,所以在现实中这四种行为的交叉性很大。首先,网络恐怖主义的政治目的是最强的,实力也最雄厚,所以可以吸引很大一部分计算机罪犯为其卖命。其次,网络恐怖分子在实施网络攻击的过程,需要技术支持,从而与黑客达成协议关系。最后,计算机激进分子本就渴望获得群众同情与政治支持,所以策略方式与恐怖主义相关性很强,也有交叉的空间。

在“9·11”事件后,一些伊斯兰黑客组织像“穆斯林游击战士”为报复美国黑客的攻击,袭击了美国海洋局与大气局网站,并威胁美国如果不停止打击阿富汗与“基地”组织,便会将窃取机密交给“基地”组织,从而由普通黑客走向了网络恐怖分子的道路。所以,现实社会中复杂的政治文化因素影响了很大一群黑客组织走上了恐怖主义。据国外资料显示,高水平的网络攻击多数来自有恐怖主义思想的黑客。[1] 黑客恐怖主义化的趋势是十分明显的,这也与美国推行的强权政治与霸权主义紧密相关,从冷战结束起,美国的势力控制范围扩大到全世界,并不断挑起第三世界的国家冲突,以从中获取资源与战略优势。一些和平主义的黑客秉承着爱国的信念与民族主义的旗帜向美国发起了网络攻击,但是收效甚微,这也驱使了黑客们靠近了日益组织化的网络恐怖主义。“9·11”事件

---

〔1〕 Kim Zetter,“Report:Critical Infrastructures Under Constant Cyberattack Globally”,转引自http://www.wired.com/threatlevel/2010/07/siemens-scada/。

发生后，国际反恐形势发生了很大变化，一些西方国家实行双重标准，将特定的国家、民族组织妖魔化、恐怖化的倾向越来越明显，借以打击恐怖主义而强行干涉别国主权和内政，甚而攻击其国家信息安全。从国际战略的角度看，西方大国渴望借“反恐”实现“一箭双雕”战略，以进一步延续其强权政治的美梦。在这个过程中，一些发展中的弱国在全球化过程中被边缘化，在受到霸权主义或强权政治的欺压时，暗中选择支持网络恐怖主义，甚至为网络恐怖主义提供经济与技术支持，在这中强大的压力下，黑客恐怖主义化，弱国支持恐怖主义是面临压力的应急反应。同时，无政府主义与极端思想的广泛传播也极大地影响着黑客们与计算机罪犯的思维。

综上所述，不断恐怖化的黑客组织与发展中弱国的暗中支持，以及民族极端势力与无政府主义的帮助，这种恐怖化合力的威胁越来越严重。

## 十、网络反恐的对策

全球化视野下的网络时代充满着不确定性，其中隐藏性强、破坏力高的网络恐怖主义混杂在网络社会中，给国际网络社会带来了极大的威胁。正是由于网络恐怖主义给全世界带来了极大的威胁与危害，防范网络恐怖主义也逐渐成为重要的国际议题。防范网络恐怖主义的对策主要包括以下三个方面。

### （一）加强国际战略合作，强化网络互动机制

针对网络恐怖主义这种全球化的攻击，十分有必要加强国际战略合作，各国应该把防范网络恐怖主义上升到国家安全的战略高度。美国作为国际网络恐怖主义的最大受害者，也逐步将网络空间安全由“政策”、“计划”提升到国家战略。1998 年 5 月，克林顿政府发布了第 63 号总统令（PDD63）《克林顿政府对关键基础设施保护的政策》，成为直至现在没有政府建设网络空间安全的指导性文件。2000 年 1 月，克林顿政府发布了《信息系统保护国家计划 V1.0》，提出了政府在 21 世纪之初若干年的网络空间安全发展规划。保护委员会从此组建成立。2001 年 10 月 16 日，布什政府意识到了“9·11”之后信息安全的严峻性，发布了第 13231 号行政令《信息时代的关键基础设施保护》，宣布成立“总统关键基础设施保护委员会”，简称 PCIPB，代表政府全面负责国家的网络空间安全工作。此后，布什又组织制定并正式签发《确保网络安全国家战略》，详细阐述了全美网络环境面临的风险及拟采取的保护措施，是全球第一份对抗网络恐怖主义袭击的国家战略，全美反网络恐怖主义的基本框架初步构成。自 2008 年开始，奥

巴马政府通过开展“模拟网络战”与网络空间政策评估，将网络空间安全上升到前所未有的高度，并宣告网络数字基础设施将被视为国家战略资产，保护这一基础设施将成为国家安全的优先事项。

只有各国高度重视了网络反恐的战略地位，才留给了国际合作的可能性与空间。1998 年 11 月，联合国大会通过了由俄罗斯提出的《在国际安全背景下信息和通信领域的发展》的倡议，呼吁各会员国在多边层面促进对信息安全领域现有的和潜在的威胁的关注，随后俄罗斯在 2000 年正式公布并通过了《联邦信息安全构想》。此后，在每次的 G8 峰会上，网络反恐均被纳入议程中。21 世纪初，欧盟也成立“欧洲网络及信息安全局”，聘任来自各成员国的数十名专家专门针对健全合作机制与保障网络安全共同制定联合保护能源等关键设施。2012 年 10 月 22 日，联合国毒品和犯罪问题办公室费多托夫发表讲话，认为加强国际间协调合作是应对网络恐怖主义的关键所在，各国应在立法和司法层面为网络反恐提供支持，尤其体现在处理恐怖活动调查及审查方面。尽管各大发达国家都已经重视起合作交流的机制，但是关于具体反恐与防控措施还必须完善，网络互动机制是沟通的关键，只有将各国的网络恐怖主义信息情况定期进行交流与研究，才能最大限度地起到合作的效果。

（二）完善反恐法律法规，健全法律反恐机制

在网络上进行调查必须要求有足够的刑法条文作理论支撑，并且还需要完备的程序起诉能力，诸如有能力确认外国攻击者、保留计算机存储信息、分析并获取计算机系统、发放需要特殊电脑数据的任务指令、实时地收集信息数据以及截取所需要的数据等。加上网络反恐是一项全球化的复杂工作，涉及多个法系，所以以对网络恐怖分子调查起诉很困难。笔者认为完善反恐相关法律法规很必要，不仅在本国针对网络恐怖主义进行立法，而且需要在国际合作框架下完善国际法。

2001 年，欧委会成员国及美、加、日、南非等观察国正式签署《欧洲委员会网络犯罪公约》，这是现行关于计算机犯罪与网络恐怖主义最全面的国际公约，该公约规定了有关实体法、刑事诉讼以及国际合作的职责。随后的《关于打击信息系统犯罪的欧盟委员会框架决议》是以欧洲委员会的网络犯罪公约为法律依据的，该决议要求缔约国将非法访问信息系统、非法干扰系统，以及非法干扰数据规定为犯罪行为。此外，该决议还包含了对基于 IT 的发起网络恐怖主义攻击

所必需的数据干扰行为。[1] 国际合作反恐的法律机制还处于不断完善的阶段，在国际法律框架下的各国针对网络恐怖主义，也相继出台法律进行打击与防控。美国在2002年通过了《反恐怖主义法》，明确对国家和社会利益构成威胁的黑客活动列为恐怖主义打击对象。布什总统也签署一项法令，决定合22个联邦机构来成立一个规模庞大的"国土安全部"以增强反恐力量，而在这项法令中，信息行业成了重点保护对象，其中成立"网络国民警卫队"的计划就是其重要工作之一。英国在2000年通过了"电子法案"，明确规定了对非法网络入侵实施全程监测，在2001年12月又通过了新的紧急反恐法案，明确把网络恐怖活动列入打击目标，负责部门包括通信总部（GCHQ），通信与电子安全小组（CESG）等。日本在2001年制订了"反黑客攻击计划"和"反网络恐怖活动计划"也表示出对网络反恐的高度重视，日本防卫厅还定期举办对付网络入侵的模拟演习。2005年，新加坡推出了"计算机滥用法"，赋予警察机关和其他安全机构全面的权力，旨在对网络恐怖主义进行预防。

在21世纪网络恐怖主义泛滥的同时，各国纷纷立法对网络恐怖主义进行打击与防范，随着法律打击的完善，对于网络恐怖主义的打击就有法可依，这一方面方便了安全机构的打击，另一方面也警告网络恐怖分子，法制是不容许任何侵犯他人权利的行为，包括在互联网世界。

（三）提高反恐科技水平，构筑安全技术机制

由于网络恐怖主义朝着高技术攻击领域发展，网络反恐必须培训高水平的科技专家与反恐人才。技术与人才是网络反恐的硬件，只有不断加强反恐硬件设施，才能起到全方位的防控。

首先，在技术方面，各国在互动合作机制的基础上，集中研发高科技的防控技术，如网络加密技术、身份认证技术、防火墙与安全网络技术、查杀病毒技术以及各种网络高新技术。同时也应该对机密产业与安全部门进行独立的骨干信息网络建设，使之不与互联网产生信息交换。例如，美国CIA曾向联邦政府投资，

---

〔1〕 The Commission of the European Communities is currently preparing further actions that would prohibit spam, spyware, and malicious software. See Commission of the European Communities, Communication from the Commission to the European Parliament, the Council, the European Economic and Social Committee and the Committee of the Region on Fighting Spam, Spyware and Malicious Software, Brussels, 15. 11. 2006, COM (2006) 688 final.

专门针对如何对聊天室和论坛的监视。[1] 这些都是网络防御中技术。为了使被动地位转为主动地位,还必须增加情报信息的作用,并且使网络反恐人员掌握数据挖掘的技术。2002 年 1 月,美国国防高级研究计划局成立了"信息全知办公室",就是整合多方面计划,研发语言翻译、数据挖掘与决策支持技术。情报信息决定决策方案,随着美国在 2007 年开始的"棱镜计划",美国政府开始监视、监听民众电话的通话记录与网络活动,这在一定程度上预防了一部分网络恐怖主义袭击。

其次,在人才方面,一是应该整合社会资源,建立起高效率、高技术、多专业的网络反恐队伍,尤其是小语种人才,据报道,在"9·11"事件后,美国情报部门突然发现,他们最缺的不是情报,而是将将这些情报翻译成英语的外语人才。二是可以搭建国际平台,让各国能够进行人才资源的优势整合与交流互动,促进各项技术的进步与硬件的升级。例如,美国的 FBI 与西点军校强强联合,从 2006 年开始培训联合反恐特遣部队(JTTFs),重点在了解伊斯兰教极端主义的根源,恐怖分子如何使用互联网,恐怖网络的起源和做法,并针对"基地"组织,真主党和哈马斯等采取有针对性的课程。[2] 此外,在处理黑客攻击事件的同时,也应该学习其漏洞攻击与先进技术,在一定程度上以人才为主,可以吸引一批爱国和和平主义黑客个体为国家安全做出贡献。在进行技术与人才培训的过程中,各国因经济文化水平不同,发展具有极强的不对称性,也容易使网络反恐朝着两极化发展,这也是技术反恐方面的全球困难。

**思考题**

1. 简述恐怖主义的变迁趋势。
2. 试分析超级恐怖主义的类型与特征。
3. 结合所学知识,谈谈对生物恐怖主义的思考。
4. 简要分析网络恐怖主义的现状与发展趋势。

---

〔1〕 https://www.cia.gov/index.html.

〔2〕 http://www.fbi.gov/news/stories/2008/may/ctc_053008.

# 第九章

# 反恐怖主义概述

对恐怖主义的研究最终需要探讨的一个问题就是如何对恐怖主义做出回应。反恐怖主义是恐怖主义研究的落脚点。本章就要简要论述反恐怖主义的措施、联合国与发达国家反恐怖主义的经验和战略,并从学术研究的角度讨论中国反恐怖主义的若干问题。

## 第一节　反恐怖主义的基本措施

反恐恐怖主义的措施段有很多种,这些手段有的是直接的,有的是间接的;有的是积极的,有的是被动的;有的是武力的,有的则是非暴力的。为了使反恐怖主义确有成效,就应当明确反恐怖主义的基本措施有哪些,然后才能针对不同情境选择适用的反恐手段。

### 一、应对恐怖主义的不同方式

从理论上讲,应对恐怖主义的措施是多方面的,但就解决某个具体的恐怖主义情境而言,并不是每个措施都可用。有些措施在这种情况下行之有效,但到另外一个场境中可能毫无效果。另外,有些政府往往愿意使用某些类似性质的措施，而另一些政府则更愿意选择不同性质的措施。从应对恐怖主义的方式看，有两种不同性质的应对。而这两种不同性质的应对包含着三类具体的措施。

(一)两种性质的应对

在应对恐怖主义的方式上，存在着两种基本不同性质的应对方式：一种是强硬的应对方式。另一种是温和的应对方式。强硬的应对方式否认与恐怖分子让步的必要性，主张运用军事力量或其他强硬方式惩罚和打击恐怖分子。这种强硬方式不接受妥协和谈判。温和的应对方式则把与恐怖主义的对话看作是必要的，主张用外交、谈判、协商、社会改革等方式解决恐怖主义问题。

(二)四种类型的措施

上述两种性质的应对恐怖主义的方式，每一种都包括一些具体的措施，这些措施包括四个类型：[1] (1)运用军事、准军事部队或警察等武装力量的战斗性措施。有一些国家建立了专门用于打击恐怖主义的武装力量，这些力量有的隶属于军队、有的隶属于警察、有的则属于准军事性质的。利用这些武装力量打击恐怖主义，是一种强硬的应对方式。(2)非战斗性的强硬措施。这种措施可能也涉及军事或警察力量，但使用军事或警察力量并不是为了执行战斗性的人物。当然，非战斗性的强硬措施并不必然要动用军事或警察力量。非战斗性的强硬措施包括对恐怖组织的渗透、策反和瓦解、收集情报、加强重要目标的安全、经济制裁等。(3)非战斗性的温和措施。非战斗性的温和措施是决策者在特定情况下可以选择的、不使用武力以达到解决危机目的的做法。外交、有针对性的社会改革和让步都是这种类型的措施。(4)法律性的措施。法律性的措施有两个方面：一是立法性的措施；二是执法性的措施。立法性的措施通常又包含国内立法和制定打击恐怖主义的国际法两个层面。执法性的措施就是根据现有的国际或国内法律，执法机关利用刑事侦查技术将涉嫌实施恐怖活动的犯罪分子绳之以法。

(三)两种不同的取向

就上述对恐怖主义的应对措施中，存在着两种不同的取向：一是积极主动的。以这种积极主动的取向打击恐怖主义的过程就是反恐怖主义(counterterrorism)，即为了消灭恐怖主义的生存环境和恐怖组织而运用适当的手段主动出击

---

〔1〕 Gus Martin: *Understanding Terrorism: Challenges, Perspectives, and Issues*, Sage Publications, Inc., 2003, pp. 345 - 349.

的过程。另一种取向是被动、预防性的。以这种被动、预防性的取向回应恐怖主义的过程就是防恐怖主义(antiterrorism)。防恐怖主义主要使用的措施就是加强对重点目标的防卫、加强安全检查,以及实施其他手段遏制或阻止恐怖分子的进攻。

## 二、运用武装力量的战斗性措施

运用正规军、准军事部队或警察等国家武装力量打击恐怖主义是一种常见的措施。采取这种措施的一个动机是为了展示国家打击恐怖主义的实力以及将他们消灭的决心。这类措施可以分成不同的类型。另外,许多国家采取这种措施时动员的力量也不相同:主要有军事部队和警察部队两大力量来实施作战行动。

### (一)秘密的或公开的

运用军事或警察部队可以执行秘密的行动,也可以执行公开的行动。反恐部队执行的秘密行动一般有暗杀或绑架恐怖分子、颠覆恐怖组织等低强度作战行动。公开的行动则是以摧毁或严重打击恐怖组织的人员和设施为目的,可以采用导弹袭击等方式执行这种公开的任务。

在上述行动中,把暗杀作为反恐的一项措施是很受争议的事。以美国为例,美国历史上有多位总统被人暗杀。因此,美国财政部特工处把防止暗杀国家领导人作为一个重要的工作任务。但是,暗杀曾经也是美国打击敌对国家或组织的一种手段。美国的中央情报局曾经策划或参与了针对中国总理周恩来、古巴领导人卡斯特罗等人的暗杀行为。越南战争之后,美国总统福特签发了总统令禁止针对敌对国家领导人使用暗杀手段。1981 年 12 月,美国总统里根也再次禁止使用暗杀手段。尽管如此,美国并没有真正放弃使用暗杀手段。例如,美国在利比亚涉嫌支持恐怖主义之后,就多次策划对利比亚领导人卡扎非的暗杀行动,并把自己的行为说成是自卫。2001 年"9·11"事件之后,美国国内的一些人又开始支持把暗杀作为一项反恐手段和政策。[1]

美国的这种做法引起了很大争议。(1)从理论上讲,把暗杀作为反恐手段的背后,实际上存在一个假设,即消灭恐怖分子的首领就可以消除恐怖主义的威

〔1〕 Tabassum Zakaria:"Changing U. S. Assassination Policy Called Useless",Reuters,September 18,2001,http://www.fas.org/sgp/news/2001/09/re091801.html.

胁,或者打击恐怖组织。但是,这种假设的正确性是很值得怀疑的。因为从恐怖分子的角度看,成为烈士是一件很光荣的事情。暗杀恐怖组织的领导人或主要成员也许不仅不会阻碍恐怖分子进一步实施恐怖行为,相反可以激发更多的人追随恐怖分子。(2)从行为逻辑上看,一个受恐怖主义威胁的国家,如果一方面对恐怖分子使用暗杀等手段大加谴责,另一方面却也使用同样的勾当,这本身就构成了自我逻辑的矛盾。(3)从实践的合法性基础看,以实施自我防卫为借口对他国元首实施暗杀行为,缺乏法律依据。例如,1974年联合国大会通过的《防止和惩罚针对国际保护人群犯罪公约》就禁止使用暗杀行为。美国总统令也宣布放弃并禁止使用暗杀手段。因此,无论出于何种目的,无论针对什么人使用暗杀手段在一个法治社会都对法治原则构成了挑战。

(二)惩罚性的或先发制人的

惩罚性或先发制人的措施都是指用武装力量打击恐怖分子的目标。两者不同之处在于前者是在恐怖分子实施某种攻击行为之后而发生的报复性行为,后者则是在预见到恐怖分子将要发动进攻于是采取先发制人的打击行为。

(三)国内的或国际的

运用武装力量实施国内的战斗性行动往往基于维持或恢复国内秩序的理由。在很多情况下,为了应对恐怖主义的威胁,在国内动用武装力量实施打击行为,需要考虑的一个很重要问题是要避免或尽量减少平民伤亡。

国际的战斗性措施就是将武装力量部署到国外去执行打击国际恐怖主义的任务。可以通过海上、陆上或空中部署打击力量。部署兵力的规模取决于行动要实现的目标和行动的类型。当要实现的目标范围很广或更艰巨、更具有战略性的时候,部署兵力的规模就会大,否则,就小。当要执行的行动是多国联合行动的时候,每个国家派出的兵力就可以少一些。

(四)动员的力量:军事或警察部队

许多国家打击恐怖主义时使用的部队是特种部队。所谓特种部队,就是接受了特殊训练,以备用于进行非常规作战的军事或警察部队。由于恐怖主义所采用的作战样式与常规战争中常规部队的作战样式有很大的不同,因此,没有接受特殊训练的常规部队并不适合执行反恐作战任务。要使反恐作战卓有成效,就应当使用特种部队。特种部队在战术、装备、组织结构、人员选拔等方面都有自身的特点,适合执行反恐作战任务。例如,在战术上,特种部队针对恐怖分子通常采用爆炸、暗杀、劫机等手段，都要接受排爆、警卫、反劫机等方面的训练。在装备上，反恐部队一般不配备重型的武器装备，而要配备能够完成迅速的机动作战和快速反应的轻型装备。在组织结构上，反恐特种部队的建制规模一般都不大（许多国家以团级建制组建反恐特种部队），而且在作战上，执行任务的部队都被编成一个个小规模的反恐小组。在人员选拔上，特种部队的成员都是经过严格挑选的，他们需要具备非常过硬的业务、身体、心理等方面的素质。

特种部队主要有两类：特种军事部队和特种警察部队（特警部队）。现将一些国家执行反恐作战任务的特种部队简要介绍如下：

1. 特种军事部队

首先，看美国的特种军事部队。美国的特种军事部队都隶属于美国特种作战指挥部。美国特种军事部队中比较为世人所熟知的有三角洲部队（Delta Force）、绿色贝雷帽部队、美国海军海上空降部队（“海狮”部队）和陆军第 75 突击团。三角洲部队的主要任务是绑架、搜索和执行报复性的行动。绿色贝雷帽部队由许多战斗小组组成。这些小组的成员具有语言、情报、药品、颠覆等方面的能力或技术。三角洲部队的主要任务是在被投放到目的地之后，培训当地人员，壮大作战队伍。此外，他们也执行搜索和突袭任务。海上空降部队的任务主要是执行各种在海上、水上和港口的作战任务。美国陆军第 75 突击团主要执行大规模作战任务。

其次，看英国的特种军事部队。英国的特别空勤团（SAS）、特别水上勤务团（SBS）和皇家海军陆战队突击队是英国主要的反恐军事力量。特别空勤团曾多次被用来解决北爱尔兰问题，它类似于美国的三角洲部队。特别水上勤务团隶属于英国皇家海军，主要执行海上、水上和港口的反恐作战任务。它类似于美国的海上空降部队（“海狮”部队）。皇家海军陆战队突击队是一支实施大规模反恐作战任务的快速反应部队，它由一个个相当于营级编制的突击队组成。

最后，看法国的特种军事部队。法国的特种军事部队有海军第一伞降步兵团、海上特别攻击小组、第 11 伞兵师。海军第一伞降步兵团由情报和特别作战中队组成，擅长沙漠、赤道丛林和城市环境中的作战。该部队与美国的三角洲部队和英国的特别空勤团相似。法国海上特别攻击小组共有 5 个，主要处理海岸和港口的反恐作战任务，与美国的“海狮部队”和英国的特别水上勤务团类似。第 11 伞兵师用于大规模作战。此外，法国在反恐作战中可以使用其著名的外籍军团中的突击队和伞降部队。

2. 特种警察部队

在美国,一些部门除了具有反恐职能之外,更多的是要承担其他执法职能或其他职能。例如,美国联邦调查局、能源部、财政部等部门都有机构承担反恐职能。联邦调查局属下的人质救援小组是很重要的反恐执法机构。该小组不仅处理恐怖主义事件中的人质危机,同时对一般刑事案件中的人质危机也实施干预和救援行动。能源部的经济搜救小组、财政部的烟酒火器局和特工处都具有执行积极的反恐作战的能力。

特种警察部队中最著名的一支部队是德国的边防警察第 9 大队(GSG－9)和法国的国家宪兵干预队(GIGN)。1972 年在德国慕尼黑奥运会上,中东恐怖组织“黑九月”属下的恐怖分子把以色列运动员挟持为人质,最后导致全部人质死亡的悲剧。这次恐怖事件令当时的西德政府备感羞辱。为了防止类似的事件不再在西德土地上重演,西德政府成立了这支专门的反恐警察部队。1977 年当恐怖分子在索马里首都摩加迪沙劫持人质之后,德国第 9 边防大队成功地解救了人质。该部队由此赢得了国际性的声望。

法国国家宪兵干预队成立于 1974 年,当时国际恐怖主义的浪潮频频高涨。为了对付恐怖主义的威胁,法国成立了这支精悍的反恐特种部队。这支部队只有 4 名指挥官、80 名队员,这些人被编为 4 个突击分队。自 1974 年到 1999 年前后的时间中,这支部队执行反恐作战任务 600 多次,解救人质 450 名,逮捕 550 名恐怖分子,成为全世界反恐特种部队中的佼佼者。

## 三、非战斗性的强硬措施

非战斗性的强硬措施可以用来扰乱或者遏制恐怖行为。这些措施要实现的目标与上述战斗性的措施要达到的目标就有所不同。非战斗性的强硬措施可能会使用特种部队,也可能不动用特种部队。即使动用特种部队,也不是为了执行常规的作战任务。

### (一)非军事的秘密行动

非军事的秘密行动主要是为了操纵恐怖分子的行为,并且创造适当的将恐怖分子消灭的条件。这类秘密行动主要包括:(1)渗透。渗透就是将反恐人员打入恐怖组织内部。渗透可以帮助获得关于恐怖组织内部可靠的信息,并且可以策动恐怖组织内部不稳定分子投诚。需要指出的是,在新的条件下,由于恐怖组织在结构上更加倾向于小型化,因此,向恐怖组织内部的渗透更加困难。由于不少恐怖组织改变了传统的金字塔型的组织和领导模式,因此,即使渗透进入了恐怖组织,也很难对整个恐怖组织体系产生全面的打击。(2)心理战。实施心理战的主要手段是控制恐怖分子获取的信息。恐怖分子的行动需要以各种外来的信息为基础,当信息不充分甚至错误的时候,恐怖组织的决策或恐怖分子的行为就有可能出现错乱。因此,通过限制恐怖组织获得的信息或者通过改变恐怖组织获得信息的内容或者给恐怖分子提供虚假信息等方式可以使恐怖分子的决策出现失误,可以使恐怖分子彼此猜疑,也可以减少恐怖主义的外界同情者对恐怖分子的支持。(3)网络战。对恐怖主义实施网络战就是要拦截、改变甚至摧毁恐怖组织存储在计算机系统中的各种信息。恐怖组织资金的账户、密码、恐怖分子之间的联络等信息都是网络战中可以攻击的对象。

(二)情报战

情报战是反恐的一个非常重要的措施。情报战包括两个主要的方面:收集情报和分析情报。收集情报可以通过秘密的渠道,也可以通过公开的渠道。情报收集收集上来以后,需要由情报分析专家对情报进行分析。

1.情报的种类和来源。根据不同的标准可以把情报分成不同种类。例如,根据情报获取方式,情报可以分为直接情报和简介情报。直接情报就是从恐怖分子或恐怖组织那里直接获得的情报。简介情报则是从与恐怖分子或恐怖组织具有某种联系的渠道获取的情报。根据情报的公开性程度,可以把情报分为公开的情报和非公开的情报,而非公开的情报又可以分为秘密的、机密的和绝密的情报。需要特别指出的是,执法机关或其他反恐机构在收集情报过程中,存在一个偏好,就是轻视公开情报,重视非公开情报。这种偏好会产生不良影响。因为恐怖主义为了获得人们的同情、经济以及道义上的支持,需要就恐怖主义的主张提出一些见解,他们会把这些见解公开发表出来。在信息时代,恐怖主义不仅会利用传统的媒体形式公开发表这些信息,更会利用电脑互联网散播这些思想。忽视这些信息将会失去一个了解恐怖主义主张和战略的重要途径。在这方面,学术研究人员可以根据这些公开的信息,帮助反恐机构分析恐怖组织的思想、主张和战略。

获取情报的主要手段主要有:技术侦查、线人、二次分析、审问恐怖分子、查阅公开资料等。技术侦查就是通过技术手段对恐怖分子的无线电通讯、电子邮件、金钱交易、日常行动等进行拦截、监视、跟踪。线人情报就是恐怖组织内部被策反的恐怖分子提供的情报。情报机构可以使用各种手法策反恐怖组织内部的动摇分子。通常使用的手法包括激发动摇分子的爱国主义热情或正义感、用金钱收买、向动摇分子承诺提供安全的庇护所,等等。在收买线人方面,反恐机构面临的一个新的难题就是由于信息时代恐怖主义组织形态往往是非中心化的小组织,这样的组织对外来的人员很警惕,其内部成员之间忠诚度较高,组织对成员的控制更加严密,在这样的情况下,反恐机构收买恐怖分子变得更加困难。

2. 情报分析的目的。分析情报的目的主要有三点:第一,掌握当前与恐怖组织和恐怖分子相关的事态现状。所谓事态现状,它涉及四个方面的信息:组织信息(组织的领导、思想、目标和惯用手法等)、事件信息(恐怖分子攻击的目标、使用的武器、攻击的时间和地点、事前的迹象等)、恐怖分子个人信息(每个恐怖分子个人的生理、心理、人口、社会、经济、教育等方面的完备资料)、国家和地区信息(现今活跃的恐怖组织的数量和种类、反恐能力、与本国的关系、人口中大多数人对恐怖组织所持的态度、是否以及如何经历过恐怖事件)。第二,迅速确定上述事态的变化情况。反恐机构通过分析情报应当能够迅速发现上述四个方面的信息已经发生的变动,并评估由此产生的影响。第三,预测恐怖组织的行为。情报分析的最佳结果是能够预测恐怖分子的行为并预测到恐怖事件将在何时何地发生。当然,要做到准确预测是非常困难的。

3. 情报分析的方法。对收集的情报可以采取一些固定的方法来发现情报中所揭示的恐怖分子、恐怖组织和恐怖事件的规律。

4. 世界著名的情报机构。世界上许多国家建立了情报机构,这些机构一般按照对内情报机构和对外情报机构分为两类。例如,英国的军情 5 处(MI－5)就是负责对英国国内情报工作的,而军情 6 处(MI－6)则是负责对其他国家情报工作的。美国的联邦调查局(FBI)是对内的,而中央情报局(CIA)则是对外的,是最著名的间谍机构。德国的宪法保卫局和德国军事情报局分别负责对内和对外的情报。

5. 反恐情报工作中的问题。虽然许多国家都建立了专门的情报机构,这些机构中一些部门负责反恐情报的收集、分析和传递,但是,以美国为例,反恐情报工作的一个主要问题是机构协调和情报共享的问题。在美国,具有情报工作职责的除了联邦调查局和中央情报局之外,还有美国国防情报局(DIA)和国家安全局(NSA)。这些机构构成了美国情报体制的主干。美国的情报机构尽管拥有世界上最先进的仪器和设备,拥有最庞大的队伍,拥有最充足的资金,但是,“9·11”事件表明,这样强大的情报机构仍然不能有效地面对恐怖分子的挑战。

美国情报机构中存在的问题在“9・11”事件之后逐渐露出水面。在反恐情报工作方面,美国的情报机构并不愿意与盟国以及其他国家的机构分享情报,也难以在国内情报机构之间开展积极的合作。之所以如此,主要原因一方面是由于情报工作本身的秘密性所决定的,另一方面则是各个情报机构之间存在着利益的冲突。正是由于认识到这方面的不足,美国在“9・11”事件之后成立了本土安全部,以协调反恐情报以及其他方面的工作。

### (三)加强重点目标的防卫

恐怖分子总是选择那些最容易攻击的、风险最小的,但同时攻击之后产生的效果最大的目标实施恐怖行为。如果对恐怖分子选定的一系列目标中的某个目标加强防卫,那么,对这个目标的威胁就会减小甚至消失。如果对恐怖分子选定的所有目标都加强了防卫,那么,攻击这些目标的难度就会提高,进攻这些目标的风险就会增加,那么,恐怖分子的行为就会得到遏制。因此,加强对重点目标的防卫是与恐怖分子实施恐怖行为的风险和收益密切相关的。增加恐怖分子对特定目标发动进攻所带来的风险和难度,就可以遏制恐怖主义。

那么,如何加强对重点目标的防卫呢?在恐怖行为发生之前,要加强对重点目标的防卫,需要做到:(1)制订对重点目标的防卫计划。对重点目标的防卫计划通常包含风险评估、制定针对火灾、爆炸、人员疏散的紧急预案、落实配套资金、确定安全管理的规则和程序等。(2)在重点目标单位实施严格的安全管理。安全管理不同于安全生产管理,它包括执行安全防卫计划、建立事故报告制度、对工作人员进行背景调查、管理工作人员的工作证以及其他身份识别系统、对合法枪支和危险品的管理等。(3)加强对重点人员的保卫。恐怖分子的攻击目标一般来说就是人或物。因此,从防卫角度上看,加强对易受恐怖分子攻击的重点人员的保卫可以有效地遏止恐怖分子。对重点人员的保卫特别应当注意三个环节:工作场所的安全、出行安全、居所安全。(4)对重点物的保卫。需要保卫的重点的物通常是政府办公楼、军事设施、化学工厂等。对物的保卫就是要实现对这些易受恐怖主义攻击的物的保护。对物的保卫需要综合考虑多方面的因素,如物体存在的地点、地形、物体的价值。对物的保卫通常采用的方法有:设置安全区、用围墙、篱笆、大门等设置安全边界、实行出入管制、停水停电时的紧急供应。当要保卫的物为办公楼的时候,在办公楼建造之初,应当检查和挑选建筑材料。

(四)经济制裁

在打击国际恐怖主义的时候,有时会遇到一个问题,即如何处理那些支持、纵容甚至发动恐怖主义行为的国家?此时,经济制裁会作为一种可以选用的手段提出来。例如,美国和英国指控利比亚支持或实施了20世纪80年代发生的一些恐怖事件,其中包括1988年泛美航空公司一架客机在苏格兰洛克比上空发生的爆炸事件。当利比亚拒绝引渡被英美指控的两名情报官员后,联合国安理会对利比亚实施了经济制裁。

当要对一个国家因为恐怖主义事件而实施经济制裁的时候,需要对经济制裁这种手段相关的问题有一个清醒的认识:(1)经济制裁的目的。经济制裁不是目的,只是打击国际恐怖主义的一种手段。通过经济制裁,需要达到的目的主要有三个:第一,通过制裁来表达对被制裁国家支持、纵容或发动恐怖主义行为的国家的强烈谴责。第二,通过制裁来显示实施制裁国家的实力。第三,通过制裁向被制裁国家施加压力,迫使就范。(2)实施有效经济制裁的条件。经济制裁要发挥预期的效果,达到拟定的目的,需要满足一定的条件,这些条件包括:第一,经济制裁措施必须获得国际支持。经济制裁与军事打击不同,军事打击的效果在较短的时间内就可以看到,而经济制裁必须在长时间的实施之后才能显示效果。像美国这样的军事大国,在打击国际恐怖主义的时候,它可以独自或者联合少数盟国执行军事打击,但却难以单独实施经济制裁。要实施经济制裁,需要赢得尽可能多的国家的支持。国际合作对经济制裁的效果具有很大的决定性的作用。第二,必须控制经济制裁过程中的秘密经济交易。通俗地讲,经济制裁就是要在经济上扼杀被制裁国家。如果在实施经济制裁过程中,跨国公司如果仍然与被制裁国家的公司或组织发生经济交易,这种经济制裁就会变得有名无实。因此,要使经济制裁产生预期的效果,就要对从事秘密经济交易的机构采取惩罚措施。第三,被制裁国家的当权者必须承受了经济制裁所带来的压力。对一个国家实施经济制裁,就是要对国家行为产生影响,使国家行为朝着希望的方向变化。因此,经济制裁应当影响那些对国家行为决策起关键作用的当权者,要使当权者承受压力。(3)经济制裁常常面临的困境。反恐怖主义斗争中,经济制裁常常面临着各种困境,例如,在实施经济制裁之后,承受着制裁所带来的各种巨大压力的不是当权者,而是普通民众。另一个困境就是反恐联盟中一些国家并不能始终如一地保持对被制裁国家的高压态势,从而损害了有效经济制裁必需的国际合作这个前提条件。还有一个困境就是一些公司越过反恐联盟实施经济制裁的政策防线,秘密地与被制裁国家开展经济交易,但是实施经济制裁的国家难以控制这种行为。

### 四、非战斗性的温和措施

非战斗性的温和措施是一类不需要动用武力的措施,它寻求在武力之外解决恐怖主义问题。这些温和的措施有时会发挥很显著的作用。

#### (一)外交

外交是解决国际恐怖主义问题时会用到的一种非战斗性的温和措施。外交的办法就是要通过与恐怖分子的直接对话来影响恐怖分子的行为。当恐怖事件发生之后,有些情况下,仅仅依赖武力手段有时候并不一定能够解决好恐怖事件带来的消极后果,通过外交手段可以帮助因恐怖事件而出于敌对的双方正确认识双方各自的处境,帮助双方准确认识对方的要求、能力和打算,从而使恐怖分子真正认识到恐怖主义手段的局限性。外交手段就是要用非暴力的形式解决暴力的问题。

北爱尔兰问题是用外交手段解决恐怖主义的一个较好的例子。在历史上,南北爱尔兰是一个整体。1801 年英国把爱尔兰并入英国版图,成立不列颠及爱尔兰联合王国。1921 年爱尔兰南部的 26 个郡实现自治,成立了独立的爱尔兰共和国,但北部的 6 个郡仍然在英国的通知之下,从而导致了此后 80 多年爱尔兰共和军与英国政府之间的暴力冲突。作为一个民族分裂主义的恐怖组织,爱尔兰共和军长期以来用爆炸、暗杀等手段对英国政府实施恐怖活动。英国对爱尔兰共和军也采取了严厉的政策,但是这些政策收效甚微。1998 年 4 月 10 日,经过多方努力,英国、爱尔兰两国政府以及北爱尔兰 8 个党派在经过 22 个月的谈判之后,签署了和平协议,从而为和平解决北爱尔兰问题带来了第一缕曙光。

#### (二)社会改革

国内外的许多研究在分析恐怖主义产生的根源的时候都指出恐怖主义的产生和蔓延与全世界发达国家与贫穷国家的不平衡发展状态有关,与许多国家内部极端贫富分化的现象有关,或者与特殊的民族、宗教政策有关。基于这种认识,为了遏制恐怖主义的发展,就应当改造恐怖主义生长的土壤。因此,反恐怖主义可以采取特殊的经济、民族、宗教或文化政策,推进社会改革,调解由于各种经济、社会性因素所引发的矛盾,从而达到根除恐怖主义生长土壤的目的。

（三）让步

美国、英国、以色列等国家在对待恐怖主义的威胁上，长期奉行不妥协、不让步的政策。之所以奉行这样的政策，其中的主要理由是对恐怖主义的妥协只会刺激更猖狂的恐怖主义浪潮的出现。对恐怖主义的让步一般表现为如下形式：向恐怖分子支付赎金；释放被关押的恐怖分子；发表恐怖分子起草的公告或宣言；对被关押的政治犯实施特赦。

## 五、法律性的措施

法律性的反恐措施是指那些通过立法或者执法的方式打击恐怖主义的措施。这些措施一般为涉及对恐怖分子侦查、起诉、判刑、监禁等方面问题的原则、程序和规定。从立法角度看，法律性的措施包括国际反恐立法和国内反恐立法。从执法角度看，法律性的措施主要为国际反恐警务合作、国内反恐警务执法。

（一）反恐立法

法律是打击恐怖主义的重要武器。在一个法治社会中，制定良好的法律打击恐怖主义是反恐的基本起点。一个国家，如果面对着恐怖主义的威胁，但却没有制定良好而且相对完备的反恐怖主义的法律，那么，它的反恐怖主义斗争很容易误入歧途。实际上，从国际和一些国家的国内情况看，反恐立法工作始终是联合国以及许多国家反恐斗争的基础性的重点工作。

1. 国际反恐立法。国际反恐立法主要是以双边或多边的形式开展的。双边形式的立法是指两个国家就反恐的重要事项签订条约，以条约的形式规定签字双方在这些重要事项上的权利和义务。多边形式的立法主要是在联合国、其他国际组织以及国际刑警主导之下制定的明确多方签字国家反恐权利和义务的协议。

以联合国为例，联合国先后制定了一系列旨在打击恐怖主义的一系列多边法律文件，包括反对劫机的《东京公约》（1963 年）、《海牙公约》（1970 年）、《蒙特利尔公约》（1971 年）以及保护外交和其他人员的《防止和惩罚针对国际保护人群犯罪公约》（1973 年）。近年来，联合国还制定了《禁止恐怖主义爆炸事件的国际公约》（1997 年）、《制止向恐怖主义提供资助的国家公约》（1999 年）。联合国制定的这些法律文件对于形成国际社会普遍的反恐共识发挥了很大的作用。

一些国际组织在制定多边的反恐法律文件方面也扮演了主要的角色。例如,面对20世纪70年代风起云涌的国际恐怖主义浪潮,欧洲议会1978年通过了《欧洲反恐公约》。该公约确定了打击恐怖主义的一条重要的法律原则,即“要么引渡要么审判”的原则。类似地,1971年,美洲国家组织签署了《美洲国家组织反恐公约》。近年来,为了打击中亚地区的三种势力,中国、俄罗斯以及一些中亚国家为了解决共同关心的问题,成立了上海合作组织,并于2001年6月15日制定了《打击恐怖主义、分裂主义和极端主义上海公约》。这些公约对于维护地区稳定起到了积极的作用。

国际刑警组织(Interpol)是一个开展国际警务合作的机构,在预防和打击国际犯罪方面发挥了重大的作用。国际刑警组织的成员已经多达180多个,是一个规模上仅次于联合国的国际组织。但是,国际刑警组织在其章程第三条规定了不涉及政治、军事、宗教或种族事务的行动原则,而恐怖主义由于在很多情况下与政治、宗教或民族等问题密切相关,因此,打击国际恐怖主义长期以来是国际刑警组织不愿介入的领域。到了20世纪90年代,国际恐怖主义日益猖狂,恐怖主义与有组织犯罪之间关系密切,把恐怖主义归结为政治犯罪从而把打击恐怖主义排除在国际刑警组织工作范围之外,不仅从理论上是错误的,而且从实践上也是不利于国际刑警组织发展的。国际刑警组织对打击恐怖主义的立场逐渐发生了变化。1998年10月在埃及开罗召开的国际刑警组织第67届大会上,国际刑警组织通过了《反恐怖开罗宣言》,谴责了形形色色的恐怖主义,并将一切恐怖主义行径都视为犯罪行为,强调国际刑警组织的所有成员都必须在反恐怖斗争中密切合作。2001年“9·11”事件之后,国际刑警组织在打击恐怖主义方面的力度加大。[1]

2. 国内反恐立法。许多国家针对日益严重的国内或国际恐怖主义的威胁,制定了专门的反恐怖主义法,或者在刑法典或刑事诉讼法典中对打击恐怖主义的有关事项做出了特别的规定。例如,法国《刑事诉讼法典》就规定了一系列有利于起诉恐怖主义犯罪嫌疑人的措施,其中包括对嫌疑人的拘留可延长至4天;拘留72小时后才允许律师介入;延长检察机关对嫌疑犯的追溯时效;允许对嫌疑犯住处进行夜间搜查等。

由于每个国家面临的恐怖主义威胁的具体情境不同,在要打击的恐怖主义行为范围、反恐执法机构的权限、对恐怖分子嫌疑人的诉讼程序、对恐怖分子的

---

〔1〕 卢国学:《国际刑警组织》,社会科学文献出版社2003年版,第88、299页。

惩罚力度等方面，各个国家的反恐法律都有很大不同。当然，国外反恐立法过程中，最重要的一个问题就是如何平衡强制性的反恐措施与保障公民权利之间的矛盾。也就是说，当法律赋予执法机构很大的权力的时候，公民权利在很多方面会受到限制；但是，如果执法机构没有足够的权限对嫌疑分子实施跟踪、监听、搜查、讯问、拘禁等措施，就难以有效地打击恐怖主义，这样，反过来又会危害公民的生命与财产安全、危害公共利益。因此，对这个矛盾进行适当的平衡是许多国家反恐立法的一个核心思想。

以美国为例，“9·11”事件之后，美国迅速颁布了新的反恐法案，该法案常被称为“美国爱国者法”。该法案的主要内容包括：[1]

第一，允许任何执法部门对打进和打出的电话进行跟踪、拦截和录音。此外，该法律还授权执法部门可以对互联网信息进行跟踪。在此之前，法律规定只有被授权的执法部门才能从事对信息的拦截。

第二，允许网络服务器或其他网络管理者在被授权之后监控计算机系统的非法侵入者。

第三，在调查某项情报的时候，要求有关方面强制性地披露相关记录。

第四，允许执法机构在处理刑事案件时从事窃听和秘密搜查工作。此前，该权限只适用于收集外国情报。此法律还改变了搜查、拘捕权限，允许执法机构在没有立即通知当事人之前即可搜查其寓所和办公室。

第五，要求银行调查存入私人账户的资金的来源，并且可以要求外国银行就可疑交易情况提供报告。

第六，遣送那些从恐怖组织获得资金的移民。

第七，对那些被怀疑支持恐怖主义的移民，不用起诉就可以拘留多达一周的时间。

“美国爱国者法”颁布之后，其国内的一些权利保护组织立即表现出高度的警觉，认为“爱国者法”也许侵害了公民的宪法权利。为此，美国司法部被立法部门要求定期地提交报告，就“爱国者法”对公民权利的影响做出正确的评估。

（二）反恐执法

与原来相比，在全球化的信息时代，恐怖主义在组织形态、手段、攻击对象、

---

〔1〕 中国现代国际关系研究所反恐怖研究中心编：《世界主要国家和地区反恐怖政策与措施》，时事出版社 2002 年版，第 67 页。

筹集资金的方式、指挥等方面都发生了很大的变化。这些新的变化对反恐执法提出了新的挑战。如果说,原来在一个国家或一个地区范围内活跃的恐怖主义只是对这个国家的内部安全构成威胁的话,那么,网络化时代恐怖主义的国际化使得一个国家凭借自身的力量不可能解决恐怖主义问题。国际反恐怖主义合作变得十分重要。当然,国际反恐怖主义合作包括政治、外交、军事、警务等多方面的合作。从执法角度看,国际警务合作是一个迫切需要高度重视的问题。

1. 国际反恐警务合作。国际警务合作的领域主要有:[1]第一,反恐情报交流。情报工作在打击恐怖主义中占有很重要的地位。国际恐怖主义由于其成员、资金、发动攻击的地点、攻击的目标、训练等可以涉及不同国家,因此,相关国家对同一事件事先获得的情报都可能是不完整的,因此,及时地分享情报就很有必要。许多反恐怖公约都把交流反恐情报作为缔约国警务执法合作的一个重要内容。例如,《上海公约》就明确地规定了情报交换的具体范围。这些情报包括关于有人准备实施恐怖主义、分裂主义、极端主义行为的情报;对国家元首及其他领导人、外交代表机构以及其他受国际保护的人员准备实施恐怖主义、分裂主义和极端主义行为的情报等。第二,追查恐怖主义资金。作为金融领域的专门的反恐公约,《制止向恐怖主义提供资助的国际公约》对此进行了详细的规定。该公约要求每个缔约国要采取措施禁止向恐怖主义提供资助;每个缔约国应根据本国法采取适当措施,以便识别、侦查、冻结或扣押恐怖活动资金,没收其犯罪所得等。第三,调查取证。证据是刑事诉讼的要素。没有证据就不能认定恐怖分子的犯罪事实,就不能将恐怖分子绳之以法。恐怖分子在作案前后都会毁灭证据,以此逃避法律的惩罚。国际恐怖主义涉及的证据往往分散在不同的国家,因此,要获得完整的证据链条,以便从逻辑上还原恐怖主义犯罪事实,就需要对分散的证据进行收集。为此,相关国家的警务合作就十分必要。在《制止恐怖主义爆炸的国际公约》和《制止向恐怖主义提供资助的国际公约》中对于开展调查取证都有明确的规定。第四,逮捕、拘留和引渡。逮捕和拘留是引渡的前提;在打击国际恐怖主义中,引渡是逮捕和拘留之后可能涉及的一个程序。在逮捕和拘留方面,执法机关如何逮捕或拘留恐怖主义嫌疑人取决于各国国内法律。但是,一旦把恐怖主义嫌疑人逮捕或者拘留,执法机关所在的国家就需要向有关国家履行告知的义务,这些国家可能是嫌疑人的国籍所属国、犯罪地国家、被害

---

〔1〕 赵永琛:"国际反恐怖主义法的若干问题",载《公安大学学报》2002 年第 4 期。

人所属国等。引渡是各个反恐公约、双边或多边协定都涉及的一个重要问题。在引渡恐怖主义嫌疑人方面,各个反恐公约、双边或多边协定取得的一个重要共识就是把恐怖主义犯罪排除在政治犯之外,从而为各国开展引渡恐怖分子打下了坚实的法律基础。

2. 国内反恐警务执法。全球化时代,恐怖主义越来越可能超越狭隘的地域限制,越来越可能与其他地区或国家的恐怖组织建立联系。因此,在反恐警务执法方面,国际反恐执法的重要性远远高于国内反恐执法。但是,这并不意味着国内反恐执法不重要。国内反恐警务执法主要应当解决如下问题:第一,反恐警务部门与其他承担着反恐职责的机构之间的合作、协调与沟通的问题。在许多国家,反恐不仅仅是警察部门权限范围的事情,而且也是检察机关、安全机关,以及军事情报和作战等部门的职责,此外,卫生、能源等部门也需要介入。因此,国内反恐警务执法需要解决的首要问题就是如何建立反恐警务部门与这些相关机构之间的合作、协调与沟通的问题。第二,在警察部门内部,承担反恐职责的部门与其他警务部门(如打击有组织犯罪、毒品犯罪的部门)之间的合作问题。在警察部门内部,也有打击不同犯罪类型的部门,这些部门的任务和权限各不相同。由于恐怖主义常常与有组织犯罪、毒品犯罪等问题密切相关,因此,在警察部门内部,就相关情报和案件的处置,也应当建立制度化的合作机制。第三,警察权限问题。警察权力维护社会秩序的保证。但是,如前所述,警察权力的不断扩大也会带来限制公民权利的后果。因此,即使反恐的需要可以为扩大警察权力提供充足的理由,但在法治国家中,依照法律的规定对反恐斗争中警察权力做出事先的限定仍然是十分必要的。第四,反恐技术与方法正当性的问题。在当前许多国家,反恐怖主义已经成为一种具有支配性力量的需要。但是,即使反恐是一种迫在眉睫的需要,如何反恐仍然是一个需要认真斟酌的问题,换言之,反恐的手段必须认真地加以选择。反恐不能不择手段。以美国为例,"9·11"事件之后,美国为了有效地预防和打击恐怖主义,把原来运用于普通刑事犯罪的画像技术运用到反恐斗争之中。按照美国使用的这种画像,恐怖分子通常是出生于中东的,持有临时的短期签证进入美国、信仰穆斯林、男性、年轻的成年人。以这种画像提供的标准,美国联邦调查局和移民归化局羁押了数百名符合这种特征的人。但是,这些人中很多人都是被无辜羁押的。因此,美国当局的这种做法遭到了人们的反对。许多批评者认为这种画像只是一种歧视性的种族画像,它使得一个人因为他的出生就会面临更高的遭遇监禁的风险。[1] 因此，即使反恐成为人们一致的呼声和要求，反恐技术与方法的正当性仍然应当得到保证。

## 第二节　国际组织与发达国家的反恐战略

反恐战略是围绕反恐的全局性问题，在科学准确评估恐怖主义风险的基础上，就如何综合运用各种反恐资源、实施反恐措施，以达到预防和打击恐怖主义目的的筹划和指导。以联合国、欧盟为代表的国际组织以及美国、英国等国家都十分重视制定反恐战略，以指导自身的反恐行动。

### 一、联合国的反恐战略

随着世界全球化进程不断发展，恐怖主义在国际中的影响越来越深远，各国逐渐认识到孤军奋战的局限性，并意识到反恐必须依靠各国的合作与配合。联合国是世界上最大的国际组织，打击恐怖主义是联合国几十年来的主要议题，符合所有成员国的利益，所以各成员在联合国的总体框架下不断加强多边合作，打击国际恐怖主义。正如联合国潘基文秘书长在 2010 年 9 月 27 日安全理事会的发言："恐怖主义可能是一场正在形成的风暴，但国际应对之策也在不断积聚力量。任何理由或冤屈都不能够为恐怖主义辩解。我要强调，联合国决心挺身应对谋求伤害我们大家的全球性跨边界挑战"。

1934 年，国际联盟讨论防止和惩罚恐怖主义的公约草案，向禁止这种恶行迈出了重要的第一步，从此，恐怖主义便被列入了国际日程。《防止和惩治恐怖主义公约》于 1937 年 11 月 16 日通过，是由 27 个国际联盟的成员国在日内瓦共同签署，这是国际社会第一个专门针对恐怖主义的公约，明确了针对恐怖主义活动的各国义务，这也是国际反恐合作的开端。随着 1945 年《联合国宪章》的发表标志着联合国的正式成立，也预示着反恐进入了新时代。

从国际反恐委员会的成立起，联合国开始通过一系列反对恐怖主义各项恐怖活动的公约。1970 年通过了《禁止非法占领飞机行为(劫机行为)公约》，1971 年通过了保障国际航空运输旅客利益的《蒙特利尔公约》。1972 年联合国成立

---

〔1〕 Gus Martin：*Understanding Terrorism*：*Challenges*，*Perspectives*，*and Issues*，Sage Publications，Inc.，2003，p. 372.

了国际反恐怖主义特设委员会,这是专门针对恐怖主义的反恐举措。1973 年联合国大会第 3166 号决议通过了《关于防止和惩处侵害应受国际保护人员包括外交代表的罪行的公约》,进一步强化了各成员国之间的合作与协调。1979 年通过了《反对劫持人质国际公约》,明确要求各成员国应采取交换情报等方式防止劫持人质等恐怖事件发生。1994 年,联合国通过《消灭国际恐怖主义措施宣言》,联合国各会员国毫不含糊地谴责恐怖主义的一切行为、方法和做法。1997 年通过了《制止恐怖主义爆炸的国际公约》,1999 年通过了《制止向恐怖主义提供资助的国际公约》,至此,联合国已经制定了 13 份制止恐怖行为的法律文书。联合国及其专门机构和国际原子能机构主持了这些文书的制定。

进入 21 世纪,联合国反恐合作的步伐继续加快。2000 年 12 月 15 日,联合国第 55 届会议通过了《联合国打击跨国有组织犯罪公约》,这是目前世界上第一项针对跨国有组织犯罪的全球性公约。它确立了通过促进国际合作,更加有效地预防和打击跨国有组织犯罪的宗旨,为各国开展打击跨国有组织犯罪与跨国恐怖主义犯罪的合作提供了法律基础。在"9·11"事件后,根据安全理事会第 1373(2001)号决议和第 1624(2005)号决议,反恐委员会正式成立,并致力于加强联合国会员国预防境内外和各区域的恐怖主义行为的能力。同时,反恐委员会呼吁各会员国将资助恐怖主义行为定罪,冻结其资金,禁止其庇护,并尽快成为国际反恐法律文书的缔约方。

2006 年 9 月 8 日,第 60 届联合国大会通过了《全球反恐战略》,主要内容包括:应对有利于恐怖主义扩散的状况;防止和打击恐怖主义;建设各国防止和打击恐怖主义的能力;确保尊重人权,遵守法制,同时打击恐怖主义。这是联合国 192 个成员国第一次就打击恐怖主义的全球战略达成一致意见,该战略在协调和加强联合国各个成员国在打击恐怖主义方面的努力起到了突出作用。联合国在 2008 年、2010 年、2012 年分别对《全球反恐战略》进行了三次审查,分享了应对恐怖主义威胁的经验和好的做法。随着近年来恐怖主义的威胁日益严重,继 2012 年 6 月 28 日的全球反恐战略的第三次审查后,大会一致通过了一项决议,重申其坚定致力于加强国际合作以防止和打击一切形式的恐怖主义的决心。会员国还强调了促进全球团结,以保护恐怖主义行为的受害者的重要性,会上还强调了他们在打击恐怖主义中扮演的重要角色。

2011 年,联合国秘书处启动了联合国反恐怖主义中心(反恐中心)。该中心在联合国秘书长领导下并在政治事务部的伞式构架内开展工作,旨在促进国际反恐合作的活动，并推动各国、区域和国际反恐怖主义中心和组织之间的协作。反恐中心的建立更加有利于《全球反恐战略》的推行与发展，并为国际反恐协作奠定了基础。

## 二、美国的反恐战略

从“9·11”事件之后，美国以反恐工作为主线，通过在伊拉克、阿富汗实施的反恐战争，以及在国内的一系列政策与机构调整，谋篇布局，努力在冷战后的世界格局中继续维护其超级大国的地位。这样，美国就把“9·11”事件的战术被动转化为战略上的主动，在国家安全战略的谋划上，表现出较强的前瞻性。

### （一）布什政府的反恐战略

2001 年 9 月 11 日发生恐怖主义历史上最著名的“9·11”恐怖袭击事件，造成近 3000 人死亡，造成间接和直接经济损失高达数千亿美元。这次事件成为了布什政府调整美国国家安全战略的刺激点。2001 年 9 月 30 日，布什政府公布了《四年防务报告》，明确把国土安全作为美国的“国家战略核心”。在 2001 年 10 月 7 日起美国对阿富汗盖达组织和塔利班发动反恐战争，这是美国对“9·11”事件的报复，同时也标志着美国反恐战争的开始。

2001 年 10 月 26 日布什总统签署了《爱国者法案》，这也是最全面的反恐怖法案，扩大了国内反恐范围与警察权力，明确了允许执法机构对从事恐怖活动嫌疑者可以进行电话窃听，互联网跟踪等。[1] 随后在 2002 年 9 月正式颁布第一个《国家安全战略报告》，标志着美国全球战略的基本形成，在报告中将恐怖主义和大规模杀伤性武器以及技术的结合确定为美国最严重的威胁。

2002 年 1 月 29 日，布什政府提出“邪恶轴心”理论，借以反恐的名义打压宿敌，反恐战略开始与对外政策和国家安全政策相结合，它不仅标志着美国反恐战略日渐成熟，也标志着“布什主义”开始形成。

2002 年，美国总统布什于 11 月 25 日在白宫签署《2002 年国土安全法》，宣布成立国土安全部。主要职责是保卫国土安全及相关事务，使美国能够更加协调和有效地对付恐怖袭击威胁。主要负责四方面的工作：(1) 加强空中和陆路交通的安全，防止恐怖分子进入美国境内；(2) 提高美国应对和处理紧急情况的

---

〔1〕 黄锦就、梅建明：《美国爱国者法案：立法、实施和影响》，法律出版社 2008 年版。

能力;(3)预防美国遭受生化和核恐怖袭击;(4)保卫美国关键的基础设施,汇总和分析来自联邦调查局、中央情报局等部门的情报。

2003年2月14日,美国白宫公布了《抗击恐怖主义国家战略》,明确了四个战略目标,即击败(defeat)、杜绝(deny)、减少(diminish)、保卫(defend),旨在阻止恐怖分子袭击并最终创造一个让恐怖分子无法生存的环境。2003年3月20日,美国以伊拉克藏有大规模杀伤性武器并暗中支持恐怖分子为由,绕开联合国安理会,单方面对伊拉克实施军事打击,发动美伊战争。这也宣告了布什政府的"先发制人"的单边主义反恐战略全面实施。紧接着美国提出的民主改造中东的计划,是美国"输出民主"战略在中东的延续。伊拉克战争只是实施"大中东民主计划"的序幕,此计划旨在控制此地区实现战略利益。由此拉开了一场以"反恐"为由的大规模战争。

(二)奥巴马政府的反恐战略

奥巴马政府上台后面临着复杂的国际环境,一是布什政府在单边主义下发动的阿富汗和伊拉克战争遭受了国际舆论声势的压力,二是国内经济危机的严重影响,三是发展中国家的逐渐崛起与核问题的危机。这些复杂的因素使美国政府无法再继续执行单边主义战略。

2009年3月27日,奥巴马政府出台了反恐新战略——阿巴综合性战略,核心就是给"基地"组织和其他武装组织以致命打击,并且保证阿富汗和巴基斯坦不会成为恐怖分子的庇护所。可以说,不同于布什政府,奥巴马政府的反恐战略显得更加具有灵活性。正如其反恐新战略所言,奥巴马政府改变了以前布什政府的单边主义,改成以合作模式为导向的多边主义,积极向联合国、北约、阿富汗、巴基斯坦等国寻求支持与帮助,国际形象得到了改善。

2010年5月,奥巴马政府在新的《国家安全战略》中没有再使用"反恐战争"一词,转而明确表示,美国坚决反对恐怖主义,但是不仅仅针对某种策略——恐怖主义,或者某种宗教——伊斯兰教,而是与一个全球特殊的实际网络组织——基地组织及其追随者的作战。这是奥巴马政府在面临经济危机与国际局势做出的战略性调整,同时面对中国、印度等发展中国家崛起的现状,美国在报告中强调将和中国在共同关切的问题上进行合作,确保美国在全球的利益和盟友不会受到负面影响。此外,从2009年奥巴马政府国务卿希拉里提出了"巧实力"外交以来,美国政府即开始动用一切手段,包括经济、军事、政治、法律和文化等领域的可行性手段进行外交活动,并融合硬实力与软实力。例如,在军事方面,为争取阿巴地区的民心，美国政府致力于加强训练阿富汗安全部队，运用阿巴本国军队打恐，减少动用美军的力量。在经济上加大对阿巴地区的经济援助，同时摧毁阿富汗的“罂粟经济”，切断塔利班的财源等[1]。这些“巧实力”举措极大地提高了美国的国际形象，改善了国际环境，也捍卫了美国的国际利益。

在2011年12月14日，奥巴马发表讲话伊拉克战争正式结束，在持续9年的伊拉克战争中，超过9000名美军士兵丧生，5.6万人受伤。奥巴马政府在从伊拉克撤兵的同时大举增兵阿富汗，客观上是为了掌控该地区的战略主动权，同时对中国、印度与伊朗起到威慑作用，此举不仅控制中东，更是控制了资源。可见奥巴马政府对于全球内的利益格局分析比较全面，为了政治声誉与国际威望，奥巴马政府更加注重现实主义，尽管与布什政府在战略上完全不同，但是根本落脚点还是本国的利益。在全球环境下，反恐重心东移使中亚的局势显得格外紧张，同时间接也给西亚北非的恐怖主义发展留了空间。2013年8月4日，美国政府紧急关闭在中东、南亚和北非的部分大使馆，这也说明了该区域的“基地”组织及其分支机构仍是国际安全的一大威胁，奥巴马政府仍然面临严峻的反恐考验。

## 三、欧洲的反恐战略

在“9·11”事件后的911天，2004年3月11日又发生了针对西班牙马德里市郊火车系统的恐怖主义炸弹袭击，一共有191人死亡，2050人受伤。随后，俄罗斯车臣的莫斯科人质事件、伦敦地铁连环爆炸案等一系列的恐怖袭击将矛头指向了欧洲。欧盟各成员国始终坚持以联合国为中心，预防为主，标本兼治，重视国际合作，与美国的反恐战略不同，欧盟在反恐领域形成了独具特色的反恐道路。

### （一）欧盟的反恐战略

1991年12月，欧洲共同体马斯特里赫特首脑会议通过《欧洲联盟条约》，通称《马斯特里赫特条约》。1993年11月1日，该条约正式生效，欧盟正式诞生。在欧盟成立初，对恐怖主义的打击主要依靠各成员国自身力量进行打击。在“9·11”事件发生后，恐怖主义的压力使欧盟的反恐合作逐步加快。

---

〔1〕 Hillary Rodham Clinton:“Secretary of State,Remarks at The International Conference on Afghanistan”,The Hague,Netherlands,31March 2009.

2001年9月12日,欧盟共同事务理事会召开会议重申欧盟决定利用所有可以支配的资源打击各种形式的恐怖主义,随后通过了关于反恐的《行动计划》,主要内容包括统一对恐怖主义的定义,加强成员国之间警察和司法部门的合作,在欧盟范围内实施欧洲统一逮捕令以替代现行的欧盟成员国间的引渡制度,尽快在国际范围内制定反恐司法工具,切断恐怖活动的经费来源等。2002年6月,欧盟通过了《打击恐怖主义的框架决定》,对恐怖主义行为进行了统一界定,明确区分"恐怖主义行为"和"与恐怖主义有关的行为"。欧盟在12月进一步加深合作,通过了《欧洲安全战略》,这是欧洲第一项共同安全的战略,该战略为应对非传统安全问题,必须强化以联合国为核心的有效的多边合作,打击恐怖主义,并着力解决中东和波黑问题,以铲除当前恐怖主义最主要的根源。

在"3·11"马德里恐怖事件后,欧盟开始与其他经合组织共同商讨反恐对策。2004年12月,欧盟25国就未来5年加强欧盟内部安全与司法建设取得共识,通过了《海牙计划》,旨在改善各国警方信息交流和共享,更有效地防范恐怖袭击,并加强欧盟各国的协作,强化欧洲刑警组织和欧洲司法组织。2005年9月欧盟委员会提出一揽子反恐建议,并且要求通讯公司在一定时间内保留用户通讯记录、拨款700万欧元防范恐怖主义、授权欧委会签署欧洲委员会《打击洗钱和资助恐怖主义行为公约》等。

为了应对伊斯兰恐怖组织的恐怖攻击,2005年12月出台了《欧盟反恐战略》,确立了欧盟反恐的四大支柱:预防、保护、追捕和应对。(1)预防,即预防暴力激进化、预防恐怖分子获取财富、预防其获取爆炸物,其中最重要是预防财源。2002年6月13日,通过欧盟架构决议,将支助恐怖主义的任何行为都视为犯罪。2004年10月,欧盟执委会进一步区别有组织犯罪洗钱和用于支助恐怖主义的转账,并提出3个阻断恐怖主义财源的领域,包括强化信息合作、增加金融转账的可追溯性和加大合法实体的透明度。(2)保护,即保护人民、基础设施与边界安全。2006年,欧盟开始实施新的边界准则,以完善成员国之间防止非法跨境的行动合作。(3)追捕,即整合执法、情报、司法的合作,2005年7月伦敦遇袭后,欧盟逮捕令开始实行。(4)应对,即发展为集评估以便建立回应攻击的能力,并在合作与协调的基础上,发展援助恐怖事件受害者及其家庭的途径。2007年,欧盟实施《安全研究计划》,该计划包括13项举措,旨在创新与整合欧洲不同国家的反恐技术,并确定需要快速发展的技术。正是在这四大支柱与技术创新的支持下,欧盟的反恐战略突飞猛进,成为了国际反恐平台的重要力量。

### （二）成员国的反恐战略

1. 英国

从2005年的英国伦敦爆炸案发生后，英国的反恐工作就开始进入大力发展阶段。英国从20世纪开始，就面临着复杂的民族宗教矛盾和恐怖主义问题，比如“北爱问题”和爱尔兰共和军的频繁恐怖袭击。而进入21世纪以来，“基地”组织与其分支机构的蔓延极大地对英国安全造成了威胁，而网络时代使恐怖分子可以直接网络接收指令与常规训练，这些因素交织在一起，英国的反恐工作面临巨大的压力。

英国反恐的立场十分坚决，这个态度可以追溯至撒切尔夫人的强硬回应爱尔兰共和军恐怖分子绝食起。英国现在的反恐战略：一是强调用战斗性的强硬手段；二是通过政治、外交途径加强各国之间的合作，并积极参与国际组织的反恐战略框架；三是利用人道主义援助、建立难民保护等方式来减少国内贫困，消除滋生恐怖主义的环境。

第一，在立法方面，“9·11”事件后，英国在2001年就出台了《反恐怖主义、犯罪和安全法》，这个法律包括一系列措施，旨在改善当局对那些直接参与或支持恐怖主义活动者的打击效率，根据这部法律，政府有权禁止国外从事恐怖活动的组织在英国存在，并打击为恐怖组织筹措资金以及招募人员的人。2005年英国内政部公布新《反恐法》草案取代了《反恐怖主义、犯罪和安全法》，将任何鼓励和美化恐怖主义行为、接受和参加恐怖主义训练皆为非法；任何书店、网站散布极端主义资料以及任何策划、准备实施恐怖主义行动都以犯罪论处。同时，有关部门将审判前拘留恐怖嫌疑人的期限由14天延长至90天等。新《反恐法》给予了警方很大的执法权，允许其逮捕和指控密谋策划恐怖袭击的人，提高了政府在起诉前控制恐怖嫌疑人的能力。2006年4月，英国允许使用“控制令”监控恐怖嫌疑人，强化了对证据相对不足的英籍和外籍恐怖嫌疑人进行严格管制的命令，这在一定程度上是对《反恐法》的执法力度加强化。2008年公布的《2008年反恐法案》中建议英国警方可以在特殊情况下，不经审判对恐怖活动嫌疑人实施42天的拘留；调查恐怖活动过程中可以进行DNA鉴定；对有恐怖动机的一般罪行严加判处；允许对已宣判的恐怖分子实施监视，必要时阻止其赴国外旅行。这部反恐法案奠定了英国反恐工作的强硬基调。

第二，在技术方面，英国政府从本世纪以来就不断调整反恐战略与部署，但是不变的是其反恐的投入在不断加大。据资料显示,2007 年 10 月,英国政府追加6.9 亿英镑支持反恐安全工作。据 MI5 官方显示,英国专门负责军情五处、六处和政府通讯总部开支的账户在 10 年内资金投入增加了近三倍,目前已经达到每年 20 亿英镑。[1] 这些投入很大一部分用于技术研发与国际反恐,尤其是在 2008 年孟买恐怖袭击事件后,英国军情五处高度重视网络科技与电话声音加密技术,并集中研发防生化武器装备与防细菌毒剂技术。同时,英国大力建设全球极端分子资料库,将煽动恐怖主义的人与网站视作"不利于公共利益的人",并有权将其驱逐出境。在所有反恐技术方面,比较成熟和有效性高的当属反恐预警工作。与恐怖势力活动有关的情报搜集是英国安全机关反恐工作的中心,也是进行有效反恐怖预警的决定性因素。收集反恐秘密情报有助于安全机关及时获取和详细了解关于恐怖主义团体及其关键人物、基础设施、企图、计划和能力的详细情况。目前,英国安全情报机构的反恐情报搜集手法主要有特工、直接监视、通讯截取与侵入式监视等。[2]

2. 法国

法国也是深受恐怖主义困扰的国家,从历史延续的科西嘉、巴斯克民族问题,到本土的左翼右翼恐怖势力,再到非洲与中东的伊斯兰恐怖主义,面临的局势十分紧张。在"9·11"事件后,阿尔及利亚"萨拉菲"派圣战组织公然将法国列为自己的"头号敌人",法国的反恐形势依然严峻,但正是在特殊的背景下,法国反恐工作才积累了丰富的实战经验。

法国反恐的态度是决不容忍,坚决打击,这一点和英国是一致的。在法国,明令禁止以任何形式支持恐怖主义,并经常对激进分子和恐怖分子可能藏身的场所进行搜查,在这种环境下,法国形成了其鲜明的反恐战略。一是强调以武装力量对恐怖主义进行打击;二是完善立法,从法制角度不让恐怖分子有可乘之机;三是加强国际合作,促进反恐全球化的发展。

第一,在立法方面,由于法国一直有着自由民主的历史文化,也是欧洲大陆文化交流的中心,所以法国的反恐立法兼顾了反恐工作的有效性与其自身的历史文化特点。在 1980 年前,法国实行"避难条例",希望以此条例保持中立,达到

[1] ISC Annual Report 2010 - 11(911Kb,98pages),http://www.mi5.gov.uk.

[2] 王存奎、李健和、梅建明等:"英国反恐怖预警机制研究",载《中国人民公安大学学报》2008 年第 6 期。

与国际恐怖活动隔绝的目的,实际上法国在20世纪80年代已经饱受恐怖主义袭击,在1986年的密特朗总统时期,开始颁布了一系列预防和打击恐怖主义的法律,除此之外,《刑法典》的第二篇与《刑事诉讼法典》的第十五部分都对恐怖主义的惩处进行了规定。1996年,希拉克总统通过了针对加强恐怖主义的打击力度的新法律,规定了只要警方怀疑恐怖嫌疑者,就可直接对其进行拘留,也相应增加了恐怖主体团体的主从犯的刑期。2005年11月,法国通过新反恐法案,决定增加在公共场所的视频设备,并对所有资料的保存时间由一个月延长至三个月,也加大了互联网信息的控制力度。2012年12月,法国总统奥朗德颁布的一项打击恐怖主义的新法律,该法律允许对在国外犯有恐怖主义罪行或在国外接受极端主义思想灌输的法国公民提起诉讼。法国的反恐立法正在不断地完善中,警方和调查人员的执法权力也在不断强化。

第二,在国际合作方面,法国一直积极推行情报协作的合作模式。在"9·11"事件后,反恐怖合作联盟(UCIJAT)负责情报和分析方面的横向交流以及部际间的沟通,目前这种交流已成常态化。[1] 同时,为了打击恐怖主义的资金来源,法国积极参加金融领域的国际反恐合作。作为欧盟的核心成员,法国在各方面常态合作框架下,推行多方面全方位的多边合作,比如《禁止化学武器合约》、《核不扩散条约》等国际公约。[2] 法国政府呼吁促进互助的手段日益多样化,尤其是在欧洲,来自多国的调查员组建了合作调查队,这些国家批准调查队在每个相关国家行动并将他们调查的结果迅速纳入各自的司法程序,这为区域反恐提供了便利条件。

3. 德国

早在20世纪,红军派的恐怖活动就给德国造成了严重的威胁,而如今,为了防止恐怖主义在德国兴风作浪,德国在奉行坚决打击恐怖主义的立场下,对国际社会展开多边合作,积极倡导加强反恐合作,大力协助各国反恐行动。

第一,在立法方面,德国在"9·11"事件后就通过了一系列反恐的组织方案,随后对反恐法案进行了修订,包括减少对隐私权利的保护,扩大安全部门信息数据收集与调用的权力。同时,德国在与反恐相关的刑法与其他法律中,规定

---

〔1〕 翟金鹏、李健和、梅建明:"法国反恐怖预警机制研究",载《中国人民公安大学学报》(社会科学版)2009年第2期。

〔2〕 张娟主编:《恐怖主义在欧洲》,世界知识出版社2012年版。

了参加获资助外国恐怖组织就被认定为非法,强化了对恐怖组织成员的管控力度。联邦政府修改了德国《外国人管理法》,对于有恐怖威胁嫌疑的外国人除不发给签证和居留许可外,还将禁止入境和逗留。在不断更新的《边防法》中,德国加强了边防的防范力度,实行更为严格的移民控制措施。甚至对于被劫持的飞机,在紧急情况下,德国空军有权将其击落。此外,在2006年7月和2011年8月,德国的反恐怖法案两次被延长期限,说明德国在立法上对恐怖主义已经严加防控。

第二,在国际合作方面,德国在欧盟框架内积极主张合作,尤其是关于反恐工作中的几项重要内容,包括发布欧盟逮捕令,简化移交罪犯程序;实现各国反恐专家成果共享,对难民和移民等法律问题做出统一规定;建议扩大欧洲警察总署权力,通过网络数据搜查罪犯;成立联合反恐小组等。就官方统计数据分析,德国在美国领导的北约驻阿富汗国际安全援助部队中,军队人数4800人,排列第三,这支部队在阿富汗反恐战争中主要执行情报分析与特殊任务,显示出德国对国际反恐合作的大力支持。作为欧盟的成员国,德国在2003年与法国签署反恐协议,共享反恐情报,并在2008年与美国安全部门签署了情报数据交换的协议。

当然,需要指出的是:虽然德国在"9·11"事件之后,积极参与国际反恐合作,但是由于美国的反恐行动与其全球霸权战略相结合,美国利用其受害者的道义优势和唯一超级大国的综合国力优势大力推进单边主义的做法,德国等美国的盟友并不完全赞同美国的做法。在反恐问题上,德国与美国的合作关系并不十分融洽。

## 第三节　国外反恐怖主义的经验

世界上大多数国家都不同程度上面临着恐怖主义的威胁,无论是发达国家还是发展中国家,都面临着国际的或者国内的恐怖主义的挑战。综合分析国外反恐的历史,可以发现在反恐怖主义的基本原则、体制建设、具体措施以及开展国际合作等方面,一些国家取得宝贵的反恐经验,这些经验对于加强我国反恐工作具有一定的借鉴作用。

## 一、确立反恐怖主义的原则

在反恐怖主义原则方面,发达国家的反恐怖主义原则可以归结为:

1. 法治的原则,就是反恐怖主义的任何行动都应当是在坚持法治的原则内开展的。发达国家由于其特殊的政治信念,因此,在反恐怖主义的过程中民众最担心的就是国家实行的反恐怖主义的措施超越了法律赋予的权限,担心个人的权利由此而来会受到侵害。美国学者保罗·威金森甚至说:在维护自由民主和法治,以及消除恐怖主义与政治暴力这两个目标之间,前者更重要。他还说:无论恐怖主义和政治暴力多么严重,都不要试图用专制的手段去解决。[1]

2. 不妥协的原则。因为从理论上讲,对恐怖主义的任何妥协都将会招致更多的恐怖主义行动,并为未来发生的恐怖主义行动付出更大的代价。当然,不妥协并不排除在某些情况下与恐怖分子策略性地进行对话。当然,发达国家在这一点上认识是不尽相同的,有的国家先开始对恐怖主义持强硬立场,后来又转变了,采取了比较温和的方式。但实践表明妥协所带来的后遗症可能是严重的。在这方面,英国始终采取了不妥协的强硬立场。

3. 无差别性对待的原则。前面我们在关于恐怖主义的定义中讲到,恐怖主义的类型中有相当一部分是因为政治目的,因此,就产生了一个问题,即是否应当把恐怖主义当作政治犯来对待,采取与刑事犯不同的政策?从理论上讲,不应当对恐怖分子采取差别对待的原则,从时间上,很多发达国家是把恐怖分子作为普通的刑事罪犯来对待的,他们并不享受政治犯的待遇,不能享受任何特权,也不存在赦免的问题。1981 年被英国政府关押的四名“爱尔兰共和军”的恐怖分子宣布绝食,要求英国政府给予他们以政治犯待遇,但遭到政府的拒绝,首相撒切尔夫人说的两句话足以表明英国政府的原则和立场,她说:“他们既然自愿求死,那就让他们死吧。当局尊重其个人意愿,但他们的要求,当局一概不能接受。”她还说:“今后不管有多少人绝食,政府永远不会给共和军囚犯以政治犯待遇。”四名囚犯后来都绝食而死。

4. 国际合作的原则。在反对国际恐怖主义方面,没有国际合作是肯定不行的,因此,通过加强国际合作同恐怖主义作斗争是必须坚持的原则。

---

〔1〕 Paul Wilkinson: *Terrorism and Liberal State*, Second Edition, New York University Press, 1986, pp. 125 – 126.

## 二、加强反恐怖主义的制度建设

在制度建设方面,发达国家基本上是从法律制度、反恐怖主义的机构设置上着手。从法律制度上,我们刚刚提到过发达国家必须坚持在法治的原则之下开展反恐怖主义活动。要把这项原则落到实处,就必须要有具体的法律来规范相应的行动。因此,发达国家针对恐怖主义,大多制定了相应的反恐怖主义法律。例如,英国在 1974 年制定了"预防恐怖主义法"以弥补普通刑法中的不足。美国在 1984 年通过了"反对国际恐怖主义法",1989 年通过了禁止向任何支持国际恐怖主义的国家出口武器的"反恐怖主义与武器出口修正案"。体制建设的另一方面是在机构设置上能有效地反恐怖主义。为此,发达国家主要做了两方面的工作:一方面是建立全国性的反恐怖主义的领导机构。由于反恐怖主义涉及国家安全、司法、外交、情报、财政等各方面的工作,因此,建立一个全国性的领导机构是非常有必要的。例如,1972 年美国就建立了一个专门开展反恐怖主义斗争的委员会——"内阁反恐怖主义委员会"。当然,在机构设置上,有一点需要注意:机构应当在一段时期内保持稳定。另一方面就是建立专门同恐怖分子作斗争的军事或准军事部队。例如,英国专门从事反恐怖斗争的部队是"第 22 特别空勤团",德国则是"德国边防警察第九大队"。

## 三、有针对性地采取反恐怖主义的措施和策略

反恐的措施和策略必须建立在对恐怖主义认真研究的基础上。所谓"知己知彼,百战不殆"。只有熟知恐怖组织的战略、战术、组织结构特征等方面,才能有针对性地采取对策,才能使反恐怖主义的措施行之有效。就一般情况来看,反恐怖主义措施和策略包括:

1. 有效地收集情报,以便对恐怖主义提前做好应对的准备。前面我们讲过,恐怖主义利用现代城市生活的一些特点因而具有很大的隐蔽性。所以,反恐怖主义不是要等恐怖活动发生了以后才开展,而必须事先做好应对的准备,对此,必须要搞好情报的收集工作。要对一些特殊的组织进行调查,了解其领导、成员、后勤、财务、组织结构、政治态度等情况。为了更有效地获得情报,在必要的情况下,可以与军队情报系统(或其他特殊机构的情报系统)建立联系。

2. 加强特殊目标的防卫,增加恐怖分子发动攻击的难度。由于恐怖主义分子习惯于将目标锁定在政府官员、政府办公大楼、飞机、有影响的商界人士、高级

军官,因此,对这些容易遭到恐怖主义攻击的对象要加强防卫。例如,20 世纪 70 年代在欧洲和北美由于在机场安全检查方面加强了措施,因而使发达国家的飞机劫持事件大大减少。

3. 运用军事或准军事部队来解决国际或国内恐怖主义的危险局面,必须要有足够的道义上的理由、要有明确的行动目标、要在法律许可的范围内,否则,即使在军事上取得了成功,但在政治、外交上可能会产生意想不到的问题。

### 四、积极开展国际反恐怖主义合作

在开展国际合作方面,发达国家做了很多开拓性的工作。例如,在 1975 年 12 月英国政府建议为了讨论如何处理恐怖主义及其他国际犯罪问题,欧盟国家的司法部长和内务部长应当每年举行一次会议。该提议促成了一个合作性的论坛。通过该论坛,欧洲共同体国家的警察总监、司法部长及其他高级官员可以就情报和警务工作进行讨论。再如,在 20 世纪 80 年代,法国与西德建立了一个反恐怖主义的特别行动联合工作组并且为了实现快速的情报交流还建立了热线联系。1987 年两国内务部长签署了一项正式协议允许两国在特殊情况下在边境开展行动。

此外,近年来由于联合国安理会、国际刑警组织等一些国际组织的积极努力,世界各国为有力打击恐怖主义也开展了合作。1999 年 10 月 19 日,联合国安理会一致通过了由俄罗斯起草的决议案,坚决谴责一切形式的恐怖主义,并呼吁所有国家全面履行一系列反恐怖公约。该决议要求各国采取的具体措施包括:通过双边和多边合作来防止和打击恐怖主义行为;对所有策划、筹资支持或从事恐怖活动的人不予庇护,确保将他们逮捕、起诉或引渡;开展司法合作和情报交流等。国际刑警组织(Interpol)改变了其长期以来对恐怖主义所采取的僵化立场。长期以来,由于受《国际刑警组织的总章程》有关政策的约束,[1] 国际刑警组织对涉及一个国家内部政治、军事、宗教或民族等问题的恐怖主义都持不干预的立场。但在新修订的指导原则中,国际刑警组织明确指出,一切恐怖主义行径都是非法行径,国际刑警组织的所有成员国都必须在反恐怖斗争中进行密切合作。国际刑警组织的这项新决议,明确了该组织在新的形势下所肩负的使命,估计这将会为打击恐怖主义进行国际合作扫清障碍。

---

〔1〕 赵永琛编著:《国际刑事警察组织》,中国人民公安大学出版社 1989 年版,第 194 页。

当然，由于各国的法律是与国家主权、政治理念联系在一起的，对恐怖分子罪行的认定一般是在特定主权国家的法律范围内，而由于一个国家与另一个国家对于恐怖主义分子的行为性质、罪行的认定等方面存在差别，因此，一个国家通缉的恐怖分子，到了另外一个国家可能成了可以给予政治庇护的持不同政见者。在国际合作方面，最需要各国努力达成一致的是如何在共享反恐怖主义的情报的同时，如何在恐怖分子的追捕、引渡和审判方面建立共同认可的行为规范。否则，要想取得实质性的成就是非常困难的。以引渡为例，对从事恐怖主义活动的人是否适用有关引渡的规定，世界各国分歧很大。有的国家认为恐怖主义适用政治犯不引渡的原则，有的国家则认为恐怖主义不应享受政治犯的待遇，不适用政治犯不引渡的原则。[1] 此外，由于引渡不仅涉及国家主权问题，而且也与人权问题密切相关，[2] 而每个国家由于文化差异对人权的标准也各不相同，因而在对恐怖主义分子要求给予引渡时，人权也可能成为拒绝引渡的理由。诸如此类的因素，对遏制和打击恐怖主义都构成了障碍。在这方面，包括发达国家在内的世界各国仍然需要继续开展工作，解决阻碍因素以更有效地遏制和打击恐怖主义。

## 第四节　中国反恐怖工作简介

当前，我国反恐怖工作的主要任务是打击以“东突”为代表的“三股势力”。所谓“三股势力”是指暴力恐怖势力、民族分裂势力、宗教极端势力。“三股势力”表面上形式不同，但实质上却没有本质差别。暴力恐怖、民族分裂、宗教极端三种势力常常相互转化、相互渗透。“三股势力”在中亚及我国新疆地区长期以来构成了严重威胁。

2002 年 1 月 21 日，中国国务院新闻办发表了题为《“东突”恐怖势力难逃罪责》一文，向全世界揭露了“东突”恐怖组织在我国实施的暴行。从此，中国的恐怖主义问题逐渐浮出水面。那么，“东突”问题是如何起源的呢？“东突”恐怖分子运用哪些手段实施恐怖活动？中国应当如何做好防范和打击恐怖主义的准备呢？本节拟对这个问题做出学术性的探讨。

---

〔1〕 王庆海：“国际法中的政治犯不引渡原则”，载《法学研究》1999 年第 4 期。

〔2〕 张旭：“论引渡中的主权与人权”，载《法制与社会发展》1997 年第 6 期。

## 一、"东突"问题的起源

"东突厥斯坦"(以下简称"东突"),这一名词出现于19世纪末期。它是某些老殖民主义者为了达到分裂和控制新疆的目的而别有用心地对新疆采取的称呼。这种称呼中的"突厥"是指一支古代游牧民族。公元5世纪,该民族活跃在阿尔泰山一带。公元6世纪中叶至8世纪中叶,它活跃于我国北方草原,与中原地区自西魏至隋唐诸王朝发生了多渠道、多层面的交往。公元552年,突厥建立汗国,其鼎盛时辖境辽阔。在隋朝和唐朝初期,突厥曾是称霸于中国北部的一大势力。尔后,分裂为东、西两部的突厥,为争夺汗权而争斗不休。8世纪中叶,东、西突厥汗国相继灭亡,其后裔逐渐融入了其他民族之中。而11世纪以后在国外有的史籍中使用的"突厥",已经不限定于原先的突厥人,而是对一切操阿尔泰语系突厥语族诸民族的共称。到了19世纪末,有人主张把生活在博斯普鲁斯海峡至阿尔泰山脉之间的所有操突厥语的民族联成一体,组成一个国家。但在历史上,一些人声称的由所有突厥人组成的统一国家不曾存在过。

众所周知,从公元前60年汉朝设置西域都护府起,新疆就是中国疆土的一部分。此后,中央政权对新疆的管辖没有间断。但在20世纪初以后,一小撮狂热的新疆分裂分子与宗教极端分子,根据老殖民主义者制造的歪理邪说,编造了一套所谓的"东突"理论。鼓吹"东突厥斯坦自古以来就是一个独立的国家",其民族有近万年历史;鼓噪所有操突厥语和信奉伊斯兰教的民族联合起来,组成一个"政教合一"的国家;否认中国各民族共同缔造伟大祖国的历史,叫嚣"要反对突厥民族以外的一切民族",消灭"异教徒"。

"东突"理论形成后,形形色色的分裂分子都打着"东突"的旗号进行活动,企图实现其建立"东突厥斯坦国"的妄想。

从20世纪初至40年代末,"东突"势力在外国势力的怂恿、支持下,多次制造动乱。1933年11月,沙比提大毛拉等在喀什建立了所谓"东突厥斯坦伊斯兰国",这是分裂主义分子把其理论变为现实的一次尝试,但在新疆各族人民的反对下,不到三个月便瓦解了。

进入20世纪90年代,在极端主义、分裂主义和国际恐怖主义的影响下,境内外部分"东突"势力转向以恐怖暴力为主要手段的分裂破坏活动。一些"东突"组织公开宣扬要通过恐怖暴力手段达到分裂目的。

2003年,中国公安部根据联合国有关反恐怖决议,并依照中华人民共和国刑法、国家安全法等有关法律法规，经过严密审慎的认定、甄别和审核，正式认定“东突厥斯坦伊斯兰运动”、“东突厥斯坦解放组织”、“世界维吾尔青年代表大会”、“东突厥斯坦新闻信息中心”等四个组织为恐怖组织。

### 二、“东突”恐怖分子的手段

根据2002年国务院新闻办公室发表的《“东突”恐怖势力难脱罪责》，“东突”恐怖分子使用的手段主要包括：

1. 爆炸

同世界上大多数恐怖分子一样，“东突”恐怖分子也常常实施针对无辜平民的爆炸案，以制造恐怖气氛、扩大影响。例如，1992年2月5日，正当中国各族人民欢度春节时，恐怖组织在新疆首府乌鲁木齐市52路、30路公共汽车上制造了两起爆炸事件，两辆公共汽车被炸毁，造成3人丧生、23人受伤。1997年2月25日，“东突”恐怖组织再次将恐怖活动引向新疆首府，制造了乌鲁木齐市2路、10路、44路公共汽车爆炸案，造成3辆公共汽车被炸毁，包括维吾尔族、回族、柯尔克孜族、汉族群众在内的9人丧生、68名乘客被炸得腿断肢残，严重受伤。

2. 暗杀

为了破坏民族团结，制造恐怖气氛，“东突”恐怖分子不仅把矛头对准汉族群众，也对准维吾尔族干部群众和爱国宗教人士，把他们当作“异教徒”杀害。例如，1996年5月12日，“东突”恐怖分子策划了对全国伊斯兰教协会常委、新疆政协副主席、喀什伊协主席阿荣汗阿吉的暗杀。当日清晨，阿荣汗阿吉和其儿子在去艾提尕清真寺做礼拜的途中遭4名恐怖分子袭击，恐怖分子对阿连刺21刀，其儿子被刺13刀，两人均致重伤。

3. 投毒

1998年1月30日至2月18日，“东突”恐怖分子在喀什市制造了23起系列投毒案，致使4人中毒、1人死亡，数以千计的牲畜死亡或中毒。

4. 纵火

“东突”恐怖分子多次在新疆地区实施纵火案，制造混乱。例如，1998年5月23日，在境外接受过专门训练、被派入境的“东突解放组织”成员在乌鲁木齐市华都商厦等繁华场所投放了40多枚化学自燃纵火装置，制造了15起纵火案。1999年10月11日，3名恐怖分子在和田市棉麻公司棉花收购站棉花堆中安放3枚定时爆炸引燃装置，其中1枚爆炸引起棉垛起火，烧毁棉花约2吨。另2枚爆炸装置被及时排除。

5. 策划、组织骚乱、暴乱事件

"东突"恐怖势力为了达到制造恐怖气氛、扩大政治影响的目的,多次通过策划、组织骚乱、暴乱事件,引发打、砸、抢、烧、杀等恐怖活动,对社会稳定和人民生命财产安全造成严重危害。例如,1990 年 4 月 5 日,在"东突伊斯兰党"的组织策划下,一伙恐怖分子在新疆阿克陶县巴仁乡制造了恶性恐怖事件。他们明目张胆地鼓吹"圣战"、"消灭异教徒",叫嚣要成立"东突厥斯坦共和国"。恐怖分子劫持 10 名人质要挟政府,并在交通要道炸毁 2 辆汽车,残杀 6 名武警官兵,还用冲锋枪、手枪等武器向被围困的政府人员射击,投掷炸药包、手榴弹。1997 年 2 月 5 日至 8 日,"东突伊斯兰真主党"等恐怖组织在新疆伊宁组织、策划了打砸抢骚乱事件,恐怖分子高喊"建立伊斯兰王国"等口号,袭击平民,捣毁商店,烧砸汽车,杀死 7 名无辜群众,使 200 多人受伤,30 多辆车遭毁坏。

## 三、恐怖主义犯罪的法律构成和认定

以"东突"恐怖组织为代表的恐怖主义对新疆地区包括维吾尔族人民在内的人身和财产安全造成了巨大的危害。中国政府采取了果断的措施打击"东突"恐怖组织,以保障人民人身和财产安全,维护国家统一与安定。中国是社会主义法治国家,坚持有法可依,有法必依,执法必严,违法必究。中国打击恐怖主义的行动都是在法律授权的条件下开展的。

### (一) 恐怖主义犯罪的法律构成

在国际法方面,中国参加的一些国际公约,如《东京公约》、《蒙特利尔公约》、《海牙公约》对空中劫持犯罪的构成、引渡、起诉等问题都有相应的规定,对中国具有法律效力。中国应当以此为依据处理空中劫持罪这种常见的恐怖主义犯罪类型,以及与此相关的引渡和起诉等问题。此外,在国内法方面,《中华人民共和国刑法》第 120 条规定了组织、领导、参加恐怖组织罪。《刑法》第 120 条是目前我国关于恐怖主义犯罪的最主要法律条款。那么,依据第 120 条,组织、领导、参加恐怖组织罪必须具备怎样的构成特征呢?

1. 客体特征。组织、领导、参加恐怖组织罪侵犯的客体是公共安全,即不特定多数人的生命、健康或重大公私财产的安全。

2. 客观方面。恐怖主义犯罪在客观方面的表现是以进行恐怖活动为目的,组织、领导、参加恐怖组织的行为。所谓"恐怖组织"实际上是一种犯罪集团,但恐怖组织与一般犯罪集团是不同的,其最大区别在于:一是主观方面不同。恐怖组织是以恐怖活动为目的的犯罪集团;一般犯罪集团则是处于其他犯罪目的;二是客观方面不同。组织、领导、参加一般的犯罪集团(除《刑法》第294条规定的黑社会性质组织之外)并不构成独立的犯罪,只能根据犯罪集团具体实施的犯罪行为确定罪名,如以盗窃犯罪为目的的犯罪集团就被称为盗窃犯罪集团。与此不同,凡组织、领导、参加恐怖组织的行为就构成独立的犯罪。一般犯罪集团实施的组织、领导、参加行为,属于预备性质的行为,对于恐怖组织犯罪来说却构成既遂行为。

3. 主体特征。从犯罪主体看,恐怖主义犯罪的主体是一般主体。

4. 主观方面。组织、领导、参加恐怖组织罪在主观方面的表现是直接故意,即行为人明知组织、领导恐怖组织是危害公共安全的行为却仍然故意组织、领导;或明知是恐怖组织而参加该组织。[1]

(二)恐怖组织和恐怖分子的认定

2003年12月15日中国公安部公布了认定恐怖组织和恐怖分子的具体标准。具体来讲,恐怖组织就是:(1)以暴力恐怖为手段,从事危害国家安全,破坏社会稳定,危害人民群众生命财产安全的恐怖活动的组织(不论其总部在国内还是国外)。(2)具有一定的组织领导分工或分工体系。(3)符合上述标准,并具有下列情形之一:第一,曾组织、策划、煽动、实施或参与实施恐怖活动,或正在组织、策划、煽动、实施或参与实施恐怖活动;第二,资助、支持恐怖活动;第三,建立恐怖活动基地,或有组织地招募、训练、培训恐怖分子;第四,与其他国际恐怖组织相勾结、接受其他国际恐怖组织资助、训练、培训或参与其活动。

认定恐怖分子的具体标准是:(1)与恐怖组织发生一定的联系,在国内外从事危害国家安全和人民群众生命财产安全的恐怖活动的人员(不论其是否加入外国国籍)。(2)符合上述条件,并具有下列情形之一:第一,组织、领导、参与恐怖组织;第二,组织、策划、煽动、宣传或教唆实施恐怖活动;第三,资助、支持恐怖组织和恐怖分子进行恐怖活动;第四,接受上述恐怖组织或其他国际恐怖组织资助、训练、培训或参与其活动。

2011年10月24日,全国人大常委会在《关于加强反恐怖工作有关问题的

---

〔1〕 赵秉志主编:《新刑法典分则实用丛书:危害公共安全罪》,中国人民公安大学出版社1999年版,第176~178页。

决定(草案)》中指出:“恐怖活动是指以制造社会恐慌、胁迫国家机关或者国际组织为目的,采取暴力、破坏、恐吓或者其他手段,造成或者意图造成人员伤亡、重大财产损失、公共设施损坏、社会秩序混乱等严重社会危害的行为。”

## 四、正确认识恐怖主义在中国发展的诱因

恐怖主义的产生不是在真空中进行的。恐怖主义在中国的产生和日益猖獗也是多种因素作用的结果。催化国内恐怖主义产生和发展的因素主要包括以下几点:

1. 国内少数民族地区的民族分裂主义是诱发国内恐怖主义的最主要因素之一。我国是一个多民族国家,新中国成立后,全国各族人民在党的领导下坚持各民族平等、民族区域自治的原则,不断取得社会主义建设的新成就。但是,由于国内各方面的影响,国内一些地区仍然存在试图搞民族分裂的势力。这些民族分裂分子可能会在某些情况下利用我们工作中的失误、以某些突发事件作为导火线从事恐怖主义活动。

2. 邪教的存在及其猖狂的活动可能会使一些人不惜以恐怖主义方式对国家政权提出挑战。法轮功这种非法组织在社会上产生的影响表明我们有一些人信仰上的失落、心理上的空虚、行为上的盲从、法律意识上的淡漠。虽然法轮功组织被法律规定为非法组织,但是,法轮功现象所赖以产生的温床并没有得到彻底的清洗。虽然涉及邪教犯罪与恐怖主义并不是完全同一的关系,但如本书前面所讲述的那样,邪教与恐怖主义会结合在一起产生邪教恐怖主义这种怪胎,邪教恐怖主义是一种具有极大杀伤力的恐怖主义形态。[1]

3. 经济转型过程中失业问题的普遍存在以及贫富差距的扩大可能为恐怖主义提供现实的借口。一般地说,恐怖主义总不针对某个具体的人、针对某件具体的事,恐怖主义要想取得最广泛的社会动员效果,往往会把目标确定在一些具有比较普遍影响的事情上,甚至确定在一些抽象的原则上,如邪教恐怖主义所说的“邪恶的异教”或左翼恐怖主义所指的“腐朽的资本主义制度”。恐怖主义行动

---

〔1〕 涉及邪教的犯罪在刑法上是指违反《刑法》第300条规定的行为,即组织、利用会道门、邪教组织、利用迷信破坏法律实施罪;组织、利用会道门、邪教组织、利用迷信致人死亡罪。《刑法》第300条规定的涉及邪教的犯罪与《刑法》第120条规定的组织、领导、参加恐怖组织罪是不同的犯罪,不能混淆。

的目标越抽象、越普遍，它产生的动员效果可能会越广泛，但需要做的基础性工作会越多。就我国的情况来看，由于我国正处在从计划经济向市场经济转变的过程中，一些问题的产生、一些现象的发生都难以避免。但有些问题、有些现象很可能被恐怖主义作为现实的攻击目标。这些问题和现象包括失业问题、贫富差距问题、腐败现象。

4. 加入世贸组织以后，随着在电讯、交通、新闻媒体、银行等方面国家管制程度的降低，恐怖主义分子将会利用由此而来的便利开展活动。目前，我国在电讯、交通、新闻媒体、银行等方面还是处于国家能够控制的局面，随着市场经济的深入，加入世贸组织以后，电讯市场放开了，国外企业进来了，交通部门私营企业的比重上升，新闻媒体将更多地以市场为导向，那么，这种趋势持续下去的话，毫无疑问，国家在这些方面的管制能力将大大下降，从而会为恐怖主义活动提供客观上的便利。

5. 随着国际交往的增加，国外的一些恐怖组织将会改头换面以各种方式逐步向中国渗透。有些组织可能会以无偿援助的方式提供资金，有些可能通过投资办厂的方式到中国寻找立足之地，有的国际贩毒集团也可能以各种方式参与国内恐怖主义活动。

6. 在台湾当局一意孤行坚持台独立场的情况下，海峡两岸局势将会紧张，因此，不能排除台湾敌对势力插手在大陆的恐怖主义活动。

## 五、中国的反恐立场、策略与对策

中国是恐怖主义的受害者，中国政府在反恐工作上采取了十分鲜明的立场，为预防和打击恐怖主义实施了较为有效的策略。

### （一）中国反恐的基本立场

第一，反对一切形式的恐怖主义。恐怖主义极大地危害无辜民众的生命和安全。从各国人民的共同利益和国际安全出发，无论恐怖主义以何种方式出现在何时、何地、针对何人，国际社会都应采取一致的反对立场，绝不姑息。一方面，恐怖主义的表现形式是多种多样的，包括民族极端型、宗教极端型、极右翼型、极左翼型等，无论何种类型，都威胁到国家的安全与稳定，政府应该无差别对待，对各类恐怖主义一视同仁，坚决打击；另一方面，涉及国家利益与国际战略格局的影响，恐怖组织与各国可能存在利益交往，但是中国政府不应该与任何形式的恐怖主义妥协或合作。基于这一现实，政府应排除干扰因素，反对一切形式的恐怖主义,这对于长远的安全战略具有重要的意义。

第二,反恐不能持双重标准。任何形式的恐怖主义都是国际社会的公害,任何国家或政党、团体不能基于政治目的或其他目的,在对待恐怖主义问题上搞双重标准。在"9·11"事件后,大国之间相互竞争,往往对于反恐持双重标准。例如,美国为俄罗斯的车臣流亡政府首领提供政治避难,又对中国的东突恐怖分子进行政治转移。而阿拉伯国家则为"基地"组织成员提供各类帮助。在国家政治利益前,恐怖主义成为了一种博弈的工具,这种双重标准可以理解为"一个人的恐怖分子是另一个人的自由战士"。所以,在反恐立场上不能持有双重标准,这不仅是各国政府需要明确的,也是联合国大力推进反恐合作的根本基础。

第三,反恐应有利于维护人类的和平与安全,促进社会文明进步与繁荣。任何反恐工作所采取的措施、对策,都应该有利于维护世界和平和人类的发展,有助于缓解国际紧张局势与区域性冲突,反恐所起的社会功能应该是良性的,而不是在反恐过程中加剧了民族矛盾、宗教仇恨和文明冲突。例如,撒切尔夫人在应对爱尔兰共和军时采取的反恐强硬政策,使民族矛盾深化,同时也使恐怖组织的人数剧增。所以,反恐合作应该成为不同文明、不同民族交流和对话的契机,为加深国际全面交流起到助推的作用。

第四,反恐要遵守《联合国宪章》和国际法基本准则。反恐不是无限制地以暴制暴,也不是对恐怖分子为所欲为。反恐工作应符合《联合国宪章》的宗旨和基本原则,必须秉承在法制框架内,证据确凿,目标明确,避免伤及无辜,不能扩大打击范围。切实避免有些国家在利用反恐的契机下,推行单边主义,扩大战斗范围,获取政治利益,侵犯他国主权。国际反恐工作都是在联合国及国际公约的法律保障下才能够得以合作与发展,所以遵守《联合国宪章》和国际法基本准则是硬性条件。

第五,反对将恐怖主义问题和特定的宗教或民族相联系。文明的多样性是人类生存和发展的基础,反恐工作应该就事论事,而不应该将具体的恐怖主义组织牵涉到全民族或宗教上。正如奥巴马政府上台后发布宣言,"我们坚决反对恐怖主义,但是不是针对某种策略或宗教,而是具体的基地组织以及其支持者"。各国应广泛加强不同国家、民族、文化间的相互沟通与理解,尊重文化与民族的差异性,最终促进各民族与宗教的和谐发展。

第六,反恐要标本兼治。在坚决打击恐怖主义的基础上,必须采取全方位与综合性的手段进行综合治理,广泛运用政治、经济、法律、外交、军事等多种方式进行反恐应对,而不是单纯依靠武力。冲突和动荡是恐怖主义滋生的温床,贫穷和落后是恐怖主义产生的土壤。世界各国应在联合国的主导下,致力于在全球范围内解决有关领土、民族、宗教等问题,消除区域性冲突,推行经济合作与发展,减少贫富差距,建立公平合理的国际新秩序,真正实现共赢、共享、共存的全球发展战略,从根源上铲除滋生恐怖主义的土壤。

(二)中国反恐的策略

第一,标本兼治,综合治理,从根源上铲除恐怖主义滋生的土壤。中国在防范和惩治恐怖主义过程中,既要考虑解决眼下急切的问题,也要着眼更长远的根治方法,要兼顾两者,形成多手段全方位的综合治理。只有坚持标本兼治,综合治理,才能从根本上解决和平与发展两大问题,这样不仅可以彻底消除恐怖主义蔓延和滋生的土壤,而且可以推动世界各种文明的共同发展,促进全人类的共同进步。

第二,主动进攻,露头就打,务必将恐怖势力摧毁在行动之前。在我国坚决反对一切形式的恐怖主义的立场下,反恐工作逐渐由被动转为主动。随着国内反恐预警机制与情报机制的完善,以及与国际情报交流与共享程度的不断深入,安全部门能够提前预知恐怖获活动信息,这样就可以主动进攻,露头就打,在恐怖势力摧毁在行动前,消灭了恐怖分子的嚣张气焰,也使反恐工作在策略上更加积极主动。

第三,加强合作,互利共赢,深化反恐怖国际合作与交流。国际反恐不是靠单独一国就可以实现防御和主动打击功能,只有联合各国相关组织力量,在联合国的大框架下加强合作,才能起到有效反恐的目的。各国在反恐工作的开展下,进行法律、技术、情报各方面的沟通与共享合作,能够起到良好的互利共赢效果。所以,根据《联合国宪章》和国际法,通过各种国际合作的平台,加强各国反恐合作,有利于各国实现互利共赢。

(三)中国反恐的对策

1.法律对策

我国恐怖主义萌发时间较晚,大多集中在20世纪末期,所以立法也相对比较滞后。在我国十几年的反恐立法领域,一直存在着恐怖组织定义模糊、恐怖活动界定难、恐怖立法范围受限等因素。随着在实践中反恐工作的需要,我国的反恐立法也应该得到完善,只有在法律强大的防控与约束功能下,反恐效果才能得到更大的发挥。

在1997年的《刑法》中，新增加了第120条“组织、领导、参加恐怖组织罪”，并且规定如果还实施了杀人、爆炸、绑架等其他犯罪行为的，则要依照数罪并罚的规定处罚。[1] 在“9·11”事件后，联合国及各国相继完善了反恐法案，在反恐立法的大背景下，我国在2001年12月29日通过了《刑法修正案（三）》，该修正案强化了对恐怖主义组织的组织者和领导者的打击，将刑罚提高到“10年以上有期徒刑或者无期徒刑”。并增加“资助恐怖活动罪”，对资助恐怖活动组织或实施恐怖活动的个人的行为予以犯罪化并设置了相应的刑罚。同时修改了洗钱罪的内容，把恐怖活动犯罪一并纳入其中。还有将《刑法》第291条“聚众扰乱公共场所秩序、交通秩序罪”后增加“投放虚假危险物质罪”、“编造、故意传播虚假恐怖信息罪”作为新增内容。2006年通过的《反洗钱法》，在一定程度上起到了遏制恐怖活动洗钱与获取经济来源的作用。2011年10月29日，全国人大常委会通过了《关于加强反恐怖工作有关问题的决定》。这是中国第一个专门针对反恐怖工作的法律文件，该决定对恐怖活动、恐怖活动组织、恐怖活动人员作了界定，明确了反恐怖工作领导机构和组织力量，完善了涉恐资产冻结机制等内容。2012年3月全国人大增在新的刑事诉讼法中增加了专门针对恐怖活动等犯罪的技术侦查措施，在法律上保障了安全部门的反恐侦查工作。

随着恐怖主义活动危害的加深，反恐立法的步骤也在逐步加快。笔者在完善立法的过程中提出以下建议：第一，中国司法实践中往往将恐怖活动与普通刑事犯罪的惩治混杂化，这样不利于遏制恐怖活动的发展，应该像西方国家，专门出台有针对性的反恐法，或者单独规定“恐怖行为罪”，这样才更加有利于对恐怖分子进行惩治与处罚，才能从法制上发挥威慑作用。第二，在我国出台的相关反恐法律文件，都是以实体法为主，缺乏程序法的支撑，而反恐工作又是不同于普通刑事工作的特殊打击活动，所以需要有程序法的支持，来保障执法者的正当权利，同时制约执法者的滥用权力行为。第三，反恐立法不是单方面的法律体系，而是一套综合性强的多领域体系。在构建全方位、多领域法律体系中，必须以宪法为核心，加强反恐立法，并在法律体系中使各法律法规相互配合，相互补充，这样才能真正起到打击多形式恐怖主义的作用。

---

〔1〕 全国人大常委会法制工作委员会刑法室编：《〈中华人民共和国〉条文说明、立法理由及相关规定》，北京大学出版社2009年版，第167页。

2. 机制对策

反恐是一个综合性的社会工程。反恐不仅需要调动各种政府与社会资源，而且需要建立可靠、稳定的机制保障各种资源的投入与使用。反恐机制主要包括组织指挥机制、预警机制、协调机制、技术及后勤保障机制等。

3. 技术对策

积极利用现代科技可以提高反恐效率。在未来反恐工作，能够大大提高反恐效率的新技术主要包括数据挖掘技术、生物特征识别技术、非致命武器技术、纳米技术、定向能武器技术等。

**思考题**

1. 简述反恐措施的不同方式。
2. 运用相关知识，试分析联合国、美国、欧盟的反恐战略。
3. 谈谈对中国反恐工作的思考。

# 参考文献

1. Abraham Miller: Terrorism and Hostage Negotiation, Boulder, Colorado: Westview, 1980.

2. Abraham H. Miller, "Terrorism, the Media, and the Law: A Discussion of the Issues." In Terrorism, the Media, and the Law, Miller (ed.), Dobbs Ferry, NY: Transactional Publishers, 1980.

3. Advisory Panel to Assess Domestic Response Capabilities for Terrorism Involving Weapons of Mass Destruction: The First Annual Report to the President and the Congress, 15 December 1999.

4. Albert Bandura, Mechanisms of Moral Disengagement, in Origins of Terrorism, edited by Walter Reich, Cambridge University Press, 1990.

5. Alex P. Schmid and Albert J. Jongman: Political Terrorism: A New Guide to Actors, Authors, Concepts, Data Bases, Theories and Literature, Amsterdam: North-Holland Publishing Company, 1988.

6. Alex P. Schmid and Janny de Graaf: Violence as Communication: Insurgent Terrorism and the Western News Media, Beverly Hills: Sage, 1982.

7. Alex P. Schmid: Political Terrorism: A Research Guide to Concepts, Theories, Data Bases and Literature, Amsterdam: North-Holland Publishing Company, 1983.

8. Alison Jamieson: Counter-Terrorism in Europe: Implications of 1992, The

Italian Experience, UK: Research Institute for the Study of Conflict and Terrorism, February 1991.

9. Ariel Merari, The Readiness to Kill and Die: Suicidal Terrorism in the Middle East, in David C. Rapoport and Yonah Alexander (eds.), The Morality of Terrorism: Religions and Secular Justifications, New York: Pergamon Press, 1982.

10. Barry Colin: The Future of Cyberterrorism, Proceedings of 11th Annual International Symposium on Criminal Justice Issues, The University of Illinois at Chicago, 1996.

11. Brian Jenkins, International terrorism: a new mode of conflict, Los Angeles: Crescent Publications, 1975.

12. Brian M. Jenkins: International Terrorism: An New Kind of Warfare, California: Rand, 1974.

13. Bruce Hoffman, Inside Terrorism, London: Victor Gollancz, 1988.

14. Bruce Hoffman: Recent Trends and Future Prospects of Terrorism in the United States, Santa Monica, CA: RAND, 1988.

15. Bruce Hoffman: Terrorism and Weapons of Mass Destruction, Santa Monica: Rand, 1999.

16. Carlos Marighela: Minimanual of the Urban Guerrilla, Harmondsworth: Penguin, 1971.

17. Charles A. Russell and Bowman H. Miller: Profile of a Terrorist, in John D. Elliott and Leslie K Gibson (eds.): Contemporary Terrorism: Selected Readings, Maryland, Gaithersburg: International Association of Chiefs of Police, 1978.

18. Christoph Rojahn: Left-Wing Terrorism in Germany: The Aftermath of Ideological Violence, UK: Research Institute for the Study of Conflict and Terrorism, October 1998.

19. Cindy C. Combs: Terrorism in the Twenty-first century, Second Edition, Prentice Hall, 2000.

20. Commission of the European Communities: Proposals for Council Framwork Decision on Combating Terrorism, Brussels, 2001.

21. Daniel E. Georges-Abeyie: Women as Terrorists, in Lawrence Zelic

Freedman and Yonah Alexander ( eds. ): Perspectives on Terrorism, Delaware, Wilmington: Scholarly Resources Inc. ,1983.

22. David E. Long: The Anatomy of Terrorism, New York: The Free Press, 1990.

23. David C. Rapoport, Terror and the Messiah: An Ancient Experience and Some Modern Parallels, in David C. Rapoport and Yonah Alexander ( eds. ), The Morality of Terrorism: Religions and Secular Justifications, New York: Pergamon Press, 1982.

24. Dorothy E. Denning: Cyberterrorism, Testimony before the Special Oversight Panel on Terrorism Committee on Armed Services U. S. House of Representatives by Georgetown University May 23, 2000.

25. Edgar O' Ballance: The Language of Violence: The Blood Politics of Terrorism, San Rafael, CA: Presidio Press, 1979.

26. Edgar O' Balance: Terrorism in the 1980s, London: Arms and Armour Press, 1989.

27. Federal Emergency Management Agency ( FEMA ): Background: Terrorism, 1998.

28. Frank Bolz Jr. , Kenneth J. Dudonis, David P. Schulz, The Counterterrorism Handbook: Tactics, Procedures, and Techniques, Second Edition, Boca Raton, Florida: CRC Press, 2002.

29. Frederick J. Hacker: Crusaders, Criminals, Crazies: Terror and Terrorism in Our Time, New York: Bantam, 1978, pp. 3 – 38.

30. Grant Wardlaw: Political Terrorism: Theory, Tactics, and Countermeasures, Second Edition, New York: Cambridge University Press, 1989.

31. H. H. A. Cooper: "What is a Terrorist? A Psychological Perspective." Legal Medical Quaterly, 1977, Vol. :1 pp. 8 – 18.

32. James M. Poland: Understanding Terrorism: Groups, Strategies, and Responses, New Jersey: Prentice Hall, 1988.

33. Jeffery Ian Ross: "Beyond the Conceptualization of Terrorism: A Psychological-Structural Model of the Cause of This Activity." In Craig Summers. and 34. Eric Markusen ( eds. ), Collective Violence: Harmful Behavior in Groups

and Governments,New York:Rowen and Littlefield,1999.

35. J. K. Zawodny:Infrastructure of Terrorist Organizations,in Lawrence Zelic Freedman & Yonah Alexander (eds.): Perspectives on Terrorism, Delaware, Wilmington:Scholarly Resources,1983.

36. J. R. White: Terrorism: an Introduction, Third Edition, Californian: Wadsworth Thomson Learning,2002.

37. John B. Wolf:Fear of Fear:A Survey of Terrorist Operations and Controls in Open Societies,New York:Plenum Press,1981.

38. John G. Stratton:"The Terrorist Act of Hostage Taking:Consideration for Law Enforcement," Journal of Police Science and Administration,Vol. 6,1978.

39. Mark M. Pollit:A Cyberterrorism Fact or Fancy?,Proceedings of the 20th National Information Systems Security Conference,1997.

40. Marisa Reddy Pynchon and Randy Borum: Assessing Threat of Targeted Group Violence:Contributions from Social Psychology,Behavioral Sciences and the Law,Vol. 17,No. 3,1999,pp. 339 – 355.

41. Michael Stol (ed.):The Politics of Terrorism,Third Edition,New York: Marcel Dekker,1988.

42. National Advisory Committee on Criminal Justice Standards and Goals, Law Enforcement Assistance Agency,Disorder and Terrorism,Washington DC:US Government Printing Office,1976.

43. Neil C. Livingstone: The War against Terrorism, Massachusetts: LexingtonBooks,1982.

44. Nicholas N. Kittrie: "Patriots and Terrorists", Case Western Reserve Journal of International Law,Spring 1981,No. 2.

45. Pamala L. Griset and Sue Mahan,Terrorism in Perspective,Sage,2003.

46. Paul Wilkinson:Terrorism and the Liberal State,London:Macmillan,1977.

47. Philip A. Karber & R. William Mengel:Political and Economic Forces Affecting Terrorism,in Patrick J. Montana & George S. Roukis (eds.):Managing Terrorism:Strategies for the Corporate Executive, Connecticut, Westport: Quorum Press,1983.

48. Randy Borum, Robert Fein, Bryan Vossekuil and John Berglund: Threat

Assessment: Defining an Approach for Evaluating Risk of Targeted Violence, Behavioral Sciences and the Law, Vol. 17, No. 3, 1999, p. 327.

49. Raymond P. Siljander and Darin D. Fredrickson, Terrorist Attack: A Protective Service Guild for Executives, Bodyguards and Police Officers, Springfield, Illinois: Charles C Thomas Publisher, 2001.

50. Red Brigades: "Red Brigades Manual", see Neil C. Livingstone: The War against Terrorism, Massachusetts: Lexington Books, 1982.

51. Robert Fein and Bryan Vossekuil: Intelligence Threat Assessment Investigations: A Guide for State and Local Law Enforcement Officials, Washington DC: National Institute of Justice, U. S. Department of Justice, and U. S. Secret Service, January 2000.

52. Robert A. Fein, Bryan Vossekuil and Gwen A. Holden: Threat Assessment: An Approach to Prevent Targeted Violence, Research in Action, National Institute of Justice, July 1995.

53. S. Venkatesh and Ziad A. Memish: Bioterrorism: a New Challenge for Public Health, International Journal of Antimicrobial Agents, Vol. 21, 2003.

54. Theodore B Feldmann, "Dealing with Large-scale Hostage and Barricade Incidents: Implications for Negotiation Strategies and Training", Harold V. Hall and Leighton C. Whitaker (eds.), Collective Violence, New York: CRC Press, 2000.

55. Thomas Strentz, "The Stockholm Syndrome: Law Enforcement Policy and Hostage Behavior", in Frank M. Ochberg and David A. Soskis (eds.), Victims of Terrorism, Boulder, Colorado: Westview Press, 1982, pp. 153 – 161.

56. Tushar K. Ghosh, Mark A. Prelas, etc.: Science and Technology of Terrorism and Counterterrorism, New York: Marcel Dekker, Inc., 2002.

57. US State Department: 1999 Patterns of Terrorism.

58. Walter Laqueur, Terrorism, Boston: Little, Brown and Company, 1977.

59. Walter Laqueur: The Futility of Terrorism, Harper's, March 1976.

60. Walter Laqueur: The New Terrorism: Fanaticism and the Arms of Mass Destruction, New York: Oxford University Press, 1999.

61. Walter Laqueur: The Age of Terrorism, Boston: Little, Brown and Company, 1987.

62. Walter Laqueur, “The Continuing Failure of Terrorism,” Haper’s, November 1976.

63. 朱智贤主编:《心理学大词典》,北京师范大学出版社 1989 年版。

64. 林传鼎等主编:《心理学词典》,江西科学技术出版社 1986 年版。

65. 伊恩 · 莱塞等:《反新恐怖主义》,新华出版社 2002 年版。

66. 中国现代国际关系研究所反恐怖研究中心编:《恐怖主义与反恐斗争理论探索》,时事出版社 2002 年版。

67. 中国现代国际关系研究所反恐怖研究中心编:《世界主要国家和地区反恐怖政策与措施》,时事出版社 2002 年版。

68. 赵永琛:“国际反恐怖主义法的若干问题”,载《公安大学学报》2002 年第 4 期。

69. 赵永琛编著:《国际刑事警察组织》,中国人民公安大学出版社 1989 年版。

70. 戴维 · 米勒、韦农 · 波格丹诺主编:《布莱克维尔政治学百科全书》,中国政法大学出版社 1992 年版,第 757 页。

71. 中国现代国际关系研究所编:《各国及联合国反恐怖主义法规选编》,时事出版社 2002 年版。

72. 安东尼 · 吉登斯:《现代性与自我认同》,三联书店 1998 年版。

73. 梅建明:《反恐情报与危机管理》,群众出版社 2007 年版。

74. 郭宝主编:《恐怖主义与反恐怖》,中国人民公安大学出版社 2009 年版。

75. 王逸舟等:《恐怖主义溯源》(第二版),社会科学文献出版社 2010 年版。

76. 张娟主编:《恐怖主义在欧洲》,世界知识出版社 2012 年版。

# 后　记

“9·11事件”之后，恐怖主义研究日益受到重视。国内一些院校开设了《恐怖主义概论》及相关课程。虽然国内关于恐怖主义的专题性研究不少，但概论性的教材奇缺，由此给教师授课和学生学习都带来了极大不便。

为了推动反恐怖基础研究与教学工作，为反恐怖人才培养提供基本的知识平台，我们根据长期在公安院校的科研与教学经历，合作编写了本教材。

本书稿即将付梓之际，“东突”恐怖分子于10月28日在北京天安门广场制造了令人震惊的袭击事件，这充分反映了我国反恐怖斗争的严峻形势。

反恐怖斗争需要动员国内与国际、政府与社会的广泛资源。我们愿以《恐怖主义概论》这本粗浅的教材，为反恐怖斗争的知识大厦添砖加瓦。由于作者知识水平所限，本教材讹误与缺憾之处难免，希望广大读者不吝批评、指正！

国家反恐办、公安部边防局、公安部消防局、公安部警卫局、公安部国际合作局等单位长期以来在反恐及相关研究方面给予我们很多的指导与支持；北京市公安局、湖南省公安厅、武汉市公安局、苏州市公安局等单位也为我们的研究提供了诸多便利；作者所在单位（中国人民武装警察部队学院和中国人民公安大学）的许多同事、朋友十分关心和支持我们的研究。作者在此一并致以衷心感谢！

感谢法律出版社编辑易明群同志。她为本书出版付出甚多。如果没有她的积极推动与辛勤工作，本书初稿可能在我们手里会拖延日久，很难以现在这种崭新的姿态迅速与读者见面。

作　者

2013年10月18日

**图书在版编目(CIP)数据**

恐怖主义概论 / 杨隽，梅建明著. -- 北京 ：法律出版社，2013.10(2024.1 重印)

ISBN 978 - 7 - 5118 - 5442 - 1

Ⅰ. ①恐… Ⅱ. ①杨…②梅… Ⅲ. ①恐怖主义 - 概论 Ⅳ. ①D55

中国版本图书馆 CIP 数据核字(2013)第 228040 号

**恐怖主义概论**
**KONGBU ZHUYI GAILUN**

杨 隽 梅建明 著

责任编辑 易明群
装帧设计 马 帅

**出版发行** 法律出版社
**编辑统筹** 学术·对外出版分社
**责任校对** 周合芝
**责任印制** 陶 松
**经　　销** 新华书店

**开本** 710 毫米×1000 毫米 1/16
**印张** 17.25 **字数** 277 千
**版本** 2013 年 12 月第 1 版
**印次** 2024 年 1 月第 7 次印刷
**印刷** 北京新生代彩印制版有限公司

地址：北京市丰台区莲花池西里 7 号(100073)
网址：www.lawpress.com.cn
投稿邮箱：info@lawpress.com.cn
举报盗版邮箱：jbwq@lawpress.com.cn

销售电话：010 - 83938349
客服电话：010 - 83938350
咨询电话：010 - 63939796



**书号**：ISBN 978 - 7 - 5118 - 5442 - 1
**定价**：68.00 元

凡购买本社图书，如有印装错误，我社负责退换。电话：010 - 83938349